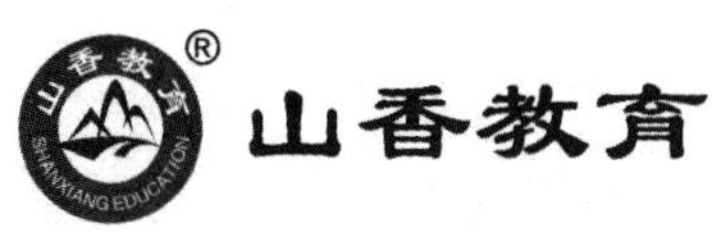

浙江省教师招聘考试历年真题详解及预测试卷

教育基础知识·中学

真题试卷

（本真题试卷由山香教师招聘考试命题研究中心收集、整理）

目 录

2023年浙江省金华市永康市中小学教师招聘考试教育基础知识真题试卷(一)

(总分100分　时间60分钟)

本套试卷共20小题,已收录18小题。包括单项选择题(13小题),辨析题(2小题),简答题(1小题),论述题(1小题),材料分析题(1小题)。

一、单项选择题(在每小题列出的四个备选项中只有一个是符合题目要求的,将其代码填在括号内。错选、多选或未选均不得分。本大题共15小题,每小题2分,共30分)

1. 2022年9月,教育部举行"教育这十年""1+1"系列发布会(第十五场),会议提到,党的十八大以来,国家财政性教育经费支出占GDP比例连续10年保持在________以上,达到了世界________的财政教育投入水平。(　　)

A. 4%　平均　　B. 4%　中上　　C. 8%　平均　　D. 8%　中上

2. 1922年,(　　)经《教育杂志》被介绍到中国。1923年,全国教育会联合会第九届年会评价,"其用意在适应个性,指导研究,打破学年制"。(易混)

A. 特朗普制　　B. 道尔顿制

C. 文纳特卡制　　D. 贝尔—兰喀斯特制

材料　子路问:"闻斯行诸?"子曰:"有父兄在,如之何其闻斯行之?"冉有问:"闻斯行诸?"子曰:"闻斯行之。"公西华曰:"由也问'闻斯行诸',子曰'有父兄在';求也问'闻斯行诸',子曰'闻斯行之'。赤也惑,敢问。"子曰:"求也退,故进之;由也兼人,故退之。"

根据上述材料,回答3～4题。

3. 孔子的做法体现了(　　)

A. 启发性原则　　B. 发展性原则

C. 因材施教原则　　D. 量力性原则

4. 实行上述教学原则的关键和基础是(　　)

A. 充分了解学生　　B. 抓住主要矛盾

C. 在真实情境中教学　　D. 善于提问激疑

5. 缺失

6. 要评价学生的文化基础,应从(　　)素养入手。

A. 学会学习,健康生活　　B. 人文底蕴,科学精神

C. 学会学习,人文底蕴　　D. 实践创新,科学精神

7. 缺失

8. 小吴一开始下象棋时,考虑一个战术,需要十步,熟练后只需要一步就能完成。这体现了动机的(　　)(易错)

A. 归因理论　　B. 诱因理论　　C. 本能理论　　D. 唤醒理论

9. 黏液质属于(　　)类型。

A. 稳定内倾　　B. 不稳定内倾

C. 稳定外倾　　D. 不稳定外倾

10. 言语理解的最高水平是(　　)

A. 符号理解　　B. 词汇理解

C. 句子理解　　D. 篇章理解

11. 校本教研的基本要素不包括(　　)(常考)

A. 社会舆论　　B. 专业引领　　C. 自我反思　　D. 同伴互助

12. 根据皮亚杰的认知发展理论,儿童出现的不平衡状态是指下列哪种情况(　　)

A. 儿童用已有的图式无法解决相关问题

B. 儿童用已有的图式解决不了新的问题情境

C. 儿童对环境的积极建构

D. 儿童对动作的不适应

13. “发展学生的认知能力,培养学生的自学能力”具体指赞科夫提出的(　　)原则。(易错)

A. 高速度　　B. 高难度

C. 理解学习过程　　D. 使所有学生都得到一般发展

14. 下列关于家庭教育指导师的说法,正确的有(　　)项。

①家庭教育指导师被纳入《国家职业资格目录(2021年版)》

②家庭教育指导师为未成年人的父母提供服务

③家庭教育指导师不符合《校外培训机构从业人员管理办法(试行)》有关资质要求

④家庭教育指导师可以根据中小学校外培训机构的要求从事校外培训工作

A. 1　　B. 2　　C. 3　　D. 4

15. 下列不属于中学德育基本任务的是(　　)

A. 有针对性地对学生进行马列主义、毛泽东思想和邓小平理论基本观点教育，辩证唯物主义和历史唯物主义基本观点教育

B. 把学生培养成为热爱社会主义祖国的具有社会公德、法制意识、文明行为习惯的遵纪守法的公民

C. 通过生动活泼的校内外教育教学活动，对学生进行以“爱祖国、爱人民、爱劳动、爱科学、爱社会主义”为基本内容的社会主义公德教育、社会常识教育和文明行为习惯的养成教育

D. 引导学生逐步树立正确的世界观、人生观和价值观，不断提高爱国主义、集体主义和社会主义思想觉悟，为他们中的优秀分子将来能够成长为共产主义者奠定基础

二、辨析题(判断正误，并说明理由。本大题共2小题，每小题5分，共10分)

16. 分科课程的弊端之一是割裂了知识的整体性，不利于学生理解能力的培养。

17. 最近发展区是指学生现有的发展水平。

三、简答题(本大题共15分)

18. 从课程的组织、实施、评价等方面阐述课程目标的功能。

四、论述题(本大题共20分)

19. 论述教师如何克服及缓解职业倦怠。

五、材料分析题(本大题共25分)

20. 徐老师是X市某高三班主任。徐老师通知下周将开展"总结今年,展望未来"的主题班会,希望学生们能够在这个班会上回顾自己在高中阶段的学习和生活,总结自己的成绩和经验,并为未来的学习和生活设定目标和计划。然而,徐老师收到的学生留言却全是负面的信息。有的学生觉得自己一事无成,没有取得优异的成绩,感到失落和沮丧;有的学生因为曾经向家人表达了自己想进入前十名的目标,结果却不进反退;还有的学生觉得时间过得太快,学习压力太大,无法有效地平衡学习和生活,感到疲惫和无力。

(1)结合教育心理学的相关知识,分析学生产生上述表现的原因。(10分)

(2)若你是班主任,你会怎么开展班会?(15分)

2023年浙江省宁波市中小学教师招聘考试教育理论基础知识真题试卷(二)

(本套试卷包括教育理论基础知识和学科专业知识两部分,仅收录教育理论基础知识部分真题)

本套试卷共20小题,包括判断题(10小题),单项选择题(10小题)。

一、判断题(判断下列各题的正误,并在题后括号内打“√”或“×”。本大题共10小题,每小题1分,共10分)

1. 有教无类是孔子思想的重要组成部分,倡导每个人都有接受教育的权利,体现出教育公平的思想。 (　　)

第1题

第2题

2. 在经典性条件作用中,当个体不仅对条件刺激做出条件反应,而且对与条件刺激相似的其他刺激也会做出反应,这种现象叫作分化。 (　　)

3. 应用型提问指教师要求学生对已有材料进行分析、综合,独立思考,发现知识之间的内在联系,提出新见解、新观点,从分析中得出结论。 (　　)

4. 新课程课堂教学提倡以学论教,主要从学生的情绪状态、注意状态、参与状态、交往状态、思维状态、生成状态六个方面进行评价。(常考) (　　)

5. 间隔强化比连续强化具有更高的反应率和消退率。 (　　)

6. 根据卡特尔的智力理论,学生在学校中学习掌握到的词汇理解、运算等方面的能力属于晶体智力。 (　　)

7. 小王非常崇拜外交部发言人毛宁,立志成为一名优秀的外交部发言人,并发奋学习,这属于远景的直接性动机。(易错) (　　)

8. “急中生智”与“人逢喜事精神爽”是相同的情绪状态。 (　　)

9. 儿童早期的友谊一般是脆弱、易变的,很快形成又很快破裂。 (　　)

10. 根据《中华人民共和国教师法》,教师体罚学生,经教育不改的,学校、其他教育机构或者教育行政部门可以对该教师给予行政处分或者解聘。情节严重,构成犯罪的,依法追究刑事责任。 (　　)

二、单项选择题(在每小题列出的四个备选项中只有一个是符合题目要求的,将其代码填在括号内。错选、多选或未选均不得分。本大题共10小题,每小题1分,共10分)

1. 假定人心是白纸,没有一切特性,没有任何观念,人心是怎样装备起来的呢?对这个问题我用一句话答复,从经验而来;我们所有的知识都是建立在经验之上,知识归根到底导源于经验。这属于(　　)

A. 教育独立论　　B. 筛选假设理论

C. 教育万能论　　D. 人力资本理论

2. 在建设一个优秀班集体的过程中,优良班风、学风的培育尤其关键。这主要说明了(　　)在人的发展中的作用。

A. 遗传　　B. 教育

C. 个体主观能动性　　D. 环境

3. 在动物园观看非洲象之后,浩浩形成了对非洲象的基本理解,包括它的体貌特征、饮食习惯、典型行为等。此时,浩浩关于非洲象的知识的表征形式是(　　)

A. 图式　　B. 命题

C. 表象　　D. 概念

4. 课堂上,壮壮只想到了丝巾可以戴在脖子上进行保暖,却想不到丝巾还可以用于搭配衣服,起到装饰的作用。这种现象属于(　　)

A. 功能迁移　　B. 功能固着

C. 功能转换　　D. 功能变通

5. 西西在去年暑假回老家的路上,还不能记住回家的路线图。今年过年回家,能清楚地记得从车站到老家的路线,并能够在纸上画出具体的路线图。根据皮亚杰的认知发展阶段理论,西西的认知发展到了(　　)阶段。(常考)

A. 感知运动　　B. 前运算

C. 具体运算　　D. 形式运算

6. 为了记住好朋友家里的电话号码,彤彤在回家的路上反复默读那串数字,这采用的记忆策略是(　　)

A. 精加工策略　　B. 计划策略

C. 组织策略　　D. 复述策略

7. 孟老师每开始一个新的单元教学时,都会对学生进行阶段性检测,弄清楚学生现有的知识掌握程度和整体水平,进而决定自己下一步的教学计划。这属于教学评

价中的(　　)

A. 诊断性评价　　B. 问题性评价

C. 相对性评价　　D. 个体内差异评价

8. 某老师在讲授历史课之前,先用思维导图的形式给学生提供学科结构,帮助学生在头脑中形成对历史知识的框架,让学生形成整体认识。这是为了让学生对后面的知识产生(　　)

A. 水平迁移　　B. 并列迁移

C. 上行迁移　　D. 垂直迁移

9. 小华的妈妈发现,小华上初中以后,不再像以前那样喜欢暴露自己的情绪了,再也不能轻易看到他的内心世界。这说明青少年的心理发展具有(　　)

A. 过渡性　　B. 闭锁性

C. 社会性　　D. 动荡性

10. 期末考试临近,班主任李老师在午休户外活动时间把同学们留在教室继续做英语试题,这让一些学生非常生气,扬言要投诉老师,产生了强烈的逆反心理。学生的这种逆反心理属于(　　)

A. 情境相悖逆反心理　　B. 超限刺激逆反心理

C. 态度对立逆反心理　　D. 评定失实逆反心理

2022年浙江省金华市永康市中学教师招聘考试教育基础知识真题试卷(三)

(总分100分　时间150分钟)

本套试卷共26小题,包括单项选择题(15小题),辨析题(4小题),简答题(4小题),论述题(2小题),材料分析题(1小题)。

一、单项选择题(在每小题列出的四个备选项中只有一个是符合题目要求的,将其代码填在括号内。错选、多选或未选均不得分。本大题共15小题,每小题2分,共30分)

1. 人的发展大体分为三个方面,下列选项中处于同一方面的是(　　)

A. 体质增强,社会性提高　　B. 感知觉发展,性格完善

C. 神经系统功能完善,注意力提升　　D. 行为规范习得,言语发展

2. 假如小唐是清末的一名学生,在当时的学制要求下,他应6岁入学,20岁中学毕业,32岁读完通儒院,教育年限共26年,则当时的学制为(　　)(易错)

A. 癸卯学制　　B. 壬寅学制

C. 壬戌学制　　D. 壬子癸丑学制

3. 下列哪一项体现了德育的疏导原则(　　)

A. 虽有嘉肴,弗食不知其旨也;虽有至道,弗学不知其善也

B. 子路、曾皙、冉有、公西华侍坐

C. 夫子循循然善诱人,博我以文,约我以礼,欲罢不能

D. 读书无疑者,须教有疑;有疑者,却要无疑,到这里方是长进

4. 初三学生小王在升学择校时,将选择权交给父母,并说"你们决定吧,我听你们的",由此可知,小王的发展状态为同一性(　　)

A. 获得　　B. 拒斥　　C. 迷乱　　D. 延迟

5. 若一名15岁的中学生发育正常,则他应当处于皮亚杰认知发展阶段理论中的(　　)(常考)

A. 具体运算阶段　　B. 前运算阶段

C. 感知运动阶段　　D. 形式运算阶段

6. 在老师的指导下，中学某班的学生们对某个问题进行探讨、评析，以此提升辩证思维能力。这种教学方法是（　　）

A. 讨论法　　B. 读书指导法　　C. 实验法　　D. 演示法

7. “学习是学生利用本身的智慧与理解力对情境及情境与自身关系的顿悟”这一观点出自（　　）

A. 精神分析学派　　B. 机能主义学派

C. 构造主义学派　　D. 格式塔学派

8. 对于教育目的价值取向，最具争议性同时也最具根本性的问题是（　　）

A. 强调知识的积累还是道德的完善

B. 满足个人发展需求还是社会发展需求

C. 注重通识教育还是实用教育

D. 维护传统的社会秩序还是力图改变社会现状

9.（　　）是公共教育最早的拥护者，其理论在其所著的《大教学论》中提出。

A. 柏拉图　　B. 昆体良

C. 夸美纽斯　　D. 苏格拉底

10. 人的素质一旦形成就不会随意改变和消失，这体现了人的素质的（　　）

A. 稳定性　　B. 功利性　　C. 内隐性　　D. 个体性

11. 对有心理困扰或心理问题的学生，下列做法不正确的是（　　）

A. 开展科学、有效的心理辅导　　B. 将其信息对外公布

C. 提高其心理健康水平　　D. 做好家校沟通

12. 下列不属于现代教育特点的是（　　）（常考）

A. 教育的生产性不断减弱

B. 教育的科学化水平日益提高

C. 教育制度逐步完善

D. 教育的公共性、普及性和多样性日趋突出

13.《关于全面加强和改进新时代学校体育工作的意见》要求：合理安排校外体育活动时间，着力保障学生每天校内、校外各（　　）的体育活动时间，促进学生养成终身锻炼的习惯。

A. 70分钟　　B. 30分钟　　C. 1个小时　　D. 2个小时

14. 下列说法符合我国《义务教育法》规定的是（　　）

A. 学校可以向学生推销对学生学习确有帮助的商品、服务，并从中获取微利

B. 对违反学校管理制度的学生，学校应予以批评教育，情节严重者可以开除

C. 学校实行党委书记负责制，党委书记由县级人民政府教育行政部门依法聘任

D. 学校不得聘用曾经因故意犯罪被依法剥夺政治权利的人担任工作人员

15. 教育部印发《生命安全与健康教育进中小学课程教材指南》，从五个领域对生命安全与健康教育内容进行明确要求，下列不属于健康行为与生活方式领域的是(　　)

A. 个人卫生与保健　　　　B. 用眼健康

C. 社交与社会适应　　　　D. 公共环境卫生

二、辨析题(判断正误，并说明理由。本大题共4小题，每小题4分，共16分)

1. 教育公平是社会公平与社会和谐的基石。

2. 将成败归因于外部、不稳定、不可控的因素是最糟糕的归因方式。(易错)

3. 学生所获得的直接经验是课程内容的主要来源。(常考)

4. 保护未成年人意味着采纳未成年人的所有意见。

三、简答题（本大题共 4 小题，每小题 5 分，共 20 分）

1. 简述课程开发的目标模式。

2. 简述培养班集体的途径。

3. 简述经典性条件反射理论的主要内容。

4. 简述教育政策与教育法规的区别。

四、论述题(本大题共2小题,每小题10分,共20分)

1. 试述教师在促进迁移教学中的注意事项。

2. 试述教师和父母如何帮助青少年进行自我同一性的整合。

五、材料分析题(本大题共14分)

阅读下列材料,并回答问题。

谢老师在为同学们解释《第一次真好》这篇文章后,布置了一个特殊的家庭作业——完成一件以前从未做过的事情,并以“第一次真好”为主题写一篇记叙文,但同学们“面面相觑”,不知该从何处入手。

作为本班班主任,谢老师对学生们的情况非常了解,知道他们活泼好动。于是,谢老师就让学生们回家帮爸爸妈妈做一件事情,并且把做事情的过程以及当时的想法、感受都记录下来。学生们平时很少参加活动,听到老师布置这样一个任务,都很感兴趣。

星期一,学生们把作文整整齐齐交到谢老师手里,就连平时不爱写作业的几个孩子都按时完成。谢老师批改作文时,为学生们有美好而多样的第一次体验而惊喜:有写第一次做饭的,有写第一次打扫房间的,有写第一次洗衣服的……而且都写得十分详细,更可贵的是学生还把自己的真实感受写了出来。

这次活动之后,学生们不仅对写作文产生了兴趣,还主动承担起了家里的部分家务劳动。

问题:

(1)你赞同谢老师的教学方法吗?为什么?(7分)

(2)结合“双减”政策,谈谈教师布置家庭作业的原则。(7分)

2022年浙江省温州市苍南县中小学教师招聘考试教育基础知识真题试卷(四)

(本套试卷包括教育基础知识和学科专业知识两部分,
仅收录教育基础知识部分真题)

本套试卷共15小题,均为单项选择题。

单项选择题(在每小题列出的四个备选项中只有一个是符合题目要求的,将其代码填在括号内。错选、多选或未选均不得分。本大题共15小题,每小题1分,共15分)

1. 教育史上系统阐述自然教育思想的著作是(　　)(易混)

A.《教育漫话》　　B.《爱弥儿》

C.《大教学论》　　D.《林哈德与葛笃德》

2. 深化"五育"并举课程实施是新时代教育高质量发展的迫切课题。五育之间既相互独立又相互促进,其中,智育的作用是(　　)

A. 各育实施的认识基础

B. 人的一切活动的基础

C. 协调各育的发展

D. 各育实施的方向统帅和动力源泉

3. 下列对我国学校教育制度的产生时间,按先后顺序排列正确的是(　　)

A. 癸卯学制,壬寅学制,壬戌学制,壬子癸丑学制

B. 癸卯学制,壬寅学制,壬子癸丑学制,壬戌学制

C. 壬寅学制,癸卯学制,壬子癸丑学制,壬戌学制

D. 壬寅学制,癸卯学制,壬戌学制,壬子癸丑学制

4. 在物理课上,学生听老师讲述液桥实验的过程,却不能很好地理解其中的原理。而通过"天宫课堂"的液桥演示实验,学生观察到水在表面张力作用下,将两个塑料板连接起来,形成一座液体搭建的桥,便对物体表面张力的特性有了更深的认识。这说明教师在教学中应遵循(　　)

A. 直观性原则

B. 科学性和思想性相统一的原则

C. 循序渐进原则

D. 巩固性原则

5. 曾老师从师范学校毕业后在某中学当实习老师，他最关注的问题是自己能否获得学生的喜爱和校长的认可。曾老师处于教师事业发展的(　　)(常考)

A. 任教前关注阶段　　B. 关注生存阶段

C. 关注情境阶段　　D. 关注学生阶段

6. 学生在课堂上不仅获得了书本上的知识，还通过教师的言传身教，领悟了计划外的知识、观念和情感，这些都属于(　　)

A. 感性知识　　B. 理性知识

C. 显性知识　　D. 隐性知识

7. 课堂提问是教师进行形成性评价的途径之一。下列教师提问的行为中，有利于创设理想课堂教学的是(　　)

A. 学生回答错误后立刻纠正

B. 每次都选取固定的几位学生回答

C. 避免追求标准答案的倾向

D. 提问后立即抽学生回答

8. 小莲在路上遇到一位外国人向她问路，她吭吭哧哧解释了半天还是没能让对方明白怎么走，于是小莲产生了羞耻感，报名参加培训班，学习外语口语。这体现了学习动机的(　　)作用。(易错)

A. 维持　　B. 定向

C. 引发　　D. 调节

9. 在课堂上，老师让学生在一分钟内说出火柴的用途，学生的回答是："点火用、当作牙签剔牙用、堵别人家的锁眼用……"，这体现了学生创造性思维的(　　)

A. 灵活性　　B. 独创性

C. 变通性　　D. 流畅性

10. 小王因为学习成绩好，受到了老师的表扬，小明也暗自下决心努力学习，以获得老师的表扬，这种现象属于(　　)

A. 直接强化　　B. 替代强化

C. 自我强化　　D. 外部强化

11. (　　)于19世纪就开始进行大量的动物学习的实验研究，如"迷笼实验"，并由此提出世界上第一个学习理论。

A. 桑代克　　B. 华生　　C. 斯金纳　　D. 勒温

12. 疏导原则是重要的德育原则。下列不属于其基本要求的是(　　)(常考)

A. 因势利导，循循善诱　　B. 讲明道理，疏通思想

C. 以表扬、激励为主　　　　　　　　　　D.“一分为二”地看待学生

13. 段老师在帮助学生使用学习策略记忆单词时，强调要不断实践各种学习策略，如画线、列提纲等，将其转化为自己的学习能力。这体现了(　　)原则。

A. 效能性　　　　　　　　　　B. 生成性

C. 特定性　　　　　　　　　　D. 内化性

14. 弗洛伊德认为，遵从(　　)的力量，个体就要把遵守社会规范当作一种义务。

A. 本我　　　　　　　　　　B. 超我

C. 自我　　　　　　　　　　D. 内我

15. 教育部印发了《生命安全与健康教育进中小学课程教材指南》，考虑到不同年龄学生的身心发育特征和认知水平，对小学、初中和高中三个学段分别设置教育目标和内容。下列不属于初中阶段目标的是(　　)

A. 引导学生学习青春期保健的基本知识和技能

B. 提高预防性骚扰与性侵害的能力

C. 学会正确应对校园欺凌和校园暴力

D. 提高情绪管理的能力

2022年浙江省台州市(椒江区、路桥区)中小学教师招聘考试教育基础知识真题试卷(五)

(总分100分　时间60分钟)

本套试卷共24小题,包括单项选择题(20小题),简答题(3小题),案例分析题(1小题)。

一、单项选择题(在每小题列出的四个备选项中只有一个是符合题目要求的,将其代码填在括号内。错选、多选或未选均不得分。本大题共20小题,每小题2.75分,共55分)

1. 在道德与法治课上,甄老师根据《义务教育课程方案和课程标准》中的内容,组织学生认识国旗和国徽,培养学生初步的爱国情感。在课后,学生的爱国情感都得到了提升。按照教育功能呈现的形式划分,这属于教育的(　　)(易错)

A. 显性功能　　B. 隐性功能　　C. 正向功能　　D. 负向功能

2. 下列哪一学者认为教育的最高目的是培养哲学家兼政治家(　　)

A. 赫尔巴特　　B. 马卡连柯　　C. 柏拉图　　D. 凯洛夫

3. 下列关于教育与人的发展的关系,说法错误的是(　　)

A. 学校教育在人的发展过程中起主导作用

B. 社会教育给人的影响是最为全面、系统和深刻的

C. 人的发展的阶段性要求教育要有针对性,不能搞一刀切

D. 人的发展的不平衡性要求教育要抓住关键期

4. "帮助学生初步了解马克思主义的基本观点"属于义务教育阶段在(　　)方面的要求。

A. 智育　　B. 美育　　C. 劳育　　D. 德育

5. 某校准备将物理课与劳动实践课组合起来构成一门新课程,以培养学生在实际生活中应用知识和解决问题的能力。这种课程属于(　　)

A. 分科课程　　B. 综合课程　　C. 地方课程　　D. 基础课程

6. 下列哪一学生观反对割裂人的完整性的做法,提倡尊重学生的差异(　　)

A. 学生是具有独立意义的人　　B. 学生是教育教学的研究者

C. 学生是发展中的人　　D. 学生是独特的人

7. 单元测验是教师及时获得教学效果反馈的一种有效方式，这种方式有利于学生及时发现自己的问题，调节自己的学习方式。这属于教学过程中的(　　)环节。

A. 领会知识　　B. 巩固知识

C. 检查知识　　D. 运用知识

8. 何老师在注重教书的同时也注重育人，善于挖掘教材中对学生的价值观起正向引导作用的内容，这体现了(　　)(常考)

A. 科学性与思想性相统一的原则　　B. 理论联系实际原则

C. 量力性原则　　D. 巩固性原则

9. "快问快答"环节是詹老师课堂中的一大特色，詹老师经常在一节课快结束时，通过快问快答的方式考查学生对课堂内容的掌握情况。这种教学评价属于(　　)

A. 形成性评价　　B. 诊断性评价　　C. 终结性评价　　D. 相对性评价

10. 根据"三角形具有稳定性"这一知识点推测出照相机的三脚架具有稳定照相机的功能。根据思维的分类依据，这种思维属于(　　)

A. 经验思维　　B. 理论思维　　C. 直觉思维　　D. 求同思维

11. 夏日炎炎时，学生在操场跑完步回来会觉得教室里格外凉快，这种感觉现象属于(　　)

A. 感觉适应　　B. 感觉后效　　C. 感觉对比　　D. 感觉错位

12. 学生对古诗词的记忆属于(　　)

A. 情景记忆　　B. 形象记忆

C. 程序性记忆　　D. 陈述性记忆

13. 为了提高学生参加晨跑的积极性，朱老师规定，只要参加了晨跑的学生就可以免扫地，这体现了哪种强化原理(　　)(常考)

A. 正强化　　B. 负强化　　C. 正惩罚　　D. 负惩罚

14. 根据斯金纳的观点，(　　)是由特定刺激引起的，是不随意的反射性反应。

A. 连贯性行为　　B. 认知性行为

C. 操作性行为　　D. 应答性行为

15. 符号学习理论认为，学习的(　　)是人类学习区别于动物学习的主要标志。

A. 目的性　　B. 整体性　　C. 顿悟性　　D. 理解性

16. 小麦和小何打赌自己一定可以在期末考试中取得进步，这一动机促使小麦在学习过程中能够集中注意力，就算叫他打游戏也不为所动，这体现了学习动机的(　　)

A. 激发功能　　B. 指向功能

C. 维持功能　　D. 调节功能

17. 根据科文顿的自我价值感理论，下列哪项属于“高驱低避型”学生的典型特征(　　)

A. 对学习有极高的自我卷入水平

B. 对成功没有期望，对失败没有恐惧

C. 对学习任务有既追求又排斥的情绪

D. 对失败的逃避重于对成功的期望

18. 独立性强的学生善于思考，依赖性强的学生容易受无关因素干扰，这反映的是哪种性格结构特征(　　)(易混)

A. 态度　　B. 意志　　C. 情绪　　D. 理智

19. (　　)是教师职业的本质要求，它要求教师要把自己的理想、信念毫不保留地献给学生和教育事业。

A. 爱国守法　　B. 爱岗敬业

C. 热爱学生　　D. 严谨治学

20. 根据《中华人民共和国教育法》，下列说法错误的是(　　)

A. 尊敬师长是受教育者应当履行的义务

B. 教育活动必须符合国家和社会公共利益

C. 设立学校必须有必备的办学资金和稳定的经费来源

D. 我国禁止运用信贷手段发展教育事业

二、简答题(本大题共3小题，每小题10分，共30分)

21. 请简述义务教育的基础性主要表现在哪些方面。

22. 请简述德育原则中的教育影响的一致性与连贯性原则的基本含义和贯彻要求。(常考)

23. 请简述桑代克提出的学习定律。

三、案例分析题(本大题共15分)

24. 阅读案例,回答问题。

【案例】季老师是A班新来的班主任,刚刚接手A班时,A班的课堂纪律很差,于是季老师就打算对A班进行纪律整治,用投票的方式让学生选出纪律最差的学生,然后对该学生进行专项整治。

一开始,学生们都不愿意参加此次活动,于是季老师就规定,不参加投票的学生以后就站着上课。学生们不得已只能参加此次投票,季老师还当众公布投票结果,被投票选出的学生感到很羞愧,再也不敢破坏课堂纪律了。

【问题】结合案例,请你分析季老师的教育行为并针对A班的情况提出教育建议。

2022年浙江省宁波市中小学教师招聘考试教育理论基础知识真题试卷(六)

(本套试卷包括教育理论基础知识和学科专业知识两部分,
仅收录教育理论基础知识部分真题)

本套试卷共20小题,包括判断题(10小题),单项选择题(10小题)。

一、判断题(判断下列各题的正误,并在题后括号内打"√"或"×"。本大题共10小题,每小题1分,共10分)

1. 教学必须与学生的发展同步。 ( )

2. 建构主义认为学生不是空着脑袋走进教室的。 ( )

3. 发现学习是一种不经济的学习方法,不能作为我们教学中的主导方法。 ( )

4. 成长档案袋评价是一种综合性评价。 ( )

5. 教师期望效应有利于学生的发展,教师应当保持对学生的期望。(常考) ( )

6. 小肖回答问题时,总是谨慎思考,虽然其作答速度慢,但准确性高。他的认知风格属于沉思型。 ( )

7. 人的记忆发展就是从具体形象记忆到抽象记忆,早期,具体形象记忆占主导,到了后期,出现了抽象记忆。具体形象记忆到后期就没有意义了。 ( )

8. 小王的学习成绩很差,他认为是自己不够努力。小王的归因方式是不可控的。(常考) ( )

9. 小牛判断事情总是从个人利益出发,认为对自己好的就是好的,对自己不好的就是不好的。小牛的道德发展水平处于前习俗水平。 ( )

10. 对违反学校管理制度的学生,学校应当予以批评教育,情节严重的可以勒令其退学。 ( )

二、单项选择题(在每小题列出的四个备选项中只有一个是符合题目要求的,将其代码填在括号内。错选、多选或未选均不得分。本大题共10小题,每小题1分,共10分)

1. 南宋朱熹说:"读书无疑者,须教有疑;有疑者,却要无疑,到这里方是长进。"这

句话说明教师在教育过程中要(　　)

A. 提出明确的目的、要求和思考题

B. 教给学生读书的方法

C. 善于引导学生在读书中发现问题和解决问题

D. 适当组织学生交流读书心得

2. 下列关于教育活动结构的说法中,错误的是(　　)(易错)

A. 学习者就是指学生

B. 教育者就是促进个体社会化和社会个性化活动的人

C. 学习者具有主观能动性

D. 教育影响不仅仅包括信息的选择、传递和反馈

3. 在教学过程中,数学几何部分的知识需要借助各种教具。这体现了教学的(　　)

A. 启发性原则　　B. 直观性原则

C. 循序渐进原则　　D. 理论联系实际原则

4. 语文课上,王老师首先给学生提供了一段描述秋天的文章,让学生选词填空,然后又提供几个句子,让学生尝试仿写,最后只给学生一个秋天的主题,让学生写下自己的观点。这属于(　　)

A. 支架式教学　　B. 随机进入式教学

C. 抛锚式教学　　D. 认知学徒制教学

5. 李老师让学生去公园里玩耍,并让学生回来后谈谈自己看到的有意思的事。这一课程目标取向是(　　)(易错)

A. 普遍性目标取向　　B. 行为性目标取向

C. 表现性目标取向　　D. 生成性目标取向

6. 小鸥上课举手回答问题,答错后受到了老师的批评,之后班上的同学就很少举手回答问题。这种现象体现了观察学习的(　　)(易混)

A. 习得效应　　B. 抑制效应

C. 去抑制效应　　D. 反应促进效应

7. 红红对画画感兴趣而努力学习画画;梦梦为了得到英语老师的夸奖而努力学习英语。红红和梦梦的学习动机分别是(　　)

A. 内部动机　外部动机　　B. 内部动机　内部动机

C. 外部动机　内部动机　　D. 外部动机　外部动机

8. 贝贝在学校受到了惊吓而出现了吮吸手指、黏着老师等婴儿时期的行为，这种自我防御机制属于(　　)

A. 压抑　　B. 否认

C. 退行　　D. 移置

9. 学完三棱锥的体积公式后，有助于学习四棱锥的体积公式，这种迁移方式属于(　　)(易混)

A. 普遍迁移　　B. 纵向迁移

C. 负迁移　　D. 顺向迁移

10. 下列不属于教师的义务的是(　　)

A. 关心、爱护全体学生，尊重学生人格

B. 不断提高思想政治觉悟和教育教学业务水平

C. 参加专业的学术团体，在学术活动中充分发表意见

D. 批评和抵制有害于学生健康成长的现象

2022年浙江省宁波市镇海区中小学教师招聘考试真题试卷(七)

(本套试卷包括公共综合知识、教育综合知识和学科专业知识三部分,仅收录公共综合知识和教育综合知识两部分真题)

本套试卷共21小题,包括判断题(10小题),单项选择题(10小题),材料分析题(1小题)。

一、判断题(判断下列各题的正误,并在题后括号内打“√”或“×”。本大题共10小题,每小题1分,共10分)

1. 近日,教育部等五部门印发了《关于教材工作责任追究的指导意见》,该意见提出教材工作责任追究要坚持依法依规、全面覆盖、客观公正、惩建结合的基本原则。 (　　)

2. 教师期望效应有利于学生的发展,教师应当时刻保持对学生的期望。(易错) (　　)

3. 心理学家班杜拉指出,强化是语言学习的必要条件,也是使成人的言语反应继续发生的必要条件。 (　　)

4. 作为教师享有指导评价权,教师可以指导学生的作文、日记、信件等内容。 (　　)

5. 通过言语说服而产生的自我效能感不容易持久,往往在面对困难时会迅速消退。 (　　)

6. 巴甫洛夫提出的经典条件反射理论的原理为学习律、准备律和效果律。 (　　)

7. 李明精力旺盛,情绪易激动,动作和言语速度快,有时做事鲁莽冒失。他属于多血质气质类型。(易混) (　　)

8. 张路在一次小测验中失利,情绪十分低落,此时教师应当引导张路将失利的原因归结为他的能力而非努力,以避免打击其学习积极性。 (　　)

9. 小王看完《长津湖》后,对抗美援朝的志愿军产生了深深的敬佩之情,立志好好学习,报效祖国。根据加涅的学习结果分类,这属于态度的学习。 (　　)

10. 根据《教师资格条例》的规定,教师品行不良、侮辱学生,影响恶劣的,当地县级以上人民政府教育行政部门核实后可以撤销其教师资格。 (　　)

二、单项选择题(在每小题列出的四个备选项中只有一个是符合题目要求的,将其代码填在括号内。错选、多选或未选均不得分。本大题共10小题,每小题1分,共10分)

1. 全国妇联、教育部于2022年5月9日至15日开展首个"全国家庭教育宣传周"活动。活动以"(　　)"为主题,弘扬传承中华民族家庭美德,树立良好家风,推动形成家庭文明新风尚。

A. 家校一体 共育共赢

B. 送法进万家 家教伴成长

C. 促进家庭教育 共育时代新人

D. 与爱同行 家庭教育进万家

2. 习近平总书记强调,"思想政治工作是学校各项工作的生命线",中小学校要把思想政治工作紧紧抓在手上、落在实处,把政治标准和政治要求贯穿办学治校、教书育人全过程各方面,融入式、嵌入式、渗入式地全方位开展思想政治工作。这包括(　　)

①加强正面引导,深入开展社会主义核心价值观教育,抓好学生德育工作

②把弘扬革命传统、传承红色基因深刻融入到学校教育中来,厚植爱党、爱国、爱人民、爱社会主义的情感

③坚决防范和清除各种错误政治思潮、分裂主义、宗教活动对未成年人的侵蚀

④增强斗争精神,牢牢掌握意识形态工作主动权,用马克思主义占领、守住中小学校意识形态阵地

A. ①②③　　B. ②③④

C. ①③④　　D. ①②③④

3. "不学操缦,不能安弦;不学博依,不能安诗;不学杂服,不能安礼。"这句话体现的教学原则是(　　)

A. 教学相长　　B. 启发诱导

C. 长善救失　　D. 藏息相辅

4. 李老师让学生去公园里玩耍,并让学生回来后谈谈自己看到的有意思的事。这一课程目标取向是(　　)(易错)

A. 普遍性目标取向　　B. 行为性目标取向

C. 表现性目标取向　　D. 生成性目标取向

5. 根据榜样示范法的要求,下列关于榜样挑选的说法错误的是(　　)

A. 榜样的事迹需要全面、生动、形象

B. 榜样需要与学生之间有共同之处

C. 尽可能在学生身边寻找榜样

D. 不能人为隔离榜样与常人

6. 胡老师平时总是花大量时间试图与学生搞好个人关系，而不是教导学生，让他们在学习上有所进步。胡老师处于教师成长的(　　)

A. 关注生存阶段　　B. 关注情境阶段

C. 关注学生阶段　　D. 关注教育阶段

7. 高自尊的学生往往在学校的某些方面表现得更加成功。下列哪项不属于培养学生自尊心的先决条件之一(　　)

A. 重要感　　B. 成就感

C. 力量感　　D. 集体荣誉感

8. 某位同学发现，当自己做困难的数学题时，常常很长一段时间苦思冥想都无法解决，而当把问题放在一边去做其他事，答案却会突然出现。这属于问题解决中的(　　)

A. 暗示效应　　B. 酝酿效应

C. 定势效应　　D. 自动化效应

9. 小学生在数字计算上花费大量的时间，初中生更多地在掌握各种简单的数学公式，而高中生则能够更快地进行复杂公式的计算。这是由于认知加工的(　　)

A. 自动化　　B. 近因效应

C. 过度学习　　D. 注意偏向

10. 根据《中华人民共和国教师法》的规定，下列不属于教师应当履行的义务的是(　　)(常考)

A. 关心、爱护全体学生，尊重学生人格

B. 不断提高思想政治觉悟和教育教学业务水平

C. 参加专业的学术团体并在学术活动中充分发表意见

D. 批评和抵制有害于学生健康成长的现象

三、材料分析题(本大题共10分)

克文和门德勒在大量的课堂观察中，发现了一个有趣的现象——典型课堂的80-15-5比例。在典型的课堂中一般有三类学生：80%的学生已经发展起了适合的课堂行为，很少违反规则，教师的课堂结构和秩序只需要保护和支持这些学生的求知欲。15%的学生会周期性地违反规则，他们并不无条件地接受课堂规则，有时会与这些规则作对。教师需要建立一个课堂结构和秩序来限制他们的捣乱行为，使他们重新关注正确的学校行为。最后，5%的学生是长期的规则违反者，这些学生需要额外的支持和帮助。优秀的课堂管理者的诀窍就是,要控制不让那15%的学生对课堂学习环境产生副作用,维持那80%准备学习的学生的兴趣,同时又不把那5%的学生逼上绝境,否则就会引起课堂的混乱,使教学难以为继。

问题:教师可采取哪些措施维持良好的课堂环境,预防学生不良行为的发生?

2022年浙江省绍兴市(越城区、柯桥区、上虞区)中学教师招聘考试教育基础知识真题试卷(八)

(总分100分　时间90分钟)

本套试卷共18小题,包括单项选择题(10小题),辨析题(3小题),简答题(3小题),论述题(1小题),案例分析题(1小题)。

一、单项选择题(在每小题列出的四个备选项中只有一个是符合题目要求的,将其代码填在括号内。错选、多选或未选均不得分。本大题共10小题,每小题2分,共20分)

1. 我国教育目的的理论基础是(　　)

A. 加德纳的多元智力理论

B. 马克思主义的劳动起源说

C. 杜威的教育无目的论

D. 马克思主义关于人的全面发展学说

2. 新课改提倡的课程管理方式是(　　)(常考)

A. 国家统一管理制度

B. 国家、地方分级管理制度

C. 学校自主管理制度

D. 国家、地方、学校三级管理制度

3. 提出“非指导性教学”的心理学家是(　　)

A. 赞科夫　　B. 布卢姆　　C. 罗杰斯　　D. 洛扎诺夫

4. 教师以他人的高尚品德、模范行为和卓越成就来影响学生品德的方法是(　　)

A. 榜样示范法　　B. 陶冶教育法

C. 品德评价法　　D. 说服教育法

5. 张老师要比较讲授法和讨论法的教学效果,他分别选用了两个班级。1班采用讲授法,2班运用讨论法,两个班的学生在智力、学业基础等方面基本一致,期末测验显示两个班的成绩有显著差异。张老师运用的研究方法是(　　)

A. 观察法　　B. 调查法　　C. 实验法　　D. 个案研究法

6.“莽”李逵、“灵”燕青、“稳”林冲、“娇”黛玉，这些描述的是下列哪种个性差异(　　)(易混)

A. 能力　　B. 性格

C. 气质　　D. 兴趣

7. 把学习分为言语信息、智慧技能、认知策略、动作技能、态度的心理学家是(　　)(常考)

A. 加德纳　　B. 加涅　　C. 维果斯基　　D. 奥苏伯尔

8. 张强在学习时，用简要的词语写出材料中的主要观点和次要观点，再以金字塔的形式呈现材料的要点及各种观点的直接关系，这种学习策略属于(　　)

A. 复述策略　　B. 组织策略

C. 精加工策略　　D. 资源管理策略

9.“人们对自己是否能够成功地从事某一成就行为的主观判断”被称为(　　)

A. 自我期待　　B. 自我价值感

C. 自我效能感　　D. 自我认同

10. 根据马克思主义的观点，法的内容最终是由什么决定的(　　)

A. 阶级意志　　B. 地理环境

C. 人口状况　　D. 社会物质生活条件

二、辨析题(判断正误，并说明理由。本大题共3小题，每小题7分，共21分)

1. 教材是课程标准具体化的体现。

2. 负强化等同于惩罚。(常考)

3. 教学评价就是对学生学习结果进行评价。

三、简答题(本大题共3小题,每小题8分,共24分)

1. 简述中学生情绪情感的发展特点。

2. 简述建构主义的教学模式。

3. 简述依法执教的原因及基本要求。

四、论述题（本大题共15分）

请结合实际，论述“教学既是一门科学，也是一门艺术”。

五、案例分析题（本大题共20分）

小A是一名初三的学生，因为是毕业班，学业压力大，他很想考出好成绩。但每次考试，成绩都不太理想，小A觉得非常焦虑。时间长了后，他要么是不愿意参加考试，要么是直到考试前才匆忙复习。甚至慢慢觉得学习不那么重要，不用那么努力去学习。

(1)根据自我价值感理论，分析案例中小A面临的问题。(10分)

(2)如果你是小A的老师，你会怎么帮助他走出困境。(10分)

2021年浙江省金华市永康市中学教师招聘考试教育基础知识真题试卷(九)

(总分100分　时间150分钟)

本套试卷共26小题,包括单项选择题(15小题),辨析题(4小题),简答题(4小题),论述题(2小题),材料分析题(1小题)。

一、单项选择题(在每小题列出的四个备选项中只有一个是符合题目要求的,将其代码填在括号内。错选、多选或未选均不得分。本大题共15小题,每小题2分,共30分)

1. 与孔子"举一隅不以三隅反,则不复也"相类似的观点是(　　)(常考)

A. 不愤不启,不悱不发　　B. 学而时习之

C. 有教无类　　D. 学思结合

2. 提出解放儿童的六大方面,培养儿童创造力的是(　　)

A. 王守仁　　B. 杨贤江

C. 陶行知　　D. 蔡元培

3. 平行教育思想的提出者是(　　)

A. 班杜拉　　B. 布鲁纳

C. 马卡连柯　　D. 杜威

4. 古代斯巴达的教育目的属于(　　)

A. 神学本位论　　B. 教育无目的论

C. 个人本位论　　D. 社会本位论

5. 一位教师在讲解"浮力"时问:"为什么一根针会沉入海底,万吨巨轮却能漂浮海上?"这体现的教学原则是(　　)

A. 启发性教学原则　　B. 理论联系实际原则

C. 直观性教学原则　　D. 因材施教原则

6. 苏霍姆林斯基说的"让学校的每一面墙壁都开口说话"体现了(　　)

A. 物质类的隐性课程的作用　　B. 精神类的隐性课程的作用

C. 组织制度类的隐性课程的作用　　D. 心理类的隐性课程的作用

7. 明知没有回报,小明还是坚持每周日下午去公园捡垃圾来保护环境,这体现的

是(　　)

A. 自我提高内驱力　　B. 附属内驱力

C. 内部动机　　D. 外部动机

8. 小昌听别人说了电话号码后,拨打这个电话号码,之后就忘记了该号码,这体现的记忆是(　　)(易混)

A. 感觉记忆　　B. 短时记忆

C. 长时记忆　　D. 内隐记忆

9. 高中生王福擅长音乐、足球、阅读、解决问题,下面能体现王福流体智力的是(　　)

A. 音乐　　B. 足球　　C. 阅读　　D. 解决问题

10. 班级里有人做了错事,小明认为他违反了规章制度,这是不对的行为,这说明小明处于下列哪一个阶段(　　)(易混)

A. 前习俗水平　　B. 习俗水平

C. 后习俗水平　　D. 非习俗水平

11. 根据2015年修正的《中华人民共和国教育法》的规定,关于我国教育目的的论述正确的是(　　)

A. 培养德、智、体等方面全面发展的社会主义建设者和接班人

B. 培养德、智、体、劳等方面全面发展的社会主义建设者和接班人

C. 培养德、智等方面全面发展的社会主义建设者和接班人

D. 培养德、智、体、美等方面全面发展的社会主义建设者和接班人

12. 根据《中小学教育惩戒规则(试行)》的规定,下列教育行为中,不能在学生违规违纪情节严重或者影响恶劣情况下实施的是(　　)

A. 给予不超过一周的停课或者停学,要求家长在家进行教育、管教

B. 由法治副校长予以训诫

C. 安排专门的课程或者教育场所,由社会工作者或者其他专业人员进行心理辅导、行为干预

D. 指派学生对其他学生实施教育惩戒

13. 根据《中华人民共和国义务教育法》的规定,发生违反本法的重大事件,妨碍义务教育实施,造成重大社会影响的,负有领导责任的人民政府或者人民政府教育行政部门负责人应当(　　)

A. 承担责任　　B. 行政处分

C. 引咎辞职　　D. 反省道歉

14. 章某和李某在课间打闹,教师未及时制止。后来章某将李某鼻子打成骨折,对于该后果应当承担责任的主体是(　　)(易错)

A. 章某及其监护人　　　　B. 章某

C. 章某和李某　　　　D. 章某和学校

15. 根据《中华人民共和国预防未成年人犯罪法》的规定,出现下列哪种情况时,学校应当及时联系家长(　　)

A. 离家出走　　　　B. 经常打架

C. 旷课　　　　D. 夜不归宿

二、辨析题(判断正误,并说明理由。本大题共4小题,每小题4分,共16分)

16. 教师的合法权益受到学校侵犯时,教师有权拒绝到学校上课。

17. "课程思政"与"思政课程"应同向同行,形成协同效应。

18. 德育过程必须从训练学生的行为习惯开始。(常考)

19. 有人认为惩罚就是负强化。(常考)

三、简答题(本大题共4小题,每小题5分,共20分)

20. 简述一堂好课的基本要求。

21. 简述预防教师违法(侵权)行为发生可采取的措施。

22. 简述教育研究的基本步骤。

23. 简述自我价值感理论的基本思想。

四、论述题(本大题共 2 小题,每小题 10 分,共 20 分)

24. 联系实际,分析“学者未必为良师,良师必定为学者”。(常考)

25. 联系实际,论述中学生创造力培养的有效措施。

五、材料分析题（本大题共 14 分）

26. 王老师是一个学校的语文老师，她发现班级里的学生都不喜欢背课文，她想要改变这种现状。在一堂语文研讨会上，一位老教师分享了“思维导图”的使用方法，以及如何利用思维导图来背诵课文。王老师决定采用这一方法，她花了一堂课的时间讲解什么是“思维导图”，并介绍如何使用“思维导图”来背诵课文。她还拿了一篇需要背诵的篇目做了简单示范。课后布置作业，要求学生利用“思维导图”预习并背诵一篇课文。之后检查作业时发现，只有少部分同学运用“思维导图”来背诵课文，大多数同学还是使用原来的方法背诵课文。王老师很苦恼。

根据知识分类的观点和学习策略训练的原则，分析王老师在教学过程中可能存在的错误，并提出改进措施。

2021年浙江省金华市/诸暨市中学教师招聘考试教育基础知识真题试卷(十)

(本套试卷包括教育基础知识和学科专业知识两部分,仅收录教育基础知识部分真题)

本套试卷共22小题,包括单项选择题(20小题),论述题(1小题),材料分析题(1小题)。

一、单项选择题(在每小题列出的四个备选项中只有一个是符合题目要求的,将其代码填在括号内。错选、多选或未选均不得分。本大题共20小题,每小题1分,共20分)

1. 以下说法中,正确的是(　　)(易错)

A. "壬寅学制"是第一个颁布并实施的

B. "癸卯学制"规定男女可以同校

C. "壬子癸丑学制"确立了自然科学课程

D. "壬戌学制"参照的是日本学制

2. 创立实用主义教育学,并提出"教育即生活""从做中学"的教育家是(　　)(常考)

A. 裴斯泰洛齐　　B. 斯宾塞

C. 苏格拉底　　D. 杜威

3. 教师要平等地对待学生,营造平等的课堂氛围,在教育教学中促进学生的发展。这体现的是教师在学生学习中是(　　)(易错)

A. 指导者和促进者　　B. 组织者和管理者

C. 终身学习的建构者　　D. 平等中的首席

4. 黄老师在开家长会的时候说,不能只关注学生的成绩排名,更应该关注学生在学习过程中的情感体验,要注重培养学生良好的道德品格。这体现了新课改(　　)的教学观。

A. 教学从"以教育者为中心"转向"以学习者为中心"

B. 教学从"教会学生知识"转向"教会学生学习"

C. 教学从"重结论轻过程"转向"重结论的同时更重过程"

D. 教学从"关注学科"转向"关注人"

5. 提出“在教学中总是有一个第三者的东西为师生同时专心注意的”，认为这个“第三者”是指“知识，即系统的知识体系”的教育家是(　　)

A. 卢梭　　B. 赫尔巴特

C. 夸美纽斯　　D. 昆体良

6. 根据教育评价理论，随堂测验属于(　　)评价。

A. 诊断性　　B. 终结性

C. 形成性　　D. 相对性

7. 德育的“认知模式”中，设置两难问题是为了(　　)

A. 测量道德发展的形式　　B. 测量道德判断的发展水平

C. 测量道德发展的能力　　D. 测量道德发展的结构

8. 通过对教师生活故事的描述和分析，揭示内隐于日常事件、生活和行为背后的意义和观念，使人们从故事中体验、思考和理解教育的本质与价值的研究是(　　)

A. 行动研究　　B. 校本研究

C. 叙事研究　　D. 比较研究

9. 读“疏影横斜水清浅，暗香浮动月黄昏”时，脑海中浮现相关的景象属于(　　)(易混)

A. 创造想象　　B. 再造想象

C. 无意想象　　D. 幻想

10. 动机对活动具有维持和加强的作用，强化活动以达到目的，这体现了动机的(　　)

A. 互补功能　　B. 激励功能

C. 引发功能　　D. 指引功能

11. 下列关于认知风格表述正确的是(　　)

A. 场依存型的人比场独立型的人更多地利用来自自身内部的线索

B. 认知风格主要影响学生的学习方式

C. 区分冲动型和沉思型的标准是反应时间

D. 发散型认知风格优于辐合型认知风格

12. “对自己近阶段的表现感到欣慰或不满”，这属于自我意识中的(　　)

A. 自我体验　　B. 自我观察

C. 自我评价　　D. 自我控制

13. 提出社会文化历史学说，认为人类的心理活动的起源是社会文化历史发展的

产物,为社会规律所制约的心理学家是(　　)

A. 弗洛伊德　　B. 班杜拉

C. 皮亚杰　　D. 维果斯基

14. 魏斌经常想“人为什么是两条腿?”,一天想好多次,明知道没必要却又无法控制,以至于影响学习和生活。他的心理问题属于(　　)

A. 强迫症　　B. 焦虑症

C. 抑郁症　　D. 恐怖症

15. 关于中学生心理发展特点,以下说法正确的是(　　)

A. 处于皮亚杰所说的具体运算阶段　　B. 以直观动作思维为主

C. 以抽象逻辑思维为主　　D. 创造性思维达到顶峰

16. 小明每次碰充电器的时候,妈妈都会说危险。久而久之,小明听到危险就会想到电,这属于加涅学习水平分类中的(　　)(易错)

A. 刺激—反应学习　　B. 信号学习

C. 连锁学习　　D. 概念学习

17. 根据社会学习理论,以下说法错误的是(　　)

A. 学习受认知影响比较大,且在实验室中进行

B. 观察学习的过程包括注意、保持、动作再现、动机

C. 学习者是否表现出已习得的行为受到直接强化、自我强化和替代强化的影响

D. 儿童通过模仿进行学习

18. 奥苏伯尔提出的三个主要影响迁移的认知结构变量是(　　)

A. 结构性、可操作性和可辨别性　　B. 稳定性、可利用性和结构性

C. 可操作性、可利用性和结构性　　D. 可利用性、可辨别性和稳定性

19. “对违反学校管理制度的学生,学校应当予以批评教育,不得开除”,出自(　　)(常考)

A.《中华人民共和国教育法》　　B.《中华人民共和国义务教育法》

C.《中华人民共和国教师法》　　D.《中华人民共和国未成年人保护法》

20. 以下构成教师解聘条件的共有(　　)项。

①故意不完成教育教学任务给教育教学工作造成损失的

②体罚学生,经教育不改的

③品行不良、侮辱学生,影响恶劣的

④和其他教育者之间不团结、不协调的

A. 1　　B. 2　　C. 3　　D. 4

二、论述题(本大题共10分)

21. 论述如何运用无意注意和有意注意的规律提高学生注意的稳定性和持久性。

三、材料分析题(本大题共10分)

22. 刘明上课时不认真听讲,对学习没有太大兴趣,所以学习成绩不太好。同时,因为他经常调皮捣蛋,搞一些恶作剧,所以人际关系也不太好,跟同学之间相处得不是很融洽。久而久之,老师对他也不太关注了。

请根据马斯洛需要层次理论,分析老师应该如何做。

2021年浙江省温州市(乐清市、苍南县、平阳县、永嘉县)中小学教师招聘考试教育基础知识真题试卷(十一)

(本套试卷包括教育基础知识和专业知识两部分,仅收录教育基础知识部分真题)

本套试卷共20小题,包括判断题(10小题),单项选择题(10小题)。

一、判断题(判断下列各题的正误,并在题后括号内打“√”或“×”。本大题共10小题,每小题1分,共10分)

1. 提出“温故而知新,可以为师矣”的教育家是朱熹。 (　　)

2. 素质教育应当逐步取消标准化考试。 (　　)

3. 狭义的教育等同于学校教育。 (　　)

4. “学生喜欢我吗”“同事们如何看我”每天思考这些问题的教师正处于关注生存阶段。(常考) (　　)

5. 按照马斯洛的需要层次理论,尊重需要是最高层次的需要。 (　　)

6. 同样是面对考试失败,有的人一蹶不振,有的人发愤图强,有的人无所谓,这体现了人格的整合性。 (　　)

7. 维果斯基的最近发展区理论,体现教师应当坚持量力性教学原则。(常考) (　　)

8. 杨杨希望考试考得好,分数超过他人,这体现了其交往动机。 (　　)

9. 新课改坚持“以学论教”,提倡从情绪状态、注意状态、参与状态、交往状态、思维状态、生成状态六个方面进行评价。 (　　)

10. 不断提高思想政治觉悟和教育教学业务水平是中小学教师的义务之一。 (　　)

二、单项选择题(在每小题列出的四个备选项中只有一个是符合题目要求的,将其代码填在括号内。错选、多选或未选均不得分。本大题共10小题,每小题1分,共10分)

1. 作为整个教育工作的核心,既是教育工作的起点,又是教育工作的终点的是(　　)

A. 教育目的　　B. 教育规律　　C. 教育环境　　D. 教育对象

2. ________一般是指在某项教学活动开始之前，对学生的认知、技能以及情感等状况进行的预测，而________一般是在教学活动告一段落后，为了解教学活动的最终效果而进行的评价。(　　)

A. 总结性评价　形成性评价

B. 形成性评价　动态性评价

C. 诊断性评价　总结性评价

D. 动态性评价　总结性评价

3. 下列对应错误的是(　　)(易混)

A. 合作教学法—阿莫纳什维利

B. 掌握教学模式—布卢姆

C. 示范性教学—瓦·根舍因

D. 认知教学理论—罗杰斯

4. 以下属于美国实用主义教育学家杜威的教育思想或观点的是(　　)

①教育即生活　②工作是儿童的天职　③学校即社会　④“五指”课程

A. ①②　　　　B. ①③

C. ①④　　　　D. ①②③④

5. 陈芳在体育课上学会了广播体操，根据加涅关于学习结果的分类，这属于(　　)的学习。

A. 智慧技能　　　　B. 认知策略

C. 态度　　　　D. 动作技能

6. 教师在课堂上采用二十四节气歌帮助学生记忆二十四节气，这使用的是学习策略中的(　　)

A. 资源管理策略　　　　B. 精加工策略

C. 复述策略　　　　D. 元认知策略

7. 韦纳将导致成败的六项因素归入三个维度，而长期消极归因不利于学生成长。当学生在考试中取得不理想成绩时，教师应给予怎样的归因是最合适的(　　)

A. 该生能力不足　　　　B. 该生运气不好

C. 考试太难　　　　D. 该生不够努力

8. 以下对德育表述不正确的是(　　)

A. 德育即思想政治教育

B. 德育在阶级社会里具有鲜明的阶级性

C. 德育具有一定继承性

D. 德育对其他各育起着保持动力的作用

9. 合理运用奖励是提升学习动机的重要方式，在学生具有很高的内部动机且较强自主学习能力的情况下，教师给予以下哪种奖励是不合适的(　　)(易错)

A. 口头表扬　　B. 物质奖励

C. 肯定与微笑　　D. 教导学生自我表扬

10. 根据《中华人民共和国义务教育法》的规定，以下说法不正确的是(　　)

A. 地方各级人民政府应当在财政预算中将义务教育经费单列

B. 国家鼓励教科书循环使用

C. 国家组织和鼓励经济发达地区支援经济欠发达地区实施义务教育

D. 凡年满七周岁的儿童，其父母或者其他法定监护人应当送其入学接受并完成义务教育

2021年浙江省台州市黄岩区中小学教师招聘考试教育基础知识真题试卷(十二)

(本套试卷包括教育基础知识和学科专业知识两部分,

仅收录教育基础知识部分真题)

本套试卷共20小题,包括判断题(10小题),单项选择题(10小题)。

一、判断题(判断下列各题的正误,并在题后括号内打"√"或"×"。本大题共10小题,每小题1分,共10分)

1. 壬寅学制是我国第一个反封建的学制。 ( )
2. 制度教育学强调教育要陶冶人的人格与灵魂,唤醒人的精神与生命活力。 ( )
3. 提倡素质教育,就是不要用考试的方式来评价学生。(常考) ( )
4. 身心发展的阶段性特点,要求我们在教学中做到循序渐进。 ( )
5. 隐性知识是指尚未被语言或其他形式表述的知识,是"尚未言明的""难以言传的"知识。 ( )
6. 学生一考试就犯困,注意力不能集中,而且情绪紧张,这是学习困难综合征的表现。 ( )
7. 能力影响个体掌握知识和技能的速度、方向和水平。 ( )
8. 良好的班级舆论和氛围,是衡量班级管理好坏的重要因素之一。 ( )
9. 非法侵占学校及其他教育机构的校舍、场地及其他财产的,要承担刑事责任。 ( )
10. 课堂规则是由师生共同讨论之后,最终由教师来制定的。 ( )

二、单项选择题(在每小题列出的四个备选项中只有一个是符合题目要求的,将其代码填在括号内。错选、多选或未选均不得分。本大题共10小题,每小题1分,共10分)

1. 下列不是中国传统文化价值观对中国教育消极影响的是( )

A. 重创造轻认同　　B. 重共性轻个性

C. 重服从轻自主　　D. 重功利轻发展

2. ( )是指国家或社会对教育所要造就的人的质量规格所做的总体规定与要

求，具有调控、导向、评价功能。

A. 教育方法　　B. 教育原则

C. 教育目的　　D. 教育内容

3. 教育学家和心理学家杰罗姆·布鲁纳，提倡让学生独立工作，自己发现问题、解决问题及掌握原理。这种教学法是（　　）

A. 发现式教学法　　B. 整个教学法

C. 教学做合一　　D. 自然教学法

4. 学生在听老师讲“疏影横斜水清浅，暗香浮动月黄昏”这句诗时，头脑中浮现出相应的画面，这是一种（　　）（常考）

A. 无意想象　　B. 再造想象　　C. 创造想象　　D. 幻想

5. 日常生活中，班主任了解学生的主要方法是（　　）

A. 考核法　　B. 调查法、观察法

C. 谈话法、观察法　　D. 书面材料分析法

6. 老师让三个学生说未来的笔，小明说出来10种但基本雷同，小红说出来5种但各有特色，小卓只说了一种但能写出五颜六色，老师夸奖了小卓，原因是小卓的（　　）比较强。

A. 流畅性　　B. 变通性　　C. 独创性　　D. 逻辑性

7. 小明在得到老师的表扬后，非常开心，有一种“人逢喜事精神爽”的感觉，这是一种（　　）

A. 情感　　B. 意志　　C. 认知　　D. 情绪

8. 小红觉得学习压力大，要专注于学习，没跟小明玩，小明就认为小红抛弃自己，觉得小红不好。小明这种表现是（　　）（易混）

A. 完美主义　　B. 糟糕至极

C. 绝对化要求　　D. 过度概括化

9. 根据休伯曼的职业生涯周期论，在（　　），教师开始不安于教学现状，尝试进行教学改革，不断对职业和自我进行挑战。

A. 稳定期　　B. 实验和歧变期

C. 平静和保守期　　D. 退出教职期

10. 小明是三年级的学生，关于他的压岁钱，以下说法不正确的是（　　）

A. 父母不能随便使用，除非是给小明报培训班

B. 小明是限制民事行为能力人，能独立支配压岁钱

C. 小明可以独立实施纯获利益的民事法律行为

D. 父母可以随意使用，无需经过小明同意

2021年浙江省宁波市中小学教师招聘考试
教育理论基础知识真题试卷(十三)

(本套试卷包括教育理论基础知识和学科专业知识两部分,
仅收录教育理论基础知识部分真题)

本套试卷共20小题,包括判断题(10小题),单项选择题(10小题)。

一、判断题(判断下列各题的正误,并在题后括号内打"√"或"×"。本大题共10小题,每小题1分,共10分)

1. 维果斯基认为决定儿童语言获得的因素不是经验和学习,而是先天遗传的语言能力。 ( )

2. 一般来说,影响儿童的人格发展的社会化因素最主要来自家庭,然后才是学校教育和同伴。 ( )

3. 班主任是学生班级的直接组织者、教育者和领导者。 ( )

4. 在幼儿时期,机械记忆的效果比较好,进入小学阶段,意义记忆的效果比较好。(易错) ( )

5. 西周学校教育的基本内容是六艺,即礼、乐、射、御、书、数。(常考) ( )

6. 赫尔巴特提出的教学过程四阶段包含明了、联合(或联想)、系统和方法。 ( )

7. 冲动型认知风格的学生的思维方式以冲动为特征,在回答问题时倾向于根据线索形成看法并快速做出反应,但错误较多。因此冲动型认知风格劣于沉思型认知风格。 ( )

8. 张老师经验丰富,他对李老师说,你班上的张艺同学虽然成绩一般,但很有天赋,于是李老师对张艺抱有很高的期待,因为这种期待,学期末张艺的成绩突飞猛进,这可以用罗森塔尔效应进行解释。 ( )

9. 正强化,指呈现愉快刺激或消除厌恶的刺激来增加个体的反应频率。(易错) ( )

10. 奥苏伯尔认为学习动机可以分为三种,认知内驱力属于内部动机,自我提高内驱力和附属内驱力属于外部动机。(常考) ( )

二、单项选择题(在每小题列出的四个备选项中只有一个是符合题目要求的,将其代码填在括号内。错选、多选或未选均不得分。本大题共10小题,每小题1分,共10分)

1. 下列不属于教育活动的四个基本要素的是(　　)(常考)

A. 教育者　　B. 受教育者

C. 教育内容　　D. 教育场所

2. 学习是一个日积月累,由量变到质变的过程,不能对学生拔苗助长,这强调的是学习的(　　)原则。

A. 直观性　　B. 巩固性

C. 循序渐进　　D. 因材施教

3. 学生的“向师性”和“模仿性”决定了教师劳动具有(　　)特性。

A. 示范性　　B. 创造性

C. 长期性　　D. 艰苦性

4. 下列不属于以实际训练为主的教学方法是(　　)

A. 练习法　　B. 实验法

C. 读书指导法　　D. 实践活动法

5. “思想自由,兼容并包”是(　　)提出的。

A. 晏阳初　　B. 梁启超

C. 蔡元培　　D. 康有为

6. 下列不属于结构良好的问题是(　　)

A. 从北京到上海,最快的路线应该怎么走

B. 修电脑

C. 求边长为5cm的正方形的面积

D. 计算35×8的结果

7. 学生在练习投篮技术时,成绩时而提高,时而下降,时而停顿,这是动作技能练习的(　　)

A. 高原现象　　B. 反馈

C. 起伏现象　　D. 倒退

8. 小刚发现桌子的螺丝松了,想找螺丝刀重新拧紧,但却找不到,其父知道以后,用小刀把螺丝拧紧,这说明小刚在解决问题的时候,不能摆脱(　　)的影响。(易错)

A. 问题的特点　　B. 思维定势

C. 酝酿效应　　D. 功能固着

9. 下列关于“学习”表述正确的是(　　)

A. 学习是人类特有的现象，在人的整个生活中都贯穿着学习

B. 学习是有机体后天习得行为经验的过程

C. 鸭子游水，小狗钻火圈都属于学习的范畴

D. 学习表现为个体行为由于经验和遗传而发生的较为稳定的变化

10. 以下与《中华人民共和国义务教育法》规定不符的是(　　)

A. 对违反学校管理制度的学生，学校应当予以批评教育，屡教不改者可以开除

B. 小学应当把德育放在首位，寓德育于教育教学之中，开展与学生年龄相应的社会实践活动

C. 国家实行教科书审定制度，教科书的审定办法由国务院教育行政部门规定

D. 特殊教育学校(班)学生人均公用经费标准应当高于普通学校学生人均经费标准

2021年浙江省绍兴市(越城区、柯桥区、上虞区)中学教师招聘考试教育基础知识真题试卷(十四)

(总分100分　时间150分钟)

本套试卷共19小题,包括单项选择题(10小题),辨析题(3小题),简答题(3小题),论述题(2小题),案例分析题(1小题)。

一、单项选择题(在每小题列出的四个备选项中只有一个是符合题目要求的,将其代码填在括号内。错选、多选或未选均不得分。本大题共10小题,每小题2分,共20分)

1. 教育史上,最早将"教""育"二字合成一个词使用的教育家是(　　)

A. 孔子　　B. 老子　　C. 孟子　　D. 荀子

2. 我国近代第一个颁布但没有实行的现代学制是(　　)(易错)

A. 壬寅学制　　B. 癸卯学制

C. 壬子癸丑学制　　D. 壬戌学制

3. 提出教育目标分类理论由认知领域、情感领域、动作技能领域组成的是(　　)(常考)

A. 加涅　　B. 布卢姆　　C. 梅里尔　　D. 马杰

4. 德育过程的基本要素是(　　)

A. 教育者、受教育者、德育内容、德育方法

B. 教育者、受教育者、德育内容、德育途径

C. 教育者、受教育者、德育原则、德育方法

D. 教育者、受教育者、德育方法、德育途径

5. 高三(1)班班主任李老师对学生严加监管,要求学生无条件接受一切命令,他自己承担全部责任,不允许学生有任何意见。李老师的领导方式属于(　　)

A. 放任型　　B. 民主型　　C. 控制型　　D. 权威型

6. 一位高中语文教师,拟借鉴人本理念,尝试改进课堂教学方法,从研究目的上看,这种研究是(　　)

A. 定性研究　　B. 定量研究

C. 基础性研究　　D. 应用性研究

7. 现代认知心理学的代表人物是(　　)

A. 皮亚杰　　B. 马斯洛　　C. 斯金纳　　D. 艾斯纳

8. 上物理实验课时,小明同学喜欢一边操作一边思考。这种思维活动属于(　　)(易混)

A. 直觉思维　　B. 动作思维

C. 形象思维　　D. 逻辑思维

9. 王老师认为学习是个体依据已有的知识经验进行主动建构的过程,这是下列哪种学习理论的观点(　　)

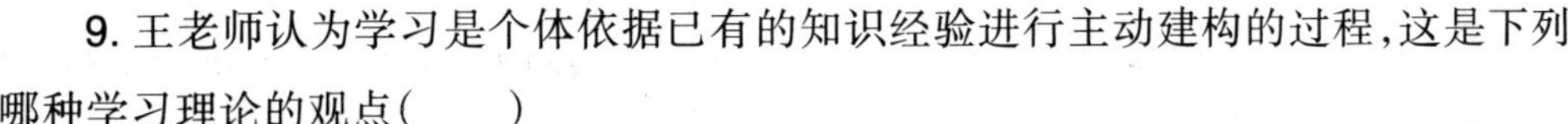

A. 人本主义学习理论　　B. 认知主义学习理论

C. 建构主义学习理论　　D. 行为主义学习理论

10. 马老师最担心的问题是“学生喜欢我吗”“同事们如何评价我”之类的问题,这表明马老师处于教师成长的(　　)

A. 关注情境阶段　　B. 关注学生阶段

C. 关注生存阶段　　D. 关注发展阶段

二、辨析题(判断正误,并说明理由。本大题共3小题,每小题5分,共15分)

11. 凯兴斯坦纳曾说:“我以为国家公立学校的目的——也就是一切教育的目的——是教育有用的国家公民。”这种观点属于本体论。

12. 总体而言,学校课程内容主要由间接经验构成。(常考)

13. 教学具有教育性。

三、简答题(本大题共3小题,每小题8分,共24分)

14. 简述我国法律法规所规定的学生的义务。

15. 简述如何有效激发中学生的学习动机。

16. 简述中学教师的角色功能。

四、论述题(本大题共2小题,每小题12分,共24分)

17. 论述科学性和思想性相统一的教学原则,并联系中学教学实际,谈谈在教学中如何贯彻这一原则。(常考)

18. 论述中学生同伴关系发展的特点,并联系实际谈谈如何促进中学生同伴关系的良好发展。

五、案例分析题(本大题共17分)

19. 某省重点高中,九月刚开学,学校就出现了个别学生下课后在厕所吸烟的现象。为严肃校风校纪,年级组成立了“纠察队”,但就是在这种“严打”的形势下,高一(2)班仍有两名学生“顶风作案”。班主任对他们进行说服教育的同时,给予了他们严重的警告处分,两名学生在随后的班会中也公开做了检讨及承诺。但是好景不长,一周后,该班又出现了个别学生课间在厕所吸烟的现象,其中还有上次因吸烟受处分的学生。作为班主任,班上出现了这样的事情,该怎么做呢?是坚持严肃校风校纪,给予他们更严厉的纪律处分,还是换一种方法“软处理”?

(1)假如你是班主任,你打算怎么处理?并简述这样处理的依据。(8分)

(2)结合案例内容,谈谈作为班主任应如何把握好教育惩戒的“度”。(9分)

2020年浙江省宁波市中小学教师招聘考试教育理论基础知识真题试卷(十五)

(本套试卷包括教育理论基础知识和学科专业知识两部分,仅收录教育理论基础知识部分真题)

本套试卷共20小题,包括判断题(10小题),单项选择题(10小题)。

一、判断题(判断下列各题的正误,并在题后括号内打“√”或“×”。本大题共10小题,每小题1分,共10分)

1. 班集体发展呈现螺旋式上升的特点。 ( )

2. 发现法是美国心理学家斯金纳所提倡的一种教学方法。 ( )

3. 启发性原则的核心就是用“问答法”教学,实质就是老师少讲,学生多学。 ( )

4. 多元智能理论的教学意义之一是多一把衡量的尺子,让学生有成功感。 ( )

5. 德育过程具有“多开端性”,不必按照“晓之以理、动之以情、导之以行、持之以恒”的次序进行。(常考) ( )

6. 儿童道德评价的发展经历了从他律到自律的过程。 ( )

7. 活动课程重视学生对知识的系统学习,便于学生对知识的掌握和运用。 ( )

8. 培养创造性思维并不是提倡发散思维,反对集中思维。 ( )

9. 短时记忆的容量是5~9个项目。 ( )

10. 适龄儿童、少年的父母或者其他监护人以及有关社会组织和个人有义务使适龄儿童、少年接受并完成规定年限的义务教育。 ( )

第6题

第8题

二、单项选择题(在每小题列出的四个备选项中只有一个是符合题目要求的,将其代码填在括号内。错选、多选或未选均不得分。本大题共10小题,每小题2分,共20分)

1. 我国古代思想家荀子认为:“兰槐之根是为芷,其渐之滫,君子不近,庶人不服。其质非不美也,所渐者然也。故君子居必择乡,游必就士,所以防邪辟而近中正也。”荀子这种观点属于(　　)

A. 遗传决定论　　B. 环境决定论

C. 教育主动论　　D. 主观能动论

2. 下列对《学记》的表述,错误的是(　　)

A. 是世界上最早论述教育和教学问题的论著

B. 是一本比较系统、全面地总结和概括了中国秦汉时期教育经验的著作

C. 认为教育与个人发展和社会进步密切相关

D. “道而弗牵,强而弗抑,开而弗达”出自《学记》

3. 下列有关教育功能的说法,错误的是(　　)

A. 教育功能有正向和负向之分

B. 教育功能即教育价值

C. 教育的政治功能自学校出现就出现了

D. 教育功能有隐性和显性之分

4. 下列组合不正确的是(　　)

A. 夸美纽斯——泛智教育

B. 布鲁纳——结构主义学说

C. 裴斯泰洛齐——五段教学法

D. 苏霍姆林斯基——和谐教育

5. 小强很快就要参加期末考试了,爸爸问:“儿子,你估计自己有多大把握能考100分?”小强想了想,答:“八成吧。”在这段对话里,小强对自己考满分的可能性的主观估计在心理学上被称为(　　)(常考)

A. 信心　　B. 自我效能感

C. 自我概念　　D. 自尊感

6. 维果斯基强调社会文化历史在心理发展中的作用,特别强调活动和(　　)在人的高级心理机能发展中的突出作用。(易错)

A. 社会交往　　B. 文化素养

C. 道德教育　　D. 生活态度

7. 罗杰斯认为,人格形成的原动力源于自我实现的需要,人格发展的关键在于形成和发展正确的(　　)

A. 自我评价　　B. 自我认同

C. 自我实现　　D. 自我观念

8. 小李在阅读课文时,喜欢对重点内容进行“画线”和“摘录”,这属于(　　)(易混)

A. 复述策略　　B. 精细加工策略

C. 组织策略　　D. 元认知策略

9. 一名学生上课举手发言,得到老师的表扬后,该学生举手发言的频率高了,相应的心理学解释是(　　)

A. 经典性条件反射　　B. 操作性条件反射

C. 社会学习　　D. 顿悟

10. 根据《中华人民共和国教育法》,下列说法错误的是(　　)

A. 国家实行教育与宗教相分离,任何组织和个人不得利用宗教进行妨碍国家教育制度的活动

B. 国家采取措施促进教育公平,推动教育均衡发展

C. 国家采取措施,为少数民族学生为主的学校及其他教育机构实施双语教育提供条件和支持

D. 初等教育和高等教育均在国务院领导下,由地方人民政府管理

2020年浙江省丽水市缙云县中小学教师招聘考试真题试卷(十六)

(本套试卷包括公共基础知识、教育理论知识和学科专业知识三部分,仅收录公共基础知识和教育理论知识两部分真题)

本套试卷共20小题,包括不定项选择题(10小题),判断题(10小题)。

一、不定项选择题(在每小题列出的选项中,至少有一个是正确的,将其代码填在括号内,错选、多选、少选或未选均不得分。本大题共10小题,每小题1分,共10分)

1. 截至目前,全球累计确诊的新冠肺炎病例正不断逼近(　　)万。

A. 500　　B. 1000　　C. 1500　　D. 2000

2. 2020年7月23日12时41分,我国在海南文昌航天发射场,用长征五号遥四运载火箭将我国首次火星探测任务“(　　)”探测器发射升空,飞行2000多秒后,成功将探测器送入预定轨道,开启火星探测之旅,迈出了我国自主开展行星探测的第一步。

A. 玉兔一号　　B. 天问一号　　C. 天河一号　　D. 嫦娥一号

3. “老师是人类灵魂的工程师,再穷也不能穷老师,再穷也要对未来投资”“我希望从青少年开始,就不要单纯就是数理化,应该有全面的思想的发展,奠定一个广阔的文化基础”“国家的未来就是教育”。——源自央视《面对面》栏目对某位名人的专访,这位名人是(　　)

A. 马云　　B. 袁隆平　　C. 于漪　　D. 任正非

4. 从省城某知名高中校长岗位退下来后,有民办学校许下重金礼聘,但他最终选择远赴贵州,在黔东南苗族侗族自治州的国家级贫困县从事支教工作。他是(　　)

A. 张桂梅　　B. 窦桂梅　　C. 陈立群　　D. 李金战

5. 国家规定每年12月4日为(　　)

A. 国家宪法日　　B. 中国农民丰收节

C. 中国人民警察节　　D. 烈士纪念日

6. 中国古代最早出现的专门论述教育问题的著作《学记》提出了“学不躐等”的教育主张。与该主张相一致的教育思想有(　　)(常考)

A. 因材施教　　B. 不陵节而施　　C. 循序渐进　　D. 长善救失

7. 保护未成年人的工作，应当遵循(　　)原则。

A. 适应未成年人身心发展的规律和特点　B. 教育与保护相结合

C. 不得批评未成年人　D. 尊重未成年人的人格尊严

8. 学生品德发展的重要标志是其具有(　　)

A. 自我教育能力　B. 爱国热情　C. 吃苦耐劳精神　D. 公民意识

9. 心理辅导老师设身处地地去体会受辅导学生的内心感受，进入到他的内心世界之中。这种辅导方法被称为(　　)(易错)

A. 内化　B. 同感　C. 系统脱敏法　D. 自我控制法

10. 以下是部分国家的教育家与其代表著作，连线配对正确的有(　　)

A. 苏霍姆林斯基(苏)——《给教师的一百条建议》

B. 杜威(美)——《民主主义与教育》

C. 卢梭(英)——《大教学论》

D. 赫尔巴特(德)——《普通教育学》

二、判断题(判断下列各题的正误，并在题后括号内打"√"或"×"。本大题共10小题，每小题1分，共10分)

1. 党的教育方针是引领教育发展的思想旗帜和行动指南。新时代全面贯彻党的教育方针，在教育培养目标上，必须把"努力培养担当民族复兴大任的时代新人，培养德智体美劳全面发展的社会主义建设者和接班人"作为根本目标。(　　)

2. 习近平总书记强调，"全社会都要行动起来，共同呵护好孩子的眼睛，让他们拥有一个光明的未来"。近视一旦发生，不可逆转。(　　)

3.《中华人民共和国香港特别行政区维护国家安全法》由第十三届全国人民代表大会常务委员会第二十次会议于2020年6月30日通过，该法的颁布实施，迈出了建立健全香港特别行政区维护国家安全的法律制度和执行机制的关键一步。(　　)

4. 教育现代化最重要的是教育硬件设施现代化。(　　)

5. 培养学生的创新精神和实践能力是素质教育的重点和核心。(常考)(　　)

6. 教师的期望或明或暗地传递给学生，学生会按照教师所期望的方向来塑造自己的行为，这种现象被称为罗森塔尔效应。(常考)(　　)

7. 教育的"贴近"原则是指贴近实际、贴近生活、贴近教材。(　　)

8. 班主任在日常教育教学管理中，有采取适当方式对学生进行批评教育的权利。(　　)

9. 受教育权是学生在学校各项权利中最基本的权利。(　　)

10. 师生关系在人格上是一种管理与被管理的关系。(　　)

2020年浙江省衢州市江山市中小学教师招聘考试教育理论知识真题试卷(十七)

(本套试卷包括教育理论知识和学科专业知识两部分,
仅收录教育理论知识部分真题)

本套试卷共7小题,包括填空题(5小题),简答题(2小题)。

一、填空题(在下列每小题的空格中填上正确答案,错填、不填均不得分。本大题共5小题,每小题2分,共10分)

1. 为不断改善教师的工作、学习和生活条件,吸引优秀人才长期从教、终身从教,依法保证教师平均工资水平________国家公务员的平均工资水平,并逐步提高。确保义务教育教师平均工资收入水平________当地公务员的平均工资收入水平。

2.《中华人民共和国教师法》规定,每年________为教师节。

3. 新时代对广大教师落实立德树人根本任务提出新的更高要求,进一步增强教师的责任感、使命感、荣誉感,规范职业行为,明确师德底线,引导广大教师努力成为有理想信念、有________、有________、有仁爱之心的好老师,着力培养德智体美劳全面发展的社会主义建设者和接班人。(常考)

4. 2008年修订的《中小学教师职业道德规范》的基本内容包括________、爱岗敬业、关爱学生、教书育人、为人师表、________。

5.《中华人民共和国教育法》第六条规定,"教育应当坚持________,对受教育者加强________教育,增强受教育者的社会责任感、创新精神和实践能力"。

二、简答题(本大题共2小题,第1小题4分,第2小题6分,共10分)

1. 如何培养与激发学生的学习动机?

2. 简述最近发展区理论的内容及其在教学中的应用。(常考)

2019年浙江省教师招聘考试中学教育基础知识真题试卷(十八)

(总分100分　时间150分钟)

本套试卷共26小题，包括单项选择题(15小题)，辨析题(4小题)，简答题(4小题)，论述题(2小题)，材料分析题(1小题)。

一、单项选择题(在每小题列出的四个备选项中只有一个是符合题目要求的，将其代码填在括号内。错选、多选或未选均不得分。本大题共15小题，每小题2分，共30分)

1. 下列教育家及思想相一致的是(　　)

A. 布鲁纳——掌握学习　　B. 赞科夫——教学过程最优化

C. 罗杰斯——教育心理学化　　D. 杜威——教育即经验的改造

2. 世界学制的演变表明：义务教育延长到哪里学制就并轨到哪里，最能体现教育机会均等的学制是(　　)(常考)

A. 分支型学制　　B. 双轨制　　C. 单轨制　　D. 多轨制

3. 教师个体专业化发展最直接、最普遍的途径是(　　)(常考)

A. 自我教育　　B. 入职教育

C. 在职培训　　D. 师范教育

4. 教学过程是一种特殊的认识过程，下列与其显著特点不同的是(　　)

A. 间接性　　B. 绝对性　　C. 简捷性　　D. 引导性

5. 班主任用批评、表扬、舆论宣传、板报、班会等方式进行的班集体建设和培养的方法是(　　)

A. 激励法　　B. 规范法

C. 强化法　　D. 示范法

6. 表象不包括下面哪一种特征(　　)

A. 概括性　　B. 抽象性

C. 可操作性　　D. 直观性

7. 根据韦纳的归因理论，下列属于稳定、内部、不可控的因素是(　　)(常考)

A. 能力　　B. 运气　　C. 任务难度　　D. 努力

8. 教师通过对相同基础的两个班级施行不同的教学方法，观察两个班级最后的成绩有无显著差异。这种研究方法是(　　)

A. 个案法　　B. 实验法　　C. 调查法　　D. 观察法

9. 奥苏伯尔认为学生的学习主要是(　　)

A. 有意义的接受学习　　B. 有意义的发现学习

C. 有意义的机械学习　　D. 有意义的发展学习

10. 下面哪一个选项不属于知觉的特性(　　)(常考)

A. 恒常性　　B. 整体性　　C. 间接性　　D. 理解性

11. 将问题的目标分成若干子目标，通过实现一系列子目标最终达到总目标。这个过程所使用的问题解决方法是(　　)

A. 逆向搜索法　　B. 手段—目的分析法

C. 分解法　　D. 爬山法

12. 根据《教师资格条例》的规定，被撤销教师资格的，重新申请认定的时间为自撤销之日起的(　　)

A. 1年后　　B. 2年后　　C. 3年后　　D. 5年后

13. 教师不得对学生实施体罚、变相体罚，下列行为中属于变相体罚的是(　　)

A. 揪耳朵　　B. 关禁闭　　C. 罚劳动　　D. 扇耳光

14. 根据我国《教育法》规定，国家鼓励开展教育对外交流与合作。教育对外交流与合作要坚持的原则中不包括(　　)

A. 独立自主原则　　B. 平等互利原则

C. 相互尊重原则　　D. 和平共处原则

15. 初中生马某学习成绩不佳，遵守纪律情况也差。一天，马某在教学楼内玩球将价值300元的吊灯打碎了，学校在查明事情经过后，依据学校有关"损坏公物要赔偿"的规章制度，对马某作出三点处理决定：①给予警告处分；②照价赔偿吊灯；③罚款100元。处理意见合法的是(　　)

A. ①②　　B. ①③　　C. ②③　　D. ①②③

二、辨析题(判断正误，并说明理由。本大题共4小题，每小题4分，共16分)

16. 教育测验中有信度就一定有效度。

17. 负强化是减少个体不喜爱的刺激以降低个体行为反应的频率。

18. 人格随着环境和教育的变化而变化,因此不稳定性是人格的典型特征。

19. 依法治教就是以罚治教。

三、简答题(本大题共4小题,每小题5分,共20分)

20. 简述教学过程中掌握知识和提高思想品德的关系。

21. 简述情绪状态的三种类型。

22. 简述耶克斯—多德森定律。(常考)

23. 简述教育法律关系的概念及其构成要素。

四、论述题(本大题共2小题,每小题10分,共20分)

24. 试论述师生关系在教育中的作用。

25. 试论述“为迁移而教”的实施策略。(常考)

五、材料分析题(本大题共14分)

26. 阅读材料,回答问题。

2018年,经济学者何帆探访了一个山区小学,一共只有28名幼儿园孩子、43名小学生和12位老师。何帆在那里看到,山区、留守儿童,并不是一个悲惨世界,所有最先锋的教育理念,在这所山区小学都能看到。

大山里的学校,在高考面前的确没有什么竞争力。所以"升学率"这个指标对这个学校来说也没有什么意义。学校的老师和孩子们奔的那个教育目标就不再是分数,而回到了教育的初始目的——育人,让学生成为社会合格的一分子。

从这个起点开始,事情就发生了一系列的变化。

因为学生不足,他们自然就变成了小班教学,每个老师分给学生的关注就变多了。因为学校资源不足,所以就不能关起门办学,必须融入乡村,和周边的老乡密切地打交道,跟社区共生。于是,学校不再是一座教育孤岛、一个考试集中营,孩子们除了上课,还要采蘑菇、拾柴火、参观水电站等,通过走出学校来理解真实的世界。因为学生家长不在身边,孩子们遇到难事可以扑到老师怀里,老师可以按照自己的教育理想塑造学生的人格。这样的孩子长大了,他们的一生一定不会差。不管能不能上大学,都不影响他们成为自食其力、有社会尊严、有手艺的劳动者。

有些东西,生活经验告诉我们,它们很重要,我们从它们那里可以获得安全感,但背后一定有隐形的成本。比如对于教育来说,高考也是这么个东西。如果你不把高考当作唯一的安全感来源,教育的另一种可能性就会呈现出来,另外一种生命力就会开始萌芽成长。

(1)通过这则材料你读出了哪些教育问题?(7分)

(2)阅读以上材料并结合实际,谈谈你的教育价值观。(7分)

2019年浙江省宁波市杭州湾新区教师招聘考试教育理论知识真题试卷(十九)

(本套试卷包括教育理论知识和学科专业知识两部分,仅收录教育理论知识部分真题)

本套试卷共20小题,包括判断题(10小题),单项选择题(10小题)。

一、判断题(判断下列各题的正误,并在题后括号内打"√"或"×"。本大题共10小题,每小题1分,共10分)

1. 我国古代影响最为久远的教育专著是《论语》。 ( )

2. 教师劳动具有复杂性与创造性、长期性与间接性、主体性与示范性、连续性与广延性等特点。 ( )

3. 以激励、促进学生积极思维为核心的教学模式是启发式教学模式。 ( )

4. 素质教育是以培养学生的创新精神和实践能力为重点的教育。 ( )

5. 班杜拉将观察学习的基本过程分为注意过程、保持过程及动作再现过程三个阶段。(易错) ( )

6. 总结性测验可以对学生进行评价和分类,因此在教学中应多使用总结性测验对学生进行总结性评价。 ( )

7. 仰望夏夜晴朗的夜空会发现月亮很圆、很亮,但星星特别稀少,这是感觉的适应现象。 ( )

8. 有意后注意实际上是注意的转移。(易错) ( )

9. 基础教育课程改革的具体目标之一是使学生获得基础知识与基本技能的过程同时成为学生学会学习和形成正确价值观的过程。 ( )

10. 教师考核应当客观、公正、准确,充分听取教师本人、其他教师以及学生的意见;教师考核结果是受聘任教、晋升工资、实施奖惩的依据。(常考) ( )

二、单项选择题(在每小题列出的四个备选项中只有一个是符合题目要求的,将其代码填在括号内。错选、多选或未选均不得分。本大题共10小题,每小题1分,共10分)

1. 以下哪些教学方法主要体现直观性教学原则( )

①演示法 ②讲授法 ③练习法 ④参观法

A. ①② B. ①③④ C. ①④ D. ①②③④

2.“教育即生活”“最好的教育就是从生活中学习,从经验中学习”。这些观点最有可能是以下哪位教育家的教育思想(　　)

A. 桑代克　　B. 杜威

C. 维果斯基　　D. 苏霍姆林斯基

3. 小强在学校里学习成绩中等,不喜欢学校枯燥的教学氛围,更愿意将理论在现实中加以应用。根据斯滕伯格的智力理论,小强属于(　　)能力高的学生。

A. 应用性　　B. 创造性　　C. 观察性　　D. 分析性

4. 老师说:“如果下周所有学生都会背诵这篇课文,我就请大家看电影。”该老师的做法属于实用行为分析程序中的(　　)

A. 个人日志卡　　B. 整班代币强化

C. 集体绩效系统　　D. 以家庭为背景的强化

5. 学生学完物理中的右手定则容易与之前学的左手定则产生混淆,导致不会运用左手定则。这属于(　　)(易错)

A. 顺向正迁移　　B. 顺向负迁移

C. 逆向正迁移　　D. 逆向负迁移

6. 座位排序时,小静站在小慧的角度,考虑到小慧的眼睛近视,坐后排可能看不清黑板,进而影响学习和心情,于是主动让小慧坐在前排。小静的做法属于(　　)

A. 真诚　　B. 移情　　C. 问题解决　　D. 接受和信任

7.“我们知晓的比我们能说出的多”,其中“知晓的”说的是哪一种知识(　　)

A. 陈述性知识　　B. 程序性知识

C. 显性知识　　D. 隐性知识

8. 在德育过程中,需要“晓之以理、动之以情、持之以恒、导之以行”。下列选项对这句话理解不正确的是(　　)

A. 知、情、意、行教育应该分开进行

B. 知、情、意、行教育各有其独特方法

C. 知、情、意、行教育可以遵循一定顺序

D. 知、情、意、行教育可以多端开展

9. 以下哪一项既属于课程资源,又属于课程资源开发主体(　　)

A. 教学过程　　B. 教师

C. 资金　　D. 教科书

10. 根据《中华人民共和国义务教育法》的相关规定,学校实行(　　)负责制。

A. 校长　　B. 党委　　C. 书记　　D. 董事会

2019年浙江省宁波市北仑区教师招聘考试教育理论知识真题试卷(二十)

(本套试卷包括教育理论知识和学科专业知识两部分，仅收录教育理论知识部分真题)

本套试卷共15小题,包括判断题(10小题),单项选择题(5小题)。

一、判断题(判断下列各题的正误,并在题后括号内打"√"或"×"。本大题共10小题,每小题1分,共10分)

1.《中华人民共和国义务教育法》规定,教师的平均工资水平应当高于当地公务员的平均工资水平。 (　　)

2. 黄宗羲、颜元是明末清初实学教育思想的代表人物。 (　　)

3. 客观测验的优点是有利于测量发散思维和创造力。 (　　)

4. 终身教育是人一生各阶段当中所受教育的总和,因此终身教育既包括正规教育,也包括非正规教育。 (　　)

5. 赫尔巴特提出的教学形式阶段理论包括明了、联合、系统和方法。(常考) (　　)

6. 有意义学习的实质是在学习知识过程中,将符号所代表的新知识与学习者认知结构中已有的适当观念建立实质性和人为的联系的过程。(易错) (　　)

7. 学生在课堂上总是打扰其他同学听课,老师批评了他,结果他扰乱课堂的行为非但没有减少,反而增多了。这种强化属于负强化。(易错) (　　)

8. 思维定势是以最熟悉的方式做出反应的倾向,对解决问题的影响是消极的。 (　　)

9. 开放型问卷可以用来了解学生独特的观点、思想,尤其是在试探性调查中。 (　　)

10. 动作技能的学习受到众多内外部因素的影响,能否掌握某种动作技能取决于学习者是否具备相应的内部条件以及能否充分利用外部条件。 (　　)

二、单项选择题(在每小题列出的四个备选项中只有一个是符合题目要求的,将其代码填在括号内。错选、多选或未选均不得分。本大题共5小题,每小题1分,共5分)

1. 下列说法不符合《中华人民共和国教师法》规定的是(　　)

A. 国务院教育行政部门主管全国的教师工作

B.《中华人民共和国教师法》适用于在各级各类学校专门从事教育教学工作的教师,但不适用于在其他教育机构中从事教育教学工作的教师

C. 教师享有进行教育教学活动,开展教育教学改革和实验的权利

D. 各级人民政府、教育行政部门、有关部门、学校和其他教育机构应当提供符合国家安全标准的教育教学设施和设备

2. 以下选项中属于托尔曼提出的学习理论的是(　　)

A. 替代学习　　B. 有意义学习

C. 潜伏学习　　D. 机械学习

3. "改良学校的基础应当是万物的严谨秩序""教导的严谨秩序应当以自然为鉴"。这体现了夸美纽斯的(　　)原则。

A. 教育适应自然　　B. 实事求是

C. 直观性　　D. 系统性

4. 下列现象不属于教师体罚学生的是(　　)

A. 让初学英语的学生每个单词抄写5遍

B. 让迟到的学生打扫教室卫生

C. 不许打架、上课说话的学生吃午饭

D. 让考试不及格的学生罚站

5. 小明在解数学题时,怎么也想不出解题方法,将问题搁置了几天后,突然想到了如何解那道题。这种现象属于(　　)(常考)

A. 晕轮效应　　B. 高原现象

C. 酝酿效应　　D. 定势效应

2019年浙江省丽水市景宁畲族自治县中小学教师招聘考试真题试卷(二十一)

(总分100分　时间120分钟)

本套试卷共38小题,包括单项选择题(20小题),多项选择题(5小题),填空题(7小题),简答题(3小题),案例分析题(2小题),论述题(1小题)。

一、单项选择题(在每小题列出的四个备选项中只有一个是符合题目要求的,将其代码填在括号内。错选、多选或未选均不得分。本大题共20小题,每小题2分,共40分)

1. 习近平新时代中国特色社会主义思想明确了中国特色社会主义最本质的特征是(　　)

A. “五位一体”总体布局　　B. 建设中国特色社会主义法治体系

C. 人民利益为根本出发点　　D. 中国共产党领导

2. 十九大报告指出,中华民族伟大复兴的基础工程是建设(　　)

A. 经济强国　　B. 政治强国

C. 教育强国　　D. 文化强国

3. 我国当前的教育指导思想是(　　)

A. 应试教育　　B. 素质教育

C. 普通教育　　D. 融合教育

4. 教师的工作目的和使命是(　　)

A. 教书育人　　B. 为人师表

C. 传授知识　　D. 热爱学生

5. 世界教育史上的第一部教育学专著是(　　)

A.《理想国》　　B.《论语》　　C.《学记》　　D.《教育漫话》

6. “知子莫若父,知女莫若母”说明家庭教育比学校教育更具有(　　)

A. 感染性　　B. 针对性　　C. 权威性　　D. 先导性

7. “学而时习之”“温故而知新”体现的教学原则是(　　)

A. 量力性原则　　B. 直观性原则

C. 巩固性原则　　D. 循序渐进原则

8.“学为人师，行为世范”体现了教师工作的(　　)

A. 复杂性、创造性　　B. 连续性、广延性

C. 长期性、间隔性　　D. 主体性、示范性

9. 著名的“罗森塔尔效应”说明(　　)(常考)

A. 道德教育要根据儿童的道德发展的程度来进行

B. 心理引导要根据儿童的心理发展的程度来进行

C. 教师威信对学生发展有积极影响

D. 教师期望对学生发展有积极影响

10. 青少年的感知成熟先于思维成熟，而思维成熟先于情感成熟。这表明个体身心发展具有(　　)

A. 顺序性　　B. 不平衡性

C. 阶段性　　D. 连续性

11. (　　)是情绪和情感的基本特征。

A. 形象　　B. 概念　　C. 想象　　D. 体验

12. 在布卢姆的认知学习领域目标分类系统中，处在最低层次的是(　　)

A. 分析　　B. 领会　　C. 知识　　D. 评价

13. 学生有预定的目的、任务，有意识地进行并需付出艰苦的意志努力的记忆属于(　　)

A. 无意记忆　　B. 有意记忆

C. 情景记忆　　D. 意义记忆

14. 一个人在一个对象上注意较长的时间，就能将其看得更清楚，听得更明白，想得更清楚，记得更牢固。这是(　　)的表现。(易错)

A. 注意指向性　　B. 注意集中性

C. 注意分配　　D. 注意转移

15.“感受性高而耐受性低，不随意反应性低，严重内向，情绪兴奋性高，反应速度慢，具有刻板性和不灵活性。”以上描述符合(　　)的气质特征。(易错)

A. 胆汁质　　B. 多血质

C. 黏液质　　D. 抑郁质

16. 根据不同的标准，可以把学业成绩考试划分为不同的类别。按照考试的性质和功能来划分，普通高等学校招生全国统一考试属于(　　)

A. 水平性考试　　B. 选拔性考试

C. 诊断性考试　　D. 评价性考试

17. 保护未成年人的工作，应当遵循的原则包括尊重未成年人的人格尊严，适应未成年人身心发展的规律和特点，以及(　　)

A. 教育与保护相结合　　B. 教育与管理相结合

C. 监督与保护相结合　　D. 惩罚与监督相结合

18. 小王每天都下决心要戒掉网络游戏，认真学习，可是每天放学后做的第一件事还是玩网络游戏。对于小王的教育，应当培养其(　　)

A. 道德行为　　B. 道德认识

C. 道德意志　　D. 道德情感

19. 小林知道“粒粒皆辛苦”，可是吃饭时还是掉饭粒，他自己也觉得不好意思。对小林教育的最好方法是(　　)

A. 说服教育法　　B. 指导实践法

C. 品德评价法　　D. 陶冶教育法

20. 课堂提问要根据学生的实际水平，不可过浅，以免走过场；也不可过难，以防学生产生畏难情绪。所以教师要把握让学生“跳一跳，够得着”的原则来提问。这体现出课堂提问要(　　)

A. 难易适度　　B. 有计划性

C. 多表扬、少批评　　D. 有启发性

二、多项选择题(下列每小题列出的选项中至少有两个是正确的，请将其代码填在括号内。错选、多选、少选或未选均不得分。本大题共5小题，每小题2分，共10分)

21. 班主任工作的内容有(　　)

A. 了解和研究学生　　B. 组织和培养班集体

C. 做好学生家长工作　　D. 做好个别学生的教育工作

E. 结合学习任务做好思想品德教育工作

22. 劳动教育的主要内容有(　　)

A. 学会珍惜劳动成果

B. 树立正确的劳动观点

C. 参加力所能及的自我服务劳动、家务劳动等

D. 培养勤俭节约、吃苦耐劳的品质和作风

E. 培养热爱集体的情感

23. 某教师在对小学科学《我们吃什么》一课进行教学设计时，设计了以下教学目标：

①了解人类主要需要哪些营养及其来源，懂得营养全面、合理的重要性

②学习用分类的方法认识身边熟悉的食物,培养分类的能力

③能够用简单的图表进行统计,锻炼学生整理资料和评价结果的能力

④激发学生关心食物的兴趣,增进学生的健康意识

这些教学目标存在的问题有(　　)

A. 教学目标指向主体错误　　B. 教学目标不全面

C. 教学目标水平层次混乱　　D. 教学目标脱离学生的实际

E. 教学目标表述不确切,难以检测

24. 课堂教学上,吴老师讲完"三角形全等的判定"后,让学生进行课堂练习,巩固知识点,并让赵明同学上讲台展示。赵明同学板书十分规范,解答过程详细、正确。吴老师微笑地夸赞:"赵明真棒,其他同学也要注意三角形全等的判定方法和书写格式。"上述教学案例中,吴老师采用了(　　)

A. 语言强化　　B. 物质强化　　C. 标志强化　　D. 练习强化

E. 替代强化

25. 根据《中华人民共和国教师法》,教师有下列情形之一,情节严重构成犯罪的,要依法追究刑事责任的是(　　)

A. 品行不良、侮辱学生,影响恶劣的

B. 向学生推销商品或强迫学生购买各种学习资料的

C. 故意不完成教育教学任务,给教育教学工作造成损失的

D. 体罚学生,经教育不改的

E. 利用假期举办培训班的

三、填空题(在下列每小题的空格中填上正确答案,错填、不填均不得分。本大题共7小题,每空1分,共8分)

26. ________是教育的首要问题。

27. 影响人发展的基本因素有遗传、________、教育和个体主观能动性。

28. 在教育史上主张"有教无类、因材施教"的教育家是________。

29. 马克思主义观点认为,培养全面发展的人的唯一方法是________。

30. 中国特色社会主义进入新时代,我国社会主要矛盾已经转化为人民日益增长的________和________的发展之间的矛盾。

31. 一名合格教师应具备的能力结构主要包括组织教育和教学的能力、________、组织管理能力、自我调控和自我反思能力。

32. 2019年3月22日在杭州召开的全省教育大会上,省委书记车俊指出评价一个老师当得好不好,主要看是否把________挺在前头,能不能教好书、育好人。

四、简答题(本大题共3小题,33题6分,34题、35题各5分,共16分)

33. 请写出中国学生发展的六大核心素养。

34. 简述防止遗忘的方法。(常考)

35. 如何对品德不良的小学生进行纠正和教育。

五、案例分析题(本大题共2小题,每小题8分,共16分)

36. 李老师是一位班主任,在教学方面,他大胆实施“自主合作,当堂达标”的教学模式,让学生体验课堂、享受课堂。学生小琴说:“老师让我们自己上台去讲,尽管很紧张,但是讲完后得到了老师的夸奖,会有很大的成就感。”在新的教学模式中,学生学得快乐了,学习效果也好多了。李老师发现小宇等几个同学学习很用功,但是见到人不敢说话。李老师觉得应该给学生创造机会,锻炼学生的人际交往能力。于是,他在班上组织演讲比赛、口语交际大赛等,还组织了社会调查活动。小宇等同学逐渐变得开朗大方了。班上还有一个小洋同学因为身体虚弱而经常请假,李老师在家访时帮助他养成良好的生活习惯,并督促他加强体育锻炼,小洋的身体逐渐变得强壮了。

结合教育学相关知识,分析李老师的做法。

37. 相关调查显示，大部分的学生都喜欢老师始终面带笑容，这种情绪时时感染着学生，使学生在平时的生活和学习中心情放松，产生对教师的亲近感与信任感。

结合材料，试分析如何建立良好的师生关系。

六、论述题（本大题共10分）

38. “多一把尺子，就多一个好学生。”以此为话题，自选角度，自拟标题，写一篇不少于400字的观点报告。

2019年浙江省衢州市江山市中小学教师招聘考试教育理论知识真题试卷(二十二)

(本套试卷包括教育理论知识和学科专业知识两部分,仅收录教育理论知识部分真题)

本套试卷共9小题,包括填空题(4小题),单项选择题(4小题),简答题(1小题)。

一、填空题(在下列每小题的空格中填上正确答案,错填、不填均不得分。本大题共4小题,每空1分,共7分)

1. 习近平总书记在2018年全国教育大会上的讲话中提出6个"下功夫",要在________上下功夫;要在厚植爱国主义情怀上下功夫;要在加强品德修养上下功夫;要在________上下功夫;要在培养奋斗精神上下功夫;要在增强综合素质上下功夫。

2. "学为人师,行为世范"体现了教师劳动的________和________。

3.《国家中长期教育改革和发展规划纲要(2010~2020年)》指出,要以________为主体,以________为主导,把促进学生健康成长作为学校一切工作的出发点和落脚点。

4. 教师在备课中应努力做到"三吃透",即吃透________、教材、学生。

二、单项选择题(在每小题列出的四个备选项中只有一个是符合题目要求的,将其代码填在括号内。错选、多选或未选均不得分。本大题共4小题,每小题2分,共8分)

1. 下列关于"学生发展核心素养"理解正确的一项是(　　)

A. 主要指学生应具备的,能够适应终身发展和社会发展需要的必备品格和关键能力

B. 主要指学生应具备的,能够参与各种活动,适应社会发展的各种能力和品格

C. 主要指学生应具备的,适应社会的发展能力、研究能力、生存能力等多种能力的总和

D. 主要指学生应具备的,适应社会发展的各种知识、各种能力的总和

2. 人们对他人的认知判断首先是根据个人的好恶得出的,然后再从这个判断推论出认知对象的其他品质。这种现象叫作(　　)

A. 近因效应　　B. 首因效应

C. 刻板效应　　D. 晕轮效应

3. 教育法律关系中两个最为重要的主体是(　　)

A. 教育部门和下属学校　　B. 教育机构和非教育机构

C. 教师和学生　　D. 教育领导和老师

4. 内化是指在思想观点上与他人的思想观点相一致,将自己所认同的新思想和自己的原有观点、信念融为一体,构成一个完整的(　　)

A. 新观点　　B. 认知结构

C. 策略系统　　D. 价值体系

三、简答题(本大题共5分)

关于课程定义,当前有一个颇有影响的隐喻:“课程不再是跑道,而是跑的过程自身。”据此说说你对课程的理解。

浙江省教师招聘考试历年真题详解及预测试卷

教育基础知识·中学

预测试卷

（本预测试卷由山香教师招聘考试命题研究中心精心编写）

目　录

浙江省教师招聘考试中学教育基础知识预测试卷(一)

(总分100分　时间150分钟)

本套试卷共26小题,包括单项选择题(15小题),辨析题(4小题),简答题(4小题),论述题(2小题),材料分析题(1小题)。

一、单项选择题(在下列每小题列出的四个选项中只有一个是符合题意的,将其选出并把它的标号写在括号内。本大题共15小题,每小题2分,共30分)

1.(　　)是教育史上第一个正式提出的有关教育起源的学说,也是较早地把教育起源问题作为一个学术问题提出来的学说。

A.教育的神话起源说　　B.教育的生物起源说

C.教育的心理起源说　　D.教育的劳动起源说

2.教学与教育的关系是(　　)

A.整体与部分的关系　　B.教学包含了教育

C.部分与整体的关系　　D.教学等同于教育

3.某班主任采用戏剧化班会形式,通过情景剧,让学生模仿不同人物,体验他人的思想感情,学会理解他人。该教师运用的德育方法是(　　)

A.说理教育法　　B.角色扮演法

C.品德评价法　　D.榜样示范法

4.教育制度在形式上的发展历程不包括(　　)

A.前制度化教育　　B.非制度化教育

C.义务教育　　D.制度化教育

5.各学科都有基本的要素,如语文的基本要素是“发音”,数学是“1”。教学要考虑到这些要素,这一思想源于(　　)

A.《大教学论》　　B.《爱弥儿》

C.《林哈德与葛笃德》　　D.《教育漫话》

6.《学记》是著名的世界教育思想遗产,下列有关《学记》的表述正确的是(　　)

①教学原则:“当其可之谓时”　②教育与文化的关系:“建国君民,教学为先”

③教师观:“师严然后道尊”　　④教学方法:“亲知”“闻知”“说知”

A. ①②③　　B. ①③　　C. ③④　　D. ①④

7. 某学生通过努力学习考取心仪的学校。根据奥苏伯尔的观点,该学生的学习动机是(　　)

A. 认知内驱力　　B. 人际关系内驱力

C. 附属内驱力　　D. 自我提高内驱力

8. 中学生王勇近期心里很烦恼,他的理想是成为一名舞蹈家,但觉得自己资质平平,潜力不大,根据艾里克森的人格发展阶段论,当前他的主要发展任务是(　　)

A. 获得勤奋感　　B. 克服内疚感

C. 避免孤独感　　D. 建立同一性

9. 当一个人听到亲人去世的消息时,拒绝相信此事,以减少心灵上的痛苦。这种自我防御机制是(　　)

A. 压抑　　B. 否认

C. 文饰　　D. 过度代偿

10. 如果一个家长想用看电视作为强化物奖励儿童认真按时完成作业的行为,最合适的安排应该是(　　)

A. 让儿童看完电视后立即督促他完成作业

B. 规定每周看电视的适当时间

C. 惩罚孩子过分喜欢看电视的行为

D. 只有按时完成家庭作业后才能看电视

11. 下列心理过程中不属于认知过程的是(　　)

A. 感觉　　B. 想象

C. 记忆　　D. 情感

12. “不以分数作为评价学生的唯一标准”,这是《中小学教师职业道德规范》(2008年修订)中对教师在下列哪方面的具体要求(　　)

A. 关爱学生　　B. 教书育人

C. 爱岗敬业　　D. 为人师表

13. 某学校注重培养学生有效管理自己的学习和生活的能力,鼓励学生认识和发现自我价值,发掘自身潜力,有效应对复杂多变的环境,成就出彩人生,发展成为有明确人生方向、有生活品质的人。以上措施意在培养学生核心素养中的(　　)

A. 社会参与　　B. 实践创新

C. 人文底蕴　　D. 自主发展

14. 依法执教就是教师要依据法律法规履行教书育人的职责。下列选项中,体现教师进行依法执教的是(　　)

A. 将成绩较差的学生集中安排到教室靠后的座位

B. 对学生进行爱国主义教育

C. 将不遵守纪律的学生赶出教室

D. 进行有偿家教

15. 根据《中华人民共和国教育法》的规定,国家建立以(　　)的体制,逐步增加对教育的投入,保证国家举办的学校教育经费的稳定来源。

A. 财政拨款为主、其他多种渠道筹措教育经费为辅

B. 其他多种渠道筹措教育经费为主、财政拨款为辅

C. 自筹经费为主、财政拨款为辅

D. 社会捐赠为主、财政拨款为辅

二、辨析题(判断正误,并说明理由。本大题共4小题,每小题4分,共16分)

1. 环境对个体发展的影响总是积极的。

2. 评定学生学业成绩只能通过考试。

3. 教师考核可以由学校自主进行。

4. 学习迁移是指一种学习对另一种学习的促进作用。

三、简答题(本大题共4小题,每小题5分,共20分)

1. 课程资源开发和利用的基本原则有哪些?

2. 简述布鲁纳的认知—发现学习理论。

3. 常见的侵犯学生受教育权的表现形式有哪些?

4. 简述教育研究的发展趋势。

四、论述题(本大题共2小题,每小题10分,共20分)

1. 试述不同的班主任领导方式对学生发展的影响。

2. 论述遗忘的规律以及影响遗忘进程的因素。

五、材料分析题(本大题共14分)

初三学生王某平时特别贪玩,经常瞒着父母逃学,学习成绩很差。班主任薛老师采用罚站、罚抄作业等措施均无效果,最后建议学校开除王某,理由是王某的成绩可能会影响学校中考的升学率。学校采纳了班主任的建议,将王某开除学籍。

(1)本材料中的法律主体有哪些?(4分)

(2)运用相关法律分析本材料。(10分)

浙江省教师招聘考试中学教育基础知识预测试卷(二)

(总分100分　时间90分钟)

本套试卷共18小题,包括单项选择题(10小题),辨析题(3小题),简答题(3小题),论述题(1小题),案例分析题(1小题)。

一、单项选择题(在下列每小题列出的四个选项中只有一个是符合题意的,将其选出并把它的标号写在括号内。本大题共10小题,每小题2分,共20分)

1. 教师知识结构的核心是(　　)

A. 精深的学科专业知识　　B. 必备的教育科学知识

C. 政治理论修养　　D. 丰富的实践知识

2. 杨老师建议学生在业余时间通过听磁带然后复述的方式来锻炼英语口语,没想到学生不仅把口语练好了,记忆力和听力也得到了提高。这表明教育具有(　　)

A. 正向显性功能和正向隐性功能

B. 负向显性功能和负向隐性功能

C. 正向隐性功能和负向隐性功能

D. 正向显性功能和负向隐性功能

3. 某教师在教育理论指导下,通过观察、询问等了解学生的客观情况和信息,并对信息进行分析。他采用了(　　)

A. 实验研究法　　B. 历史研究法

C. 调查研究法　　D. 案例分析法

4. 导向性原则是我国中学主要的德育原则之一,坚持和贯彻这一原则的要求不包括(　　)

A. 坚持正确的政治方向

B. 加强思想道德的理论教育,提高学生思想道德认识

C. 德育目标符合新时期的方针政策

D. 坚持德育的理想性和现实性

5. 提出“五育并举”的教育方针的教育家是(　　)

A. 蔡元培　　B. 黄炎培　　C. 陈鹤琴　　D. 陶行知

6. 口渴会促使一个安静的个体做出寻找水杯喝水的行为，这是动机的(　　)

A. 激活功能　　B. 指向功能

C. 维持和调节功能　　D. 强化功能

7. 教师对教学工作采取冷漠的态度，在自身与工作对象间保持距离。这是教师职业倦怠的(　　)特征。

A. 挫折感　　B. 情绪耗竭

C. 去人性化　　D. 个人成就感低

8. 小明在求解一道几何问题时尝试了解决此类习题的各种方法并得到了最佳解法。小明的解题方式属于(　　)

A. 算法式　　B. 推理式

C. 启发式　　D. 归纳式

9. 中学生的道德发展水平一般处于科尔伯格的道德发展阶段理论的(　　)

A. 习俗水平　　B. 前习俗水平

C. 后习俗水平　　D. 公正水平

10. 人们能通过一个人的表情来推测出他的情绪状态，这体现了情绪、情感具有(　　)

A. 信号功能　　B. 适应功能

C. 动机功能　　D. 组织功能

二、辨析题(判断正误，并说明理由。本大题共3小题，每小题7分，共21分)

1. 我们常说："教师要给学生一杯水，自己必须要有一桶水。"所以教学就是一个传递知识的过程。

2. 智育只能通过课堂教学活动得以实现。

3. 注意转移即注意分散。

三、简答题(本大题共3小题,每小题8分,共24分)

1. 班主任了解和研究学生的主要内容有哪些?

2. 简述培养学生想象力的途径。

3. 如何帮助学生有效地掌握概念?

四、论述题(本大题共15分)

请结合新时代立德树人的要求,论述学校德育的主要途径。

五、案例分析题(本大题共20分)

齐老师是一位中学班主任,他要求学生衣冠整洁、谈吐有度,但自己在教学过程中对不同学生区别对待,对有的学生表扬、赞赏,对有的学生则言语侮辱、谩骂,他说这是恨铁不成钢。他不考虑不同学生不同的水平,按照自己的想法教学,还有,他认为乱扔粉笔头可以显示自己很有魅力或很有风度,反正觉得自己很有范儿。

问题:请结合班主任工作的基本要求,对上述内容进行分析。

浙江省教师招聘考试中学教育基础知识预测试卷(三)

(总分100分 时间150分钟)

本套试卷共19小题,包括单项选择题(10小题),辨析题(3小题),简答题(3小题),论述题(2小题),案例分析题(1小题)。

一、单项选择题(在下列每小题列出的四个选项中只有一个是符合题意的,将其选出并把它的标号写在括号内。本大题共10小题,每小题2分,共20分)

1. 被称为"科学教育学的奠基人"的教育家是(　　)

A. 康德　　B. 夸美纽斯　　C. 赫尔巴特　　D. 杜威

2.《学记》中的"时过然后学,则勤苦而难成",说明教学工作应遵循的个体身心发展规律是(　　)

A. 顺序性　　B. 互补性　　C. 不均衡性　　D. 个别差异性

3. 在教学过程中,教师要结合学生的感性认识,促使学生掌握书本知识。这说明教学过程具有(　　)的规律。

A. 教师主导作用与学生能动性相结合

B. 教学过程中知、情、意相统一

C. 掌握知识与发展智力相结合

D. 间接经验与直接经验相结合

4. 受我国传统儒家文化思想的影响,在对待事物方面,我们提倡不偏不倚的"中庸之道";在对待人才培养方面,我们强调"在明明德,在亲民,在止于至善"的教育根基。这说明文化主要影响着(　　)

A. 教育目的的确立　　B. 价值取向的选择

C. 教学手段的使用　　D. 教育思想的更新

5. "教育在于使青年社会化——在我们每一个人之中,造成一个社会的我。这便是教育的目的。"这种观点在教育目的论上属于(　　)

A. 神学的教育目的论　　B. 社会本位教育目的论

C. 个人本位教育目的论　　D. 马克思主义教育目的论

6. 学生刘云的思维已超越对具体的、可感知的事物的依赖，而且能做出一定的概括，此时他的思维水平已进入(　　)

A. 感知运动阶段　　B. 前运算阶段

C. 具体运算阶段　　D. 形式运算阶段

7. 尽管小石同学觉得数学非常没有意思，但是为了能当上数学课代表，他也克服困难，认真学习。根据兴趣的目的性，这种兴趣属于(　　)

A. 间接兴趣　　B. 直接兴趣

C. 暂时的兴趣　　D. 物质的兴趣

8. 晚上人们仰望满天繁星，可以很容易看到北方排列如勺子一样的七颗星。这体现了(　　)

A. 知觉的整体性　　B. 知觉的选择性

C. 知觉的理解性　　D. 知觉的恒常性

9. 音乐家在创作音乐时，有时很长时间都创作不出令自己满意的作品，但是会在某个时刻突然感到有一段旋律进入自己的脑海中。这种现象是(　　)

A. 灵感　　B. 原型启发

C. 定势　　D. 功能固着

10. 要学生关注历史与地理、化学与生物、数学与物理这些学科之间的关系，这属于学习迁移中的(　　)

A. 横向迁移　　B. 纵向迁移　　C. 正迁移　　D. 负迁移

二、辨析题(判断正误，并说明理由。本大题共3小题，每小题5分，共15分)

1. 教师用连贯的语言传授知识是谈话法。

2. 活动课程夸大了儿童的个人经验，忽视了知识本身的逻辑顺序，影响了系统知识的学习，所以容易导致教学质量的降低。

3. 学生的学习主要受学习动机的支配,学习动机越强,学习效果越好。

三、简答题(本大题共3小题,每小题8分,共24分)

1. 简述教师专业发展的内容。

2. 简述如何根据认知发展理论促进儿童的认知发展。

3. 简述如何根据学生的气质类型实施差异化教育。

四、论述题(本大题共 2 小题,每小题 12 分,共 24 分)

1. “启发式”教学与“注入式”教学的不同之处是什么？运用启发式教学的好处有哪些？

2. 试述皮亚杰和科尔伯格的道德发展理论的教育价值。

五、案例分析题(本大题共 17 分)

王老师发现班里的小兰虽然很聪明,但是不爱学习,经常在课堂上与同学聊天,影响他人学习。所以,他将小兰调到学习成绩好又不爱讲话的小伟旁边,希望能让小兰有所改变。然而一段时间后,小伟找到王老师,说小兰经常给他写情书。于是,王老师在班会课上把小兰的情书公之于众,并通知了小兰的家长。结果,小兰受到了家长的责骂和同学的取笑,每天情绪都很低落。

该案例中王老师的行为违背了哪些德育规律和德育原则？正确的做法应该是什么？

浙江省教师招聘考试中学教育基础知识预测试卷(四)

(总分100分　时间120分钟)

本套试卷共40小题,包括单项选择题(20小题),判断题(10小题),名词解释(5小题),简答题(3小题),论述题(1小题),材料分析题(1小题)。

一、单项选择题(在下列每小题列出的四个选项中只有一个是符合题意的,将其选出并把它的标号写在括号内。本大题共20小题,每小题2分,共40分)

1. 教育现代化的核心是(　　)

A. 教育观念现代化　　B. 教育管理现代化

C. 教师素质现代化　　D. 教育内容现代化

2. 影响师生关系的因素既有主观的,也有客观的;既有教育内部的,也有教育外部的;既有直接的,也有间接的。其中,影响师生关系的核心因素是(　　)

A. 教育制度　　B. 学生素质

C. 学校管理　　D. 教师素质

3. 章明小学时品学兼优,但进入中学后,成绩明显下降,开始逃课、斗殴、沉迷网吧。冯老师知道这些情况后,从多方面了解章明发生转变的原因,并和他的家长保持密切沟通,一起为章明的健康成长做出努力。冯老师的做法主要体现的德育原则是(　　)

A. 知行统一原则　　B. 正面教育原则

C. 集体教育与个别教育相结合原则　　D. 教育影响的一致性与连贯性原则

4. 某教师认为,不管学生的行为有多恶劣,思想有多复杂,都可以通过惩罚或者强化的手段来对其进行改造或矫正。该教师的观点属于(　　)

A. 内发论　　B. 外铄论　　C. 遗传决定论　　D. 主观能动论

5. 校风、教风和学风是学校文化的重要组成部分,就课程类型而言,它们属于(　　)

A. 学科课程　　B. 活动课程

C. 显性课程　　D. 隐性课程

6. 旧中国使用时间最长的学制是(　　)

A. 壬戌学制　　B. 癸卯学制

C. 壬子癸丑学制　　D. 壬寅学制

7. 我国的教育目标是培养德智体美劳全面发展的学生,下列属于美育的是(　　)

A. 组织学生去森林公园捡垃圾　　B. 在课上采用新型体育器材

C. 开展各种道德讲堂活动　　D. 开设美术、音乐、书法课

8. 安排宿舍时,有家长认为特长生学习热情不高,作息也与普通学生有差别,他们会影响自己孩子的学习和休息,坚持让班主任把特长生调出宿舍。对此,班主任的下列处理方式不当的是(　　)

A. 组织召开关于交往的主题班会,引导学生了解、分析,解决问题

B. 与学生对话,让学生自己表达诉求,寻找问题的真相和原因

C. 鼓励寝室学生自主协商制订寝室公约

D. 教育学生要独立,指出父母的观点是不对的

9. 马克思说:“再生产科学所必要的劳动时间,同最初生产科学所需要的劳动时间是无法相比的,例如学生在一小时内就能学会二项式定理。”这说明教育具有(　　)

A. 政治功能　　B. 文化功能　　C. 经济功能　　D. 人口功能

10. 新课程强调,课堂教学评价要注重学生是否始终关注讨论的主要问题,学生的倾听是否全神贯注,回答是否具有针对性。这强调的是评价学生的(　　)

A. 情绪状态　　B. 注意状态　　C. 参与状态　　D. 思维状态

11. 人们在解决疑难问题后的兴奋、激动和自豪等主要是(　　)的表现。

A. 道德感　　B. 理智感　　C. 美感　　D. 激情

12. 电子广告、放映机利用了哪种似动知觉(　　)

A. 动景运动　　B. 自主运动　　C. 诱导运动　　D. 运动后效

13. 安安平时比较踏实,遇事沉着、冷静,但比较死板,灵活性不足。她应该属于(　　)气质类型。

A. 胆汁质　　B. 多血质　　C. 黏液质　　D. 抑郁质

14. “夜来风雨声,花落知多少”说明人的思维具有(　　)

A. 间接性　　B. 直观性

C. 概括性　　D. 功能性

15. 李明看到张红帮助老师擦黑板并学会了该行为,但日后他自己不一定这样做,因为他未看到老师表扬张红。这属于观察学习的(　　)过程。

A. 注意　　B. 保持　　C. 复现　　D. 动机

16. 根据《中华人民共和国教育法》的规定，对在校园内结伙斗殴、寻衅滋事，扰乱学校及其他教育机构教育教学秩序或者破坏校舍、场地及其他财产的，由（ ）

A. 学校来处罚　　B. 教育主管部门来处罚

C. 家长来处罚　　D. 公安机关给予治安管理处罚

17. 教师在教育教学中应当（ ）对待学生，关注学生的个体差异，因材施教，促进学生的充分发展。

A. 耐心　　B. 个性　　C. 平等　　D. 分层次

18. 依法执教的主体是（ ）

A. 教育主管部门　　B. 学校

C. 教师　　D. 班主任

19. 根据《中华人民共和国未成年人保护法》的规定，学校安排未成年人参加文化娱乐、社会实践等集体活动，应当（ ），防止发生人身伤害事故。

A. 有利于教学任务的完成　　B. 限制未成年人的人身自由

C. 符合未成年人监护人的要求　　D. 保护未成年人的身心健康

20.《关于深化教育改革全面推进素质教育的决定》中提出，教育要以培养学生的（ ）

A. 知识和技能为重点　　B. 创新精神和实践能力为重点

C. 情商和智商为重点　　D. 基础知识和实践能力为重点

二、判断题（判断下列各题的正误，并在题后括号内打"√"或"×"。本大题共10小题，每小题1分，共10分）

1. 教育研究课题宜大不宜小。（ ）

2. "减负"是实现素质教育的重要途径，既然要"减负"就不应该给学生留课外作业。（ ）

3. 以功能特点为标准可以把课程资源分为素材性课程资源和条件性课程资源。（ ）

4. "知之不若行之，学至于行之而止矣。行之，明也。"这一思想强调的教学原则是理论联系实际原则。（ ）

5. "让差生也得到发展"这一著名论断的提出者是乌申斯基。（ ）

6. 小鸭子出生没多久就会下水嬉戏，这是一种学习现象。（ ）

7. 小华想得到家长的赏识是自我实现的需要。（ ）

8. 学完长方形的周长公式后，再学正方形的周长公式，这种学习是下位学习。（ ）

9. 人格是构成一个人的思想、情感以及行为的特有模式，具有独特性、功能性、合理性、长期性。 (　　)

10. 县级以上人民政府及其教育行政部门可以改变公办学校的性质。 (　　)

三、名词解释(本大题共5小题，每小题3分，共15分)

1. 素质教育

2. 班级平行管理

3. 道德感

4. 先行组织者

5. 精加工策略

四、简答题(本大题共3小题,每小题5分,共15分)

1. 简述教育的文化功能。

2. 简述教学过程的基本规律。

3. 原有认知结构对迁移的影响表现在哪些方面?

五、论述题(本大题共10分)

试述建构主义的知识观、学生观。

六、材料分析题(本大题共10分)

李老师刚入职时，为了得到学校和学生的肯定和认可，把大量时间花在如何与学生搞好关系上，一段时间后，他发现虽然自己与学生的关系非常密切，但是学生的学习成绩并不理想。于是，李老师开始把主要精力放在教学上，为了上好每一堂课，他认真准备材料，虚心地向老教师们请教，积极参加公开课观摩优秀教师的教学，坚持写教学日志，不断反思自己的教学活动，还通过校本教研这个平台，寻找解决问题的方法和努力的方向。经过不懈的努力，李老师在教学上成了一把“好手”，他不仅能通过各种途径了解学生，还能考虑学生的不同需要，关注他们的个别差异，并根据学生的不同发展水平设计课堂教学和作业，因此取得了良好的教学效果。由于教学成绩突出，李老师被学校推荐为“教学名师”。

结合材料，运用教师发展阶段理论分析：

(1)李老师的专业发展所经历的阶段。(4分)

(2)教师专业发展的途径。(6分)

浙江省教师招聘考试中小学教育基础知识预测试卷(五)

(总分100分　时间60分钟)

本套试卷共24小题,包括单项选择题(20小题),简答题(3小题),案例分析题(1小题)。

一、单项选择题(在下列每小题列出的四个选项中只有一个是符合题意的,将其选出并把它的标号写在括号内。本大题共20小题,每小题2.75分,共55分)

1. 班级管理的实质是(　　)

A. 培养学生　　B. 管理学生

C. 开发学生的潜能　　D. 激励学生

2. 资本主义教育通过专门设置"公民课""宗教教育"向年青一代宣传资产阶级的思想和宗教精神,这体现了(　　)对教育内容的影响。

A. 生产力　　B. 文化　　C. 政治经济制度　　D. 科学技术

3. 师生关系在教学层面上表现为(　　)

A. 民主平等　　B. 授受关系　　C. 相互促进　　D. 长善救失

4. 打破学科界限,取消教科书,学习以单元划分,根据学生的生活经验和偶发的兴趣来制定学习单元,教师的作用在于指导学生从实际生活情境中确定学习目标,从而开展实际活动。这种教学组织形式是(　　)

A. 文纳特卡制　　B. 设计教学法　　C. 特朗普制　　D. 道尔顿制

5. 小亮经常逃课,老师在了解情况后对他进行悉心教育。一开始他有所改变,但不久后又恢复原样;老师又多次跟他谈心、交流想法。久而久之,小亮就不再逃课了。这主要体现了德育过程是(　　)

A. 对学生知、情、意、行进行培养的过程

B. 促进学生思想内部矛盾斗争的过程

C. 长期的、反复的、不断前进的过程

D. 在活动和交往中接受多方面影响的过程

6. "跳一跳,摘桃子"强调教师在教学过程中要尽可能挖掘每个学生的潜力,使其

得到更好地发展,其理论依据是(　　)

A. 学科基本结构理论　　B. 建构主义教学理论

C. 最近发展区理论　　D. 范例教学理论

7. 2022年3月23日,“天宫课堂”第二课在中国空间站开讲,神舟十三号的3名航天员在绕地飞行的空间站以天地互动的形式演示了太空“冰雪”实验、液桥实验、水油分离实验、太空抛物实验,并介绍与展示了空间科学设施。在此过程中,3名航天员主要运用的教学方法是(　　)

A. 讲授法和演示法　　B. 谈论法和实验法

C. 演示法和实验法　　D. 讲授法和参观法

8. “一个水管,如果强行关闭,它会慢慢爆裂或者倒流,而如果在合适的地方打开缺口,把水疏导出来,则会相安无事。”这句话暗含的德育原则是(　　)

A. 长善救失原则　　B. 导向性原则　　C. 知行统一原则　　D. 疏导原则

9. 某学校组织学生围绕“我和我的祖国”“新时代、新作为”等主题展开演讲、辩论等活动,帮助引导学生深化对习近平新时代中国特色社会主义思想的认知理解,实现内化于心、外化于行。该学校运用的德育方法是(　　)

A. 榜样示范法　　B. 说服教育法　　C. 品德评价法　　D. 修养指导法

10. 教师在对后进生进行教育转化时,应注意(　　)

A. 给他们设置难一点的目标　　B. 批评为主,防止骄傲自满

C. 只看优点,偏袒缺点　　D. 发现他们身上的闪光点

11. 儿童在某一时期会觉得世界上所有的事物都是有生命的。不小心撞到了椅子,会小心翼翼地把椅子扶起来,并且摸着椅子自言自语:“不痛不痛,伤口快好。”打碎杯子,会可怜兮兮地问妈妈:“妈妈,杯子死掉了吗?”根据皮亚杰的认知发展阶段理论,儿童可能处于(　　)

A. 感知运动阶段　　B. 前运算阶段

C. 具体运算阶段　　D. 形式运算阶段

12. 琪琪在背诵语文课文的时候卡壳了,妈妈给她提示了一个字后,她立马流畅地背诵了起来。可以解释这个现象的遗忘理论是(　　)

A. 消退说　　B. 干扰说

C. 提取失败理论　　D. 压抑说

13. 依据艾里克森的人格发展阶段理论,4~5岁儿童人格发展的主要任务是获得(　　)

A. 勤奋感　　B. 主动性　　C. 自主性　　D. 自我同一性

14. 一名有不良行为习惯的学生进入班风纯正、纪律严明的班集体,在周围同学良好表现的耳濡目染之下,很少表现出违纪行为了。这体现出观察学习的(　　)

A. 抑制效应　　B. 习得效应

C. 反应促进效应　　D. 情绪唤起效应

15. 小赵学习勤奋,成绩优异,为人也很谦虚,从不因为自己成绩好而看不起成绩比他差的同学。“勤奋”“谦虚”反映的是小赵的(　　)特征。

A. 能力　　B. 气质　　C. 性格　　D. 情感

16. 对自我效能感影响最大、最关键的因素是(　　)

A. 替代经验　　B. 个人成败经验　　C. 言语说服　　D. 情绪唤醒

17. 把一棵树分为根、茎、叶、花、果,把几何图形分为点、线、面、体,这属于思维过程中的(　　)

A. 分类　　B. 综合　　C. 比较　　D. 分析

18. 王老师在教学中经常考虑的问题是:备课充分吗?学生能听懂吗?如何呈现教学信息?他特别关注如何提高学生的成绩。由此可推断王老师处于教师专业成长的(　　)

A. 关注生存阶段　　B. 关注情境阶段

C. 关注学生阶段　　D. 关注自我阶段

19. 学校侵犯了教师的合法权益,受理教师申诉的机关是(　　)

A. 当地人民政府　　B. 当地检察院

C. 当地法院　　D. 主管的教育行政部门

20. 根据我国《教育法》的规定,下列不属于设立学校及其他教育机构必须具备的基本条件的是(　　)

A. 有组织机构和章程

B. 有优秀的教师和一定数量的学生

C. 有符合规定标准的教学场所及设施、设备等

D. 有必备的办学资金和稳定的经费来源

二、简答题(本大题共3小题,每小题10分,共30分)

1. 教师应如何做到热爱学生?

2. 简述社会本位教育目的论的进步意义与不足之处。

3. 简述再造想象产生的条件。

三、案例分析题(本大题共15分)

某教师在教文言文《强项令》时,提了一个问题:“课文题目中的‘强项’是什么意思?”学生根据课文的注释,马上回答是“硬脖子”的意思。为了让学生对比古今词义的区别,教师又追问:“‘强项’在现代汉语中是什么意思?”这个问题一下子把学生问懵了,课堂上出现了“冷场”的局面,教师接连问了几个学生都没有答出来。课后,教师进行了认真的教学反思。第二天给另一个班上课时,该教师及时改变了提问策略。在学生找出“强项”在课文中的意思之后,教师请学生们思考:“请问你们都有什么强项?”一个学生答道:“我的强项是打乒乓球。”教师接着问:“那么,你所用的‘强项’是什么意思呢?”学生想了想说:“是‘长处’的意思。”于是,教师再次请大家思考:“‘强项’在古代汉语和现代汉语中的词义有什么差别?”学生们纷纷举手并给出正确的答案。

请运用相关教学理论对此案例进行分析评价。

浙江省教师招聘考试中小学教育基础知识预测试卷(六)

(总分100分　时间150分钟)

本套试卷共42小题,包括单项选择题(10小题),多项选择题(5小题),填空题(10小题),判断题(10小题),简答题(3小题),论述题(2小题),材料分析题(2小题)。

一、单项选择题(在下列每小题列出的四个选项中只有一个是符合题意的,将其选出并把它的标号写在括号内。本大题共10小题,每小题1分,共10分)

1. 在校本教研中,经常采用"同课异构"的方式,这体现了教师劳动的(　　)

A. 间接性　　B. 广延性　　C. 长期性　　D. 创造性

2. 为使学生了解有关电荷的知识,老师在课堂上做了有关摩擦生电的实验。该老师所采用的教学方法是(　　)

A. 实验法　　B. 演示法　　C. 观察法　　D. 讨论法

3. 杜威的(　　)强调"儿童中心",提出了"从做中学"的方法,开创了"现代教育派"。

A.《民本主义与教育》　　B.《爱弥儿》

C.《经验和教育》　　D.《学校与社会》

4. 最早使用"班级"一词的教育家是(　　)

A. 埃拉斯莫斯　　B. 康德　　C. 柏拉图　　D. 杜威

5. 对于童年期的学生,在教学内容上应多讲一些比较具体的、浅显的知识,在教学方式上应多采用直观教具。这体现了教育要适应儿童身心发展的(　　)

A. 稳定性　　B. 阶段性

C. 不平衡性　　D. 个别差异性

6. 通过对狗鼻子构造的分析,发明出比狗鼻子更灵敏的电子嗅觉器。这是(　　)对问题解决的影响。

A. 知识经验　　B. 学习迁移　　C. 酝酿效应　　D. 原型启发

7. 一个人面对同一问题,能想出来多种不同类型的答案。这表明他的思维有(　　)

A. 流畅性　　B. 变通性　　C. 指向性　　D. 独创性

8. 学生做数学应用题时，常采用边读题边画示意图的审题方法，后来学习物理时也采用这种审题方法。这种学习迁移属于(　　)

A. 普遍迁移　　B. 特殊迁移

C. 顺应性迁移　　D. 重组性迁移

9. 心理学家桑代克通过“饿猫打开迷笼”实验提出的学习理论是(　　)

A. 认知—目的说　　B. 认知—发现学习理论

C. 联结—试误学习理论　　D. 完形—顿悟学习理论

10. 根据我国《义务教育法》的规定，国务院和县级以上地方人民政府应当合理配置教育资源，促进义务教育(　　)

A. 高速发展　　B. 均衡发展

C. 基本普及　　D. 完全普及

二、多项选择题(在下列每小题列出的选项中至少有两个是正确的，请将其代码填在括号内。错选、多选、少选或未选均不得分。本大题共5小题，每小题2分，共10分)

1. 关于学制，下列表述正确的观点是(　　)

A. 壬子癸丑学制规定了义务教育的年限

B. 特殊学校和特殊班级的设立，可以不考虑学生一般的身心发展规律

C. 义务教育年限的长短成为一个国家教育发展程度的重要标志之一

D. 壬戌学制又称“五三三”制

2. 借由某著名画商到当地展出的机会，张老师向学校提出带班级学生去展馆开展鉴赏课的申请。参观前，张老师向学生科普了该画展的背景文化，同时在参观期间又对一些重要展品进行内容讲述。本次课程主要对学生进行了(　　)

A. 德育　　B. 智育　　C. 体育　　D. 美育

3. 在皮亚杰的认知发展阶段理论中，具体运算阶段的思维特点有(　　)

A. 建立了守恒的概念　　B. 出现了去自我中心性

C. 思维可以逆转　　D. 解决推理问题需要具体实物支持

4. 下列不属于替代强化的是(　　)

A. 不写完作业就不让看电视　　B. 孩子哭闹，家长就答应其无理要求

C. 小明拾金不昧被表扬，我也要拾金不昧　　D. 考得好就让玩游戏

5.《中华人民共和国教育法》规定，学校、教师可以对学生家长提供家庭教育指导。这种规范属于(　　)

A. 义务性规范　　B. 强制性规范

C. 任意性规范　　D. 授权性规范

三、填空题(在下列每小题的空格中填上正确答案,错填、不填均不得分。本大题共10小题,每小题1分,共10分)

1. ________提出了“绅士教育论”。

2. “不愤不启,不悱不发”体现的是________原则。

3. ________反映了一个国家教育的根本性质、总的指导思想和教育工作的总方向等要素。

4. 教学工作的起始环节是________。

5. 学生品德形成的基础是________。

6. 德国著名心理学家________在莱比锡大学创建了世界上第一个心理学实验室,开始对心理现象进行系统地实验研究。

7. 美国哈佛大学发展心理学家加德纳提出的________理论,有利于教师更好地理解和实践新课程所倡导的学生评价。

8. 美国学者波斯纳提出的教师成长公式是________。

9. 布卢姆认为教学目标可分为三大领域:认知领域、________领域和________领域。

10. 瞬时记忆的主要编码形式是________。

四、判断题(判断下列各题的正误,并在题后括号内打“√”或“×”。本大题共10小题,每小题1分,共10分)

1. “人之所不学而能者,其良能也;所不虑而知者,其良知也。”这句话体现了外铄论的思想。 (　　)

2. 当前社会上存在的“5+2=0”现象,反映了学校、家庭、社会三方要充分合作,才能促进学生全面发展。 (　　)

3. 在实施素质教育的今天,对学生不能进行惩罚。 (　　)

4. 受教育者既是教育的对象,又是学习和发展的客体,也是构成教育活动的基本要素。 (　　)

5. “千教万教教人求真,千学万学学做真人”体现了教师团结协作的精神。 (　　)

6. 根据科尔伯格的道德发展阶段理论,通过“做个好人”寻求认可的儿童属于前习俗水平。 (　　)

7. 并列结合学习比上位学习和下位学习更简单、容易。 (　　)

8. 个体学会识别多种刺激的异同并做出不同反应的学习是概念学习。 (　　)

9. 学习动机对学习效果的影响可分为两个方面：一方面是总体上整个动机水平对整个学习活动的影响；另一方面是具体的学习活动中学习动机对学习效果的影响。 (　　)

10. 小斌既想得高分又不想努力学习，这种心理冲突属于趋避冲突。 (　　)

五、简答题（本大题共3小题，每小题5分，共15分）

1. 简述贯彻集体教育和个别教育相结合原则的要求。

2. 影响问题解决的因素有哪些？

3. 简述我国《教师法》中对教师义务的规定。

六、论述题（本大题共2小题，每小题11分，共22分）

1. 如何理解“学生是发展中的人，要用发展的观点认识学生”？

2. 试述如何运用注意的规律提高学生课堂的注意力。

七、材料分析题(本大题共2小题,第1小题10分,第2小题13分,共23分)

1. 阅读下面材料,并回答问题。

李宏老师为了上好《两栖动物的生殖与发育》一课,精心制作了课件,并准备了挂图和标本等教具。课上,李老师把标本摆放好,挂好图片进行课件演示,但标本太小了,后面的同学甚至伸长脖子也看不清,李老师不断地翻着课件,但是并没有做适当的讲解,直到下课铃响了,课件还没有翻完。课后学生们反映,课堂上他们忙着看这看那,老师讲什么都没听清,而且课件中有些内容模糊不清,学习效果不佳。

问题:

(1)李宏老师在教学中主要运用了哪条教学原则?(4分)

(2)分析李宏老师应如何正确运用这条原则?(6分)

2. 阅读下面材料，并回答问题。

期中考试后，数学老师让同学们对考试成绩进行自我分析，总结经验教训。小雅说：“一分耕耘，一分收获，学习之路没有捷径可走。”小斌说：“我缺少数学细胞，能力不够。”小辉说：“试题太难了，平时的练习都没有考到。”中学生对学习成败采用不同的归因方式，会影响他们的情绪和学习行为。

问题：

如果你是这位数学老师，你应该如何合理地引导学生反思总结取得本次考试成绩的原因？

浙江省教师招聘考试历年真题详解及预测试卷

教育基础知识·中学

参考答案及解析-真题试卷

（参考答案及解析由山香教师招聘考试命题研究中心编写）

目　录

2023年浙江省金华市永康市中小学教师招聘考试教育基础知识真题试卷(一)

一、单项选择题

1. A 【解析】本题考查教育时政。2022年9月27日，教育部举行“教育这十年”“1+1”系列发布会(第十五场)。会上，教育部财务司司长郭鹏介绍优先保障教育投入的有关情况。他提到，在党中央坚强领导下，在中央和地方各级党委政府共同努力下，在财政、发展改革、人力资源社会保障等各部门大力支持下，国家财政性教育经费支出占GDP比例连续10年保持在4%以上。4%这一比例并不高，十年平均下来是4.13%，与世界平均4.3%和OECD国家平均4.9%的水平相比，我们还有一定差距，只能说达到了世界平均水平，这也是与我国目前经济社会发展阶段、发展水平、国家财力状况相适应的投入水平。我国是在财政收入占GDP比例低于世界平均水平的情况下，达到了世界平均的财政教育投入水平。故选A项。

2. B 【解析】本题考查道尔顿制。1922年，《教育杂志》刊登《道尔顿实验室计划》一文，道尔顿制被介绍到中国。1923年，全国教育会联合会第九届年会议决《新制中学及师范学校宜研究试行道尔顿制案》，该案认为道尔顿制作为新教学法，“其用意在适应个性，指导研究，打破学年制”；提议在中学和师范学校先行试验，若确有成效，再不断推广。故选B项。

3. C 【解析】本题考查因材施教原则。A项，启发性原则是指在教学活动中，教师要调动学生的主动性和积极性，引导他们通过独立思考、积极探索，生动活泼地学习，自觉地掌握科学知识，提高分析问题和解决问题的能力。

B、D项，量力性原则，也称可接受性原则、发展性原则，是指教学的内容、方法、分量和进度要适合学生的身心发展，使他们能够接受，但又要有一定的难度，需要他们经过努力才能掌握，以促进学生的身心发展。

C项，因材施教原则是指教师在教学中，要从课程计划、学科课程标准的统一要求出发，面向全体学生，同时又要根据学生的个别差异，有的放矢地进行有差别的教学，使每个学生都能扬长避短，获得最佳的发展。我国古代孔子善于根据学生的不同特点，有针对性地进行教育，以发挥他们各自的专长。

材料内容出自《论语·先进》，讲的是，子路和冉有问同一个问题“闻斯行诸”，孔子却做出了不同的回答。这是由于子路做事有时不免轻率，所以孔子要他在听到一件该做的事时最好向父兄请教后再去做。而冉有则个性谦退，遇事往往畏缩，因此孔子要他在听到一件该做的事后立刻去做。孔子的做法体现了因材施教原则。故选C项。

4. A 【解析】本题考查实行因材施教原则的关键和基础。充分了解学生是实行因材施教原则的关键和基础。故选A项。B项,抓住主要矛盾是贯彻循序渐进原则的要求之一。C项,在真实情境中教学可以使学生获得更多的感性认识和情感体验。D项,善于提问激疑是贯彻启发性原则的要求之一。

5. 缺失

6. B 【解析】本题考查《中国学生发展核心素养》。中国学生发展核心素养,以科学性、时代性和民族性为基本原则,以培养“全面发展的人”为核心,分为文化基础、自主发展、社会参与三个方面。文化基础方面规定的素养包括:人文底蕴,科学精神。自主发展方面规定的素养包括:学会学习,健康生活。社会参与方面规定的素养包括:责任担当,实践创新。故选B项。

7. 缺失

8. D 【解析】本题考查动机理论。动机的唤醒理论提出了三个原理。第一个原理是人们偏好最佳的唤醒水平。研究发现,每一个个体都有自己的最佳唤醒水平,高于这个水平时就需要减少刺激,低于这个水平时就需要增加刺激。第二个原理是简化原理,即重复进行刺激能使唤醒水平降低。第三个原理是个人经验对于偏好的影响。研究表明,富有经验的个体偏好于复杂的刺激。如有经验的音乐爱好者喜欢欣赏复杂的音乐。经验也能够帮助个体更好地组织刺激。例如,初学国际象棋的人,在考虑一个战术时,需要32步;而有经验的人则将32步并为一步。题干中,小吴熟练后能将原先十步并成一步,体现出动机的唤醒理论。

9. A 【解析】本题考查艾森克的人格维度理论。英国心理学家艾森克根据内倾—外倾和情绪稳定—不稳定这两个基本的人格维度,把人分成四种类型,即稳定内倾型、稳定外倾型、不稳定内倾型和不稳定外倾型。其中,稳定内倾型相当于黏液质;稳定外倾型相当于多血质;不稳定内倾型相当于抑郁质;不稳定外倾型相当于胆汁质。

10. D 【解析】本题考查言语的理解。言语的理解可分为三级水平:(1)词汇理解或词汇识别是言语理解的第一级水平;(2)句子的理解是言语理解的第二级水平;(3)篇章理解(课文或话语的理解)是言语理解的第三级水平。故篇章理解是言语理解的最高水平,D项正确。

11. A 【解析】本题考查校本教研的基本要素。校本教研的基本要素包括:(1)自我反思。自我反思是教师与自我的对话,是开展校本研究的基础和前提,是校本教研最普遍和最基本的活动形式。(2)同伴互助。同伴互助是教师与同行的对话,是校本研究的标志和灵魂。(3)专业引领。专业引领主要是指各层次专业研究人员对校本教研的介入。

12. B 【解析】本题考查皮亚杰的认知发展阶段理论。当已有图式不能解决个体正面临的问题情境时,就产生了皮亚杰所说的不平衡状态,皮亚杰认为心理发展就是个体通过同化和顺应而达到平衡的过程。当个体既有图式能轻易同化环境中的新知识经验时,个体在心理上感到平衡。当个体既有图式不能轻易同化环境中的新知识经验时,个体在心理上感到失衡。故选B项。A项易混淆,不平衡状态侧重新的刺激情境,即新的问题情境,并非泛指的相关问题,故排除。

13. C 【解析】本题考查赞科夫的发展性教学理论。赞科夫把学生的一般发展作为教学的出发点,提出了发展性教学理论的五条教学原则,即高难度、高速度、理论知识起主导作用、理解学习过程、使所有学生包括“差生”都得到一般发展的原则。其中,理解学习过程的原则要求学生把前后所学的知识进行联系,了解知识网络关系,使之融会贯通,灵活运用,教学要引导学生寻找掌握知识的途径,要求学生明确学习产生错误与克服错误的机制等。概括地说,要发展学生的认知能力,培养学生的自学能力,才有利于学生的发展。故选C项。

易错提示:赞科夫的发展性教学理论的五条教学原则的具体含义:(1)高难度:用稍高于学生原有水平的教学内容来教学生,注意掌握难度的分寸;(2)高速度:不要搞多次的、单调的重复,以致把教学进程拖得很慢;(3)理论知识起主导作用:掌握理论知识是形成技能、技巧的主要条件;(4)理解学习过程:教学生学会怎样学习,即发展学生的认知能力,培养学生的自学能力;(5)使所有学生包括“差生”都得到一般发展:面向全体学生,特别是要促进“差生”的发展。

14. B 【解析】本题考查《关于防范以“家庭教育指导师”名义开展违规校外培训的提示》。《关于防范以“家庭教育指导师”名义开展违规校外培训的提示》中指出,教育部校外教育培训监管司、人力资源和社会保障部职业能力建设司、全国妇联家庭和儿童工作部联合提示:(1)家庭教育指导是为未成年人的父母或者其他监护人实施家庭教育提供服务,重在宣传正确的家庭教育知识、帮助家长掌握科学家庭教育理念和方法。(2)“家庭教育指导师”尚未纳入《国家职业资格目录(2021年版)》,相关主管部门未颁发或授权颁发“家庭教育指导师”证书。(3)“家庭教育指导师”不符合《校外培训机构从业人员管理办法(试行)》有关资质要求,不能招用为中小学生校外培训机构教学、教研人员。(4)家庭教育指导服务的对象是成年人,以“家庭教育指导”等名义开展面向中小学生的各类培训活动,属于违规行为。故①④的说法错误,②③的说法正确,本题答案选B项。

15. C 【解析】本题考查《中共中央办公厅 国务院办公厅关于适应新形势进一步

加强和改进中小学德育工作的意见》。《中共中央办公厅 国务院办公厅关于适应新形势进一步加强和改进中小学德育工作的意见》指出:要把思想政治教育、品德教育、纪律教育、法制教育作为中小学德育工作长期坚持的重点,遵循由浅入深、循序渐进的原则,确定不同教育阶段的内容和要求。小学德育工作主要通过生动活泼的校内外教育教学活动,对学生进行以“爱祖国、爱人民、爱劳动、爱科学、爱社会主义”为基本内容的社会主义公德教育、社会常识教育和文明行为习惯的养成教育。中学德育工作的基本任务是把学生培养成为热爱社会主义祖国的具有社会公德、法制意识、文明行为习惯的遵纪守法的公民,引导他们逐步树立正确的世界观、人生观和价值观,不断提高爱国主义、集体主义和社会主义思想觉悟,为他们中的优秀分子将来能够成长为共产主义者奠定基础。中学特别是高中阶段,要注重有针对性地对学生进行马列主义、毛泽东思想和邓小平理论基本观点教育,辩证唯物主义和历史唯物主义基本观点教育。C项属于小学德育的基本任务,故本题选C项。

二、辨析题(参考答案)

16. 分科课程的弊端之一是割裂了知识的整体性,不利于学生理解能力的培养。

(1)这种说法是不正确的。(2)分科课程是根据学校教育目标、教学规律和一定年龄阶段的学生发展水平,分别从各门学科中选择部分内容,组成各种不同的学科,彼此分立地安排它们的教学顺序、教学时数和期限。一方面,分科课程有利于学生在短时间内系统接受各学科的基本知识,有效地保证学习的逻辑性、系统性和整体性,深化学生对所学领域的认识。另一方面,分科课程过于强调学科内部的知识结构,忽视学科之间的相互联系,造成了各学科之间的隔离,割裂了知识的整体性,不利于发展学生综合性地认识世界的能力。综上所述,分科课程有利于深化学生对某一领域的理解,但不利于培养学生的综合认识能力。故题干前半句说法正确,后半句说法错误。

(共5分。判断1分,判断“说法正确”本题不得分;理由4分,答出分科课程的概念1分,优点1分,缺点1分,具体表明错误原因1分)

17. 最近发展区是指学生现有的发展水平。

(1)这种说法是不正确的。(2)维果斯基认为,儿童有两种发展水平:一是儿童的现有水平,即由一定的已经完成的发展系统所形成的儿童心理机能的发展水平;二是可能(即将)达到的发展水平。这两种水平之间的差异,就是最近发展区。也就是说,最近发展区是儿童在有指导的情况下,借助成人帮助所能达到的解决问题的水平与独自解决问题所达到的水平之间的差异,实际上是两个邻近发展阶段间的过渡状态。故题干说法不正确。

（共5分。判断1分，判断“说法正确”本题不得分；理由4分，答出最近发展区的概念2分，具体的解释2分）

三、简答题（参考答案）

18. 从课程的组织、实施、评价等方面阐述课程目标的功能。

（1）为课程内容的选择提供依据。判断什么知识最有价值应以课程目标为重要依据。

（2）为课程的组织提供依据。把课程组织为什么样的类型（如学科课程或经验课程；分科课程或综合课程；必修课程或选修课程），这在某种意义上取决于课程目标，因为目标反映了特定的教育价值观。

（3）为课程实施提供依据。课程实施过程在某种意义上是创造性地实现课程目标的过程，因此，课程目标必然是课程实施的重要依据。

（4）为课程评价提供依据。课程评价是用一种标准对课程进行价值判断，而课程目标则是这种价值判断的基本标准。

（共15分。从“课程内容”“课程组织”“课程实施”“课程评价”等方面阐述课程目标的功能，至少能阐述3个方面，每个方面5分，理论依据准确、充分2分，展开阐述合理3分）

四、论述题（参考答案）

19. 论述教师如何克服及缓解职业倦怠。

减少和消除职业倦怠的方法主要有以下三点：

（1）个体的自我干预。个体干预的目的是通过改变个体自身的某些特点来增强适应工作环境的能力。个体干预的主要方法有：放松训练、时间管理、社交训练、压力管理和态度改变等。以下是个体干预职业倦怠的几种有效建议：①观念的改变；②积极的应对策略和归因方式；③合理的饮食和锻炼。

（2）组织的有效干预。组织干预的思路是通过削减过度的工作时间、降低工作负荷、明确工作任务、积极沟通与反馈、建立有效的社会支持系统来预防和缓解职业倦怠。学校对教学的评价机制是影响教师工作的积极性和创造性的重要因素，改善学校领导方式是缓解教师职业压力的有效途径。学校应提倡过程性和发展性评价，为教师建立有效的社会认同支持系统，正确认识教师的教育教学成果。另外，要为教师提供深造及参与学校民主决策的机会，增强教师对学校的认同感和归属感。

（3）构建社会支持网络。减少和消除职业倦怠，需要建立一个和谐的社会支持网络。首先，对教师的角色期待进行合理定位；其次，国家应切实采取措施提高教师的经济待遇和社会地位，维护教师的合法权利，使教师切实感受到社会的尊重；最后，教育部门应探索出有效的教师教育培训体系，将职前与职后培训有机结合起来，提高教师智力方面与非智力方面的水平，重视教师承受压力和自我缓解压力的训练。

（共20分。从“个体的自我干预”方面论述如何克服及缓解职业倦怠8分，理论依据准确、充分4分，展开论述合理4分；从“组织的有效干预”“构建社会支持网络”两个方面论述如何克服及缓解职业倦怠，每个方面6分，理论依据准确、充分3分，展开论述合理3分）

五、材料分析题（参考答案）

20.（1）客观因素：学校环境、家庭环境、社会环境等方面的因素综合影响学生的学习和生活。高中学生面临着升学考试方面的巨大压力，同时父母、社会对他们的不同期望使他们对于学习过分看重，容易形成过分概括化和绝对化要求的不合理观念，无法良好地平衡学习和生活。

主观因素：①不正确的归因方式。根据韦纳的归因理论，当学生将失败归因于能力弱、不努力等内部原因时，会产生愧疚感。材料中，有的学生因为未取得优异的成绩而觉得自己一事无成，学生可能将失败归因于自己能力弱，进而感到失落和沮丧。②不合理的目标定向。根据目标设置理论，目标本身就具有激励作用，目标能把人的需要转化为动机，使人的行为朝着一定的方向努力，并将自己的行为结果与既定的目标相对照，及时进行调整和修正，从而实现目标。明确具体的、中等难度的、近期可达到的目标，会加强学生的动机和完成目标任务时的持久性。而不合理的目标（如难度过大）则可能会降低学生的学习动机，进而影响其学业表现。材料中，有的学生制定了进入班级前十的目标，结果不进反退，这可能因为该学生未根据实际情况制定合理、可行的目标。③过低的自我效能感。自我效能感是指人对自己能否成功从事某一成就行为的主观判断。材料中的学生，缺少良好的成功体验，不能在日常的学习和生活中形成良好的结果期待和效能期待，进而降低了自我效能感，对学习和生活作不良的评价。

（共10分。从“客观因素”方面分析材料中学生的表现产生的原因4分，理论依据准确、充分2分，结合材料分析合理2分；从“主观因素”方面分析材料中学生的表现产生的原因6分，每点2分，理论依据准确、充分1分，结合材料分析合理1分。考生若有其他合理回答可酌情给分）

（2）①全面了解学生情况。作为班主任，在开展班会前需要充分了解学生的真实想法和需求，倾听学生的意见和反馈，选择学生共同关心的内容作为班会的主题。

②一起确定班会主题。要想开好一个成功的班会，班会的主题选择十分关键。班会主题的确定，既要依据学校的中心工作，又要服从于班级的共同努力目标，避免

主题的随意性和盲目性。针对材料中的学生高考压力过大的情况,作为班主任可以和学生一起商量,确定班会主题,如“直面高考压力——我坦言”等,从而释放学生的压力,充分发挥主题班会的作用。

③营造和谐的班会氛围。和谐的班会氛围有利于学生放下压力,畅所欲言。作为班主任,可以通过布置环境、设计相关活动等来营造和谐的班会氛围。

④鼓励学生主动表达。班会活动应该充分体现学生的主体地位。作为班主任,在开展班会时,要鼓励学生主动表达,积极讨论,释放内心压力,促进学生思想的转变和情感的变化。

⑤及时总结班会经验。学生的思想问题并不是靠一次班会就能解决的。所以,班会之后学生的思想巩固和行动是非常重要的。作为班主任,要结合不同学生的不同情况,与学生进行思想交流,使学生的认识转化为行动。

(共15分。从“了解学生情况”“确定班会主题”“营造和谐氛围”“鼓励学生表达”“及时总结经验”五个方面回答如何开展班会,每点3分。考生若有其他合理回答可酌情给分)

2023年浙江省宁波市中小学教师招聘考试教育理论基础知识真题试卷(二)

一、判断题

1. √ 【解析】本题考查孔子的教育思想。孔子提出的“有教无类”的教育思想就是关于“教育公平”的问题,“有教无类”就是教育面前人人平等,每个人都有接受教育的权利,教育没有高低贵贱之分。故题干说法正确。

2. × 【解析】本题考查巴甫洛夫的经典性条件作用理论的主要规律。分化是指机体只对条件刺激做出条件反应,而对其他相似刺激不做反应。泛化是指机体对与条件刺激相似的刺激做出条件反应。题干所述属于泛化,说法错误。

3. × 【解析】本题考查课堂提问的类型。应用型提问要求学生能够掌握概念、定理、方法的应用,并且能主动运用新获得的知识和回忆所学过的知识解决新的问题,或进一步要求学生独立思考,灵活运用学习过的知识,进而提出解决问题的新途径、新方法、新见解,同时培养学生的思维能力。综合型提问要求学生对已有材料进行分析、综合,独立思考,发现知识之间的内在联系,提出新见解、新观点,从分析中得出结论,或要求学生根据已有事实推理想象可能的结论。故题干说法错误。

4. √ 【解析】本题考查新课程教学评价倡导的基本理念。新课程课堂教学要真正体现以学生为主体,以学生发展为本,就必须对传统的课堂教学评价进行改革,体现以学生的“学”来评价教师“教”的“以学论教”的评价思想,强调以学生在课堂教学中呈现的状态为参照来评价课堂教学质量。提倡“以学论教”,主要从学生的情绪状态、注意状态、参与状态、交往状态、思维状态、生成状态六个方面进行评价。

5. × 【解析】本题考查强化程序。所谓强化程序,是按合乎要求的反应次数以及各次强化之间的时距的适当组合而做出的各种强化安排。它包括连续强化和间隔强化。一般来说,间隔强化的效果比连续强化的效果好,连续强化在教导新反应时最为有效,间隔强化比连续强化具有更高的反应率和更低的消退率。故题干说法错误。

6. √ 【解析】本题考查卡特尔的智力形态论。美国心理学家卡特尔根据因素分析结果,按心智能力功能上的差异,将人的智力分为流体智力和晶体智力两种不同的形态。其中,晶体智力主要表现为运用已有知识和技能去吸收新知识和解决新问题的能力,如词汇理解和计算方面的能力都是晶体智力。

7. × 【解析】本题考查学习动机的种类。按学习动机的作用与学习活动的关系,可分为近景的直接性学习动机和远景的间接性学习动机。其中,远景的间接性学习动机是指由了解活动的社会意义、活动结果的社会价值而引起的对某种活动的动机,这种学习动机既具有一定的社会性和理想色彩,又与个人的志向、世界观相联系,具有较强的稳定性和持久性,能在相当长的时间内起作用。题干中,小王因崇拜外交部发言人而立志成为一名优秀的外交部发言人(志向),这属于远景的间接性学习动机。故题干说法错误。

8. × 【解析】本题考查情绪的种类。依据情绪发生的强度、持续性和紧张度的不同,可以把情绪状态划分为激情、心境和应激。其中,心境是一种微弱的、持续时间较长的,带有弥漫性的情绪状态,如“人逢喜事精神爽”。应激是出乎意料的紧迫情况所引起的急速而高度紧张的情绪状态。一般的应激状态是一种行为保护机制,能使机体具有特殊防御、排险机能,使人更加机智勇敢,集中全身精力以应付危急局面,急中生智,摆脱困境。故“急中生智”属于应激,“人逢喜事精神爽”属于心境,题干说法错误。

9. √ 【解析】本题考查儿童人际关系发展的特点。儿童早期(幼儿期)的友谊一般是脆弱、易变的,很快形成又很快破裂。幼儿的友谊多半建立在地理位置接近(邻居)、有共同的兴趣和喜爱的活动以及拥有有趣的玩具的基础上。故题干说法正确。

10. √ 【解析】本题考查《中华人民共和国教师法》。根据《中华人民共和国教师法》第三十七条规定,教师有下列情形之一的,由所在学校、其他教育机构或者教育行政部门给予行政处分或者解聘:(1)故意不完成教育教学任务给教育教学工作造成损失的;(2)体罚学生,经教育不改的;(3)品行不良、侮辱学生,影响恶劣的。教师有前款第(2)项、第(3)项所列情形之一,情节严重,构成犯罪的,依法追究刑事责任。

二、单项选择题

1. C 【解析】本题考查教育与社会关系的主要理论。A项，教育独立论以蔡元培为主要代表人物。

B项，筛选假设理论强调教育的信号本质，强调筛选作用为教育的主要经济价值。

C项，教育万能论认为人完全是教育的产物，片面地夸大了教育在人的发展中的作用。洛克是教育万能论的代表人物之一，他反对天赋观念，提出了“白板说(白纸说)”，认为人的心灵原来就像一块白板(白纸)，没有一切特性，没有任何观念，天赋的智力人人平等。题干所述即洛克关于白纸说的阐述，故选C项。

D项，20世纪60年代，以美国的舒尔茨为代表的西方经济学家，提出了人力资本理论。

2. D 【解析】本题考查影响人的身心发展的因素。总体看来，影响人的身心发展的因素主要有遗传、环境、教育和个体主观能动性等。教育学中所说的环境一般指社会环境，优良的班风、学风等都属于环境因素。故选D项。

3. A 【解析】本题考查知识的表征。知识的表征形式有概念、命题和命题网络、表象、图式、产生式等。其中，概念代表着事物的基本属性和基本特征，是一种简单的表征形式。命题是意义或观念的最小单元，用于表述一个事实或描述一个状态，通常由一个关系和一个以上的论题组成，关系限制论题。表象是人们头脑中形成的与现实世界的情境相类似的心理图像。命题和表象都只涉及单个观念，心理学家提出图式的概念来组合概念、命题和表象。图式表征了对某个主题的综合性知识。比如，我们在头脑中都有关于教室的图式，与它相关的信息有教师、学生、黑板、课桌、讲台等。通过这样的图式，我们可以预想到整个教室的布置，可以预想到上课时的情境。题干中，浩浩形成了关于非洲象的综合性知识，这属于图式。故选A项。(具体参看陈琦、刘儒德主编的《当代教育心理学》)

4. B 【解析】本题考查影响问题解决的因素。人们把某种功能赋予某物体的倾向称为功能固着。在功能固着的影响下，人们不易摆脱事物用途的固有观念，从而直接影响问题解决的灵活性。题干中，壮壮只想到丝巾可以保暖，却想不到其还可以起到装饰的作用，壮壮受到了功能固着的影响。

5. C 【解析】本题考查皮亚杰的认知发展四阶段。在发展中处于具体运算阶段的儿童能够去中心化并能逆向运算，因此守恒能力迅速发展。儿童开始进行一些运用符号的逻辑思考活动，可以形成一系列的行动心理表象。比如，8岁左右的儿童去过几次小朋友的家，就能够画出具体的路线图来，而5、6岁的儿童则无法做到。题干中，西西之前不能记住回家的路线，之后能够在纸上画出具体的路线图，说明其认知发展现在处于具体运算阶段。

6. D 【解析】本题考查学习策略的种类。复述策略是指在工作记忆中为了保持信息,运用内部语言在大脑中重现学习材料或刺激,以便将注意力维持在学习材料上的方法。题干中,彤彤通过默读(内部语言)来记忆电话号码,这属于复述策略。

7. A 【解析】本题考查教学评价的类型。诊断性评价是在学期开始或一个单元教学开始时,为了了解学生的学习准备状况及影响学习的因素而进行的评价。也可以说是在某项教学活动开始之前对学生的知识、技能以及情感等状况进行的预测。它包括各种通常所称的摸底考试。由题干中"开始一个新的单元教学时"可知,孟老师进行的是诊断性评价。故选A项。

8. D 【解析】本题考查学习迁移的种类。根据迁移内容的抽象和概括水平不同,迁移可分为水平迁移和垂直迁移。其中,垂直迁移也称纵向迁移,是指先行学习内容与后续学习内容是不同水平的学习活动之间产生的影响。垂直迁移表现在两个方面:(1)自下而上的迁移,即下位的较低层次的经验影响上位的较高层次的经验的学习;(2)自上而下的迁移,即上位的较高层次的经验影响下位的较低层次的经验的学习。题干中,学生在课前形成的对历史的整体认识(较高层次的经验)影响后面具体学习的历史知识,这体现了垂直迁移的作用。故选D项。

9. B 【解析】本题考查学生心理发展的特点。青少年的心理发展具有闭锁性,所谓闭锁性是指人的心理活动具有某种含蓄、内隐的特点,它是相对于人的外部行为表现与内部心理活动之间的一致性而言。闭锁性主要表现在:(1)出现了"内心的秘密",开始愿意有自己的房间,自己的抽屉要上锁,反感别人随便翻动自己的房间,开始记日记,自己向自己倾诉内心的秘密;(2)与人交往中变得不那么坦率了,即使对最亲近的人也不易做到心理上毫无保留。青少年心理的闭锁性,使他们不轻易向别人吐露真情,交往中要求较高,选择条件较苛刻。故题干所述属于闭锁性的表现。

10. A 【解析】本题考查逆反心理。少年期学生常见的逆反心理主要有:(1)情境相悖逆反心理,即当学生正想着做某一件事,而这时别人又要求他们去做另一件事,这时就容易产生情境相悖逆反心理。例如,已经到了放学回家的时候,老师还要把学生留下来抄写课文,此情此境就容易引起他们拒绝本来可以接受的要求,产生逆反心理。题干中,李老师在户外活动时间让学生做英语试题,有些学生由此产生的逆反心理属于情境相悖逆反心理。(2)信度可疑逆反心理。(3)禁果诱惑逆反心理。(4)态度对立逆反心理,即学生往往对与他们关系紧张的教师或家长产生态度对立逆反心理。(5)超限刺激逆反心理,即在日常生活或学习中,当对学生的某种刺激过于强烈或作用的时间过长时,学生反而会对这种刺激不按要求地作出反应。(6)自主倾向逆反心理。(7)归因失真逆反心理。(8)评定失实逆反心理,即在评定某一事物时,如果别人与他们的标准不一致,评定的结果不真实,那么,他们就会产生评定失实逆反心理。

2022年浙江省金华市永康市中学教师招聘考试教育基础知识真题试卷(三)

一、单项选择题

1. B 【解析】本题考查个体发展的三个方面。所谓个体发展,是指个体从出生到死亡,其身心诸方面及其整体性结构与特征不断变化的过程。个体发展是整体性的发展,主要包括三个方面:一是生理发展,包括生物有机体的正常发育和体质增强以及神经、运动、生殖等生理功能的逐步完善;二是心理发展,包括感觉、知觉、注意、记忆、思维、言语等认知的发展,需要、兴趣、情感、意志等倾向性的形成,以及能力、气质、性格等个性的完善;三是社会性发展,主要表现为社会经验和文化知识的掌握,社会关系和行为规范的习得,人生态度和社会意识的形成,社会实践能力的提高,成长为能够适应并促进社会发展的现实的社会个体。个体发展的这三个方面,既有一定的相对独立性,又十分密切地联系在一起,在个体发展过程中形成相互制约、相互促进的关系。A项中的"体质增强"和C项中的"神经系统功能完善"属于生理发展方面;B项中的"感知觉发展""性格完善"、C项中的"注意力提升"和D项中的"言语发展"属于心理发展方面;A项中的"社会性提高"和D项中的"行为规范习得"属于社会性发展。故B项处于同一方面。

2. A 【解析】本题考查旧中国的学制沿革。清政府于1904年颁布执行了"癸卯学制",这个学制的突出特点是教育年限长,共26年。若6岁入学,中学毕业为20岁,读完通儒院则是32岁。故选A项。

易错提示:关于"癸卯学制"和"壬戌学制",两者的特点都包括"长",具体区分如下:

学制	教育年限	实施时间
癸卯学制	26年 教育年限长	1904年—1912年
壬戌学制	16~18年	1922年—全国解放初期 中国近代实施时间最长

3. C 【解析】本题考查疏导原则。疏导原则是指进行德育时要循循善诱,以理服人,从提高学生认识入手,调动学生的主动性,使他们积极向上。

A项体现的主要是教学相长。《学记》概括出一条教师自我提高的规律——"教学相长"。它说:"虽有嘉肴,弗食不知其旨也;虽有至道,弗学不知其善也。是故学然后知不足，教然后知困。知不足然后能自反也，知困然后能自强也。故曰：教学相长也。”

B项体现的主要是因材施教。《论语·先进》中《子路、曾皙、冉有、公西华侍坐》一章，是孔子“因材施教”的范例。它记述了孔子和四个弟子的一次谈话，以言志为线索，写出了弟子们的志向、性格。同样言志，孔子根据弟子的不同情况进行启发，教学时针对弟子的实际，做到了因材施教。

C项体现的主要是疏导原则。我国古代教育家孔子很善于诱导他的学生，其弟子颜回这样称赞道：“夫子循循然善诱人，博我以文，约我以礼，欲罢不能。”这体现了德育的疏导原则。

D项体现的主要是启发性原则。常有这种情况，学生在学习中提不出问题，深入不下去。如何才能打破这种困境，这就有赖于教师的启发诱导。朱熹说得好：“读书无疑者，须教有疑；有疑者，却要无疑，到这里方是长进。”这体现了启发性原则。

综上所述，本题选C项。

4. B 【解析】本题考查同一性发展状态。马西亚等人研究发现，青少年个体面临角色同一性对角色混乱之间的冲突和选择时，会产生四种可能的情况。第一种是获得角色同一性（同一性获得），这意味着个体在充分考虑了各种可能的机会和自己的情况后，做出了自己的选择并为自己的目标而努力，但只有少数的中学生属于这种情况；第二种是同一性拒斥，即个体并非充分考虑自己的各种体验和各种可能的选择，而是把选择的权利交给了父母或其他权威人士，完全接受他人对自己提出的要求和为自己树立的目标及生活方式；第三种是同一性迷乱，有些个体未能成功地选择或没有严肃地考虑这些选择，对自己的社会角色和人生目标未能形成定论，产生迷乱；最后一种是同一性延迟，即由于内心斗争而导致未能在本时期获得同一性，这就是艾里克森所说的同一性危机。而这种同一性危机在儿童中是较常见的，只要教师能积极帮助学生处理这种危机，学生大多会较顺利地获得同一性。题干中强调小王将择校的权利交给父母，接受父母的选择，这说明小王处于同一性拒斥状态。

5. D 【解析】本题考查皮亚杰的认知发展阶段理论。皮亚杰提出了认知发展阶段理论，将个体的认知发展分为四个阶段：(1)感知运动阶段(0～2岁)；(2)前运算阶段(2～7岁)；(3)具体运算阶段(7～11岁)；(4)形式运算阶段(11岁～成人)。因此，发育正常的15岁中学生应当处于形式运算阶段。

6. A 【解析】本题考查常用的教学方法。讨论法是全班或小组成员在教师的指导下，围绕某一中心问题发表自己的看法和见解，从而进行相互学习的一种方法。题干中，老师指导学生们对某个问题进行探讨、评析，就运用了讨论法。

7. D 【解析】本题考查格式塔学派的“完形—顿悟”学习理论。格式塔学派认为，学习是个体利用本身的智慧和理解力对情境及情境与自身关系的顿悟，而不是动作的积累或盲目尝试。

8. B 【解析】本题考查教育目的的价值取向。人们对教育活动的价值选择，历来有不同的见解和主张。首先，就个人发展与社会的关系来说，有人认为，应当把促进个人的个性发展作为教育目的；有人则认为，应当把满足社会发展的需要作为教育目的。其次，就个人的发展来说，有人强调知识的积累，有人强调智能的增进，有人强调品德的完善，有人强调美感的陶冶，有人强调行动能力的增进，有人则强调德、智、体、美等各方面的和谐发展；还有人注重通识教育，重视普通文化素质的提高，而有人则注重实用教育，重视实用知识的获取与操作能力的训练。最后，就社会需要来说，有人注重政治效益，有人注重经济效益，有人则注重文化效益；有人着眼于长远效益，有人则急功近利；有人向后看，谋求维护传统的社会秩序，有人则向前看，力图改变社会的现状等。其中，在教育目的价值取向上，争论最多、影响最大、最具根本性的问题是：教育活动究竟是应当注重满足人的个性发展需要，还是应当注重满足社会发展需要？由此，构成了教育目的选择上的两种典型的价值取向，即个人本位论和社会本位论。故选B项。

9. C 【解析】本题考查夸美纽斯的教育思想。夸美纽斯是捷克伟大的民主主义教育家，西方近代教育理论的奠基者，是公共教育最早的拥护者，其理念在他所著的《大教学论》中提出。他尖锐地抨击中世纪的学校教育，并号召“把一切知识教给一切人”。

10. A 【解析】本题考查人的素质的基本特征。素质即人在先天生理基础上，受后天环境、教育等的影响，通过个体自身的认识与社会实践形成的比较稳定的身心发展的基本品质，也可以称为素养。人的素质的基本特征包括：(1)基本性。(2)稳定性。对于群体来讲，随着人类社会的发展，不同历史时期人的素质也会具有不同的形态与内容。对于个体来讲，素质一经形成便具有了稳定性特征。人的素质是先天遗传与后天实践共同作用下形成的。人的先天遗传因素为人的素质形成提供了前提条件与基础，在后天环境的作用下，人通过认识世界、参加社会实践活动获得了能力、品质、修养等。因此，素质一旦形成就不会随意改变和消失，个体的那些稳定的、持续的、惯常的身体与心理特性才能被称为素质。(3)内隐性。(4)个体性。故选A项。

11. B 【解析】本题考查学生心理健康教育。对有心理困扰或心理问题的学生，需进行科学、有效的心理辅导，及时给予必要的危机干预，提高其心理健康的水平。故A、C两项做法正确。学校在心理健康教育过程中应遵循保密性原则，教育者有责任对学生的个人情况以及谈话内容等予以保密，不能将学生的信息对外公布。故B项做法错误。家长和家庭环境是影响学生身心发展的重要因素，做好学生的心理健康工作，离不开家校沟通。故D项做法正确。

12. A 【解析】本题考查现代教育的特点。虽然资本主义教育和社会主义教育存在根本性的差异，但与古代教育相比，在总体上，现代教育呈现出一些全新的特征：生产性、公共性、科学性、未来性、革命性、国际性、终身性。具体表现为：(1)教育的生产性不断增强，教育同生产劳动从分离走向结合；(2)教育的公共性、普及性和多样性日趋突出；(3)教育制度逐步完善；(4)教育的科学化水平日益提高。

13. C 【解析】本题考查《关于全面加强和改进新时代学校体育工作的意见》。《关于全面加强和改进新时代学校体育工作的意见》要求：合理安排校外体育活动时间，着力保障学生每天校内、校外各1个小时体育活动时间，促进学生养成终身锻炼的习惯。

14. D 【解析】本题考查《中华人民共和国义务教育法》。根据《中华人民共和国义务教育法》第二十五条规定，学校不得违反国家规定收取费用，不得以向学生推销或者变相推销商品、服务等方式谋取利益。故A项错误。根据《中华人民共和国义务教育法》第二十七条规定，对违反学校管理制度的学生，学校应当予以批评教育，不得开除。故B项错误。根据《中华人民共和国义务教育法》第二十六条规定，学校实行校长负责制。校长应当符合国家规定的任职条件。校长由县级人民政府教育行政部门依法聘任。故C项错误。根据《中华人民共和国义务教育法》第二十四条规定，学校不得聘用曾经因故意犯罪被依法剥夺政治权利或者其他不适合从事义务教育工作的人担任工作人员。故D项正确。

15. C 【解析】本题考查《生命安全与健康教育进中小学课程教材指南》。《生命安全与健康教育进中小学课程教材指南》中指出，健康行为与生活方式领域要点包括：认识健康；个人卫生与保健；健康问题与疾病预防控制；用眼健康；耳鼻口腔健康；形体健康；健身锻炼与运动；健康作息；合理膳食；公共环境卫生；关注健康信息。心理健康领域核心要点包括：社交与社会适应；情绪与行为调控；心理问题与援助支持。故A、B、D三项属于健康行为与生活方式领域，C项属于心理健康领域。本题为选非题，故选C项。

二、辨析题(参考答案)

1. 教育公平是社会公平与社会和谐的基石。

(1)这种说法是正确的。(2)教育公平是指全体社会成员可以自由、平等地选择和分享各层次公共教育资源。它可分为三类，即入学机会公平、受教育过程公平和教育结果公平。教育公平是人生起点的公平，是社会公平和社会和谐的基石。实现教育公平是我国政府的一项重要职责。故题干说法正确。

（共4分。判断1分，判断“说法不正确”本题不得分；理由3分，答出教育公平的概念1分，教育公平的分类1分，教育公平的地位1分）

2. 将成败归因于外部、不稳定、不可控的因素是最糟糕的归因方式。

（1）这种说法是不正确的。（2）韦纳把人经历过事情的成败归结为六种原因：能力、努力程度、工作难度、运气、身心状况、外界环境。又把上述六项因素按各自的性质，分别归入三个维度：内部归因和外部归因、稳定性归因和非稳定性归因、可控制归因和不可控制归因。其中，运气和外界环境属于外部、不稳定、不可控的因素，这种归因可能会导致个体产生侥幸心理、动力不足。但将失败归因于内部、稳定和不可控因素时，将产生习得性无助感，这是个体归因中最糟糕的一种。故题干说法不正确。

（共4分。判断1分，判断“说法正确”本题不得分；理由3分，答出韦纳的成败归因理论的内容1分，运气和外界环境的归因维度1分，最糟糕的归因方式1分）

3. 学生所获得的直接经验是课程内容的主要来源。

（1）这种说法是不正确的。（2）课程内容的基本性质是知识，它具有直接经验和间接经验两种形态。任何形式的课程都必须包括一定的直接经验和间接经验。直接经验是指与学生现实生活及其需要直接相关的社会知识、自然知识及其技能的总和。由于课程性质的不同，有的课程甚至以引导学生获取直接经验为主，如活动课程。间接经验即理论化、系统化的书本知识，它是人类认识的基本成果，间接经验具体包括在各种形式的科学中。间接经验是课程内容的主要来源，直接经验只是课程内容的补充和完善。

（共4分。判断1分，判断“说法正确”本题不得分；理由3分，答出课程内容的形态1分，阐述间接经验和直接经验的概念1分，说明间接经验是课程内容的主要来源1分）

4. 保护未成年人意味着采纳未成年人的所有意见。

（1）这种说法是不正确的。（2）根据《中华人民共和国未成年人保护法》第四条规定，保护未成年人，应当坚持最有利于未成年人的原则。处理涉及未成年人事项，应当符合下列要求：①给予未成年人特殊、优先保护；②尊重未成年人人格尊严；③保护未成年人隐私权和个人信息；④适应未成年人身心健康发展的规律和特点；⑤听取未成年人的意见；⑥保护与教育相结合。因此，保护未成年人需要采纳未成年人的意见，但鉴于未成年人的年龄特点和认知发展水平，其可能存在不合理的意见，故需要采纳未成年人合理的意见。

（共4分。判断1分，判断“说法正确”本题不得分；理由3分，答出《中华人民共和国未成年人保护法》第四条的内容2分，“采纳合理的意见”1分）

三、简答题（参考答案）

1. 简述课程开发的目标模式。

（1）目标模式是以目标为课程开发的基础和核心，围绕课程目标的确定、实现和评价等环节进行课程开发的模式。

（2）目标模式的主要代表人物是美国课程论专家泰勒。

（3）目标模式（泰勒原理）可概括为目标、内容、方法、评价。

（4）目标模式的优点：注重目标的重要性，其整个课程开发过程都是围绕目标来进行的。目标模式提出了一个有章可循的实践模式，便于操作。

（5）目标模式的缺点：①目标行为化有很大的局限性；②目标模式轻视课程设计过程与实施过程，不重视学生的主动性，从而压抑了学生的主动积极性等；③目标模式过于注重目标而忽视了过程。

（共5分。答出目标模式的概念1分，目标模式的代表人物1分，目标模式的内容1分，目标模式的优点1分，目标模式的缺点1分）

2. 简述培养班集体的途径。

（1）确定班集体的发展目标；（2）建立得力的班集体核心；（3）建立班集体的正常秩序；（4）组织形式多样的教育活动；（5）培养正确的舆论和良好的班风。

（共5分。每点1分，答案完整得满分；答出“确定目标”“建立秩序”“组织活动”等关键词可得3分）

3. 简述经典性条件反射理论的主要内容。

（1）俄国生理学家巴甫洛夫在研究狗的进食行为时发现：狗吃到食物时，会分泌唾液。这是自然的生理反应，不需要学习，这种反应叫无条件反射，引起这种反应的刺激是食物，称为无条件刺激。如果在狗每次进食时发出铃声，一段时间后，狗只要听到铃声就会分泌唾液，这时作为中性刺激的铃声由于与无条件刺激联结而成了条件刺激，由此引起的唾液分泌就是条件反射。这种单独呈现条件刺激即能引起唾液分泌的反应叫作条件反应，后人称为“经典性条件作用”。

（2）巴甫洛夫的经典性条件作用理论的主要规律：①泛化与分化；②获得与消退；③恢复。

（共5分。答出巴甫洛夫的经典性条件作用的内容2分；答出经典性条件作用理论的主要规律3分，每点1分）

4. 简述教育政策与教育法规的区别。

(1)教育政策与教育法规的制定主体不同;(2)教育政策与教育法规的执行方式不同;(3)教育政策与教育法规的规范效力不同;(4)教育政策与教育法规调整和适用的范围不同;(5)教育政策与教育法规所要解决问题的性质不同。

(共5分。每点1分,答案完整得满分;答出"制定主体""执行方式""规范效力""调整和适用的范围""解决问题的性质"等关键词可得3分)

四、论述题(参考答案)

1. 试述教师在促进迁移教学中的注意事项。

(1)课程的安排与教材的组织。在课程安排上,应采取由易到难,由简到繁的排列顺序,尽量防止不当的或过分类化的做法,防止对同一刺激频繁改变反应方式,从而减少负迁移的产生。教材与课程安排也应相互协调,如果教材涉及面广,理论较深奥,则在课程安排上也应保证一定时间,在课程内容安排上亦可适当进行调整,如增设实验课程,开展社会调查等。

(2)教材的呈现顺序与要求。①从一般到个别,不断分化。②分析综合,促进知识的横向联系。③从易到难,进行序列化。

(3)教学规律的应用。①加强基本概念、原理、原则和科学规律的教学。②注意学科之间的有机联系及对知识的理解。③课外学习与课内学习的有机结合。

(4)注意学生的认知结构,加强信息反馈。在进行班、组教学时,往往会忽视个人的认知结构、知识技能水平,因而制订的一些教学计划很难奏效,所以教学上应尽量根据各个学生的认知特点、知识技能水平制订切实可行的教学计划。在实施教学计划过程中,教师应不断注意反馈信息,随着学习者知识技能的不断提高,而不断改变任务的要求。

(共10分。从"课程的安排与教材的组织""教材的呈现顺序与要求""教学规律的应用""注意学生的认知结构,加强信息反馈"四个方面论述教师在促进迁移教学中的注意事项,每点2.5分,理论依据准确、充分1分,展开合理论述1.5分)

2. 试述教师和父母如何帮助青少年进行自我同一性的整合。

自我同一性的整合是每个青少年都必须面对的重大人生课题,即如何正确客观地认识、评价自己的能力、社会角色、社会地位、职业、政治信念等,并与所处的客观环境有机结合,充分利用现有和潜在的资源和机遇,实现理想与现实的统一,理想我与现实我的统一。教师和父母可采取以下措施帮助青少年进行同一性整合:(1)提供机会让学生体验各种职业选择和社会角色;(2)提供机会让学生了解社会,了解自我;(3)通过讨论的形式使他们解决自身所面临的问题;(4)教师要始终给学生有关其自身状况的真实的反馈信息。

（共10分。答出自我同一性的整合的概念2分；从“体验各种职业选择和社会角色”“了解社会，了解自我”“解决自身所面临的问题”“自身状况的真实的反馈信息”四个方面论述教师和父母如何帮助青少年进行同一性整合，至少能答出4点，每点2分。考生若提出其他合理措施可酌情给分）

五、材料分析题（参考答案）

（1）我赞同谢老师的教学方法。谢老师布置作业的方式符合“双减”政策下提高作业设计质量的要求。理由如下：

①谢老师的教学方法尊重了学生在教学过程中的主体性。谢老师在布置完作业之后，看到了学生们的迷茫，于是主动进行作业指导，提供了适合学生的做作业的灵感和思路。这说明谢老师重视学生的主体地位，关注学生的疑问，并给予指导，充分尊重了学生的主体性。

②谢老师的教学方法激发了学生学习的积极性。谢老师在了解学情的基础上，让学生们回家帮父母做事以完成此次作业，大多数学生对此都很感兴趣。这符合该班学生的性格特点，激发了学生学习的积极性。

③谢老师的教学方法重视了学生的体验性。学生们听从谢老师的建议，回家做了平常没有做过的事情，在收获新奇体验的同时也完成了作业，这与通常意义上的书面作业不同，充分重视了学生的体验性。

④谢老师的教学方法有利于促进学生的全面发展。谢老师布置的作业，不仅锻炼了学生的写作能力，还促进了学生品德的发展和劳动能力的提升。这充分促进了学生的全面发展。

（共7分。回答“赞同”2分；对观点进行简单说明1分；理由4分，从学生的主体性、积极性、体验性、全面发展等方面分析，至少能答出4点，每点1分。考生若有其他合理回答可酌情给分）

（2）“双减”就是减轻义务教育阶段学生过重作业负担和校外培训负担。在学生过重的作业负担方面，“双减”要求健全作业管理机制、分类明确作业总量、提高作业设计质量、加强作业完成指导、科学利用课余时间。这说明了教师布置作业时要全面思考、精心设计，遵循以下原则：

①目的性。作业的布置应体现课堂教学要达到的教学目标，学生通过作业进一步巩固知识，使思维能力得到进一步发展。

②针对性。针对教材和学生实际，教师要精心选择作业题。

③趣味性。具有趣味性的作业能激发学生的学习动机，吸引自制力尚处于薄弱

阶段的学生,使他们以愉快的心情完成每次作业。

④层次性。学生的水平存在一定的差异,这就要求作业的布置体现层次性。

⑤多样性。作业的形式要新颖灵活,不拘一格。除了传统的手写作业外,应适当地运用口头练习、表演练习、实际操作等多种作业形式。

⑥开放性。新课程要求部分作业应突出开放性和探究性,也就是学生解答问题时要有一定的思考和实践。

(共7分。阐述"双减"政策2分;布置作业的原则5分,从"目的性""针对性""趣味性""层次性""多样性""开放性"等方面说明布置作业的原则,至少能提出5个原则,每个原则1分。提出其他合理原则可酌情给分)

2022年浙江省温州市苍南县中小学教师招聘考试教育基础知识真题试卷(四)

单项选择题

1. B 【解析】本题考查卢梭的《爱弥儿》。卢梭于1762年出版了他的教育小说《爱弥儿》,系统阐述了他的自然主义教育思想,强调教育活动必须注重感性、直观,必须遵循儿童的自然本性。故选B项。A项,洛克在其著作《教育漫话》一书中,详细论述了绅士教育的内容(即体育、德育和智育)及方法。C项,夸美纽斯在《大教学论》中,提出了普及初等教育,主张建立适应学生年龄特征的学校教育制度,论证了班级授课制度,规定了广泛的教学内容,论述了教学原则,高度评价了教师职业,强调了教师的作用。D项,裴斯泰洛齐的教育思想主要反映在他的教育小说《林哈德与葛笃德》中。

易错提示:卢梭和洛克的教育著作及教育思想易混淆,考生可通过以下内容进行区分:

口诀	含义
卢梭自然爱弥儿	卢梭倡导自然教育,其代表作是《爱弥儿》
洛克白板话绅士	洛克主张"白板说",其代表作是《教育漫话》,提出了绅士教育论

2. A 【解析】本题考查全面发展教育中各育的作用。德育、智育、体育、美育和劳动技术教育各有自己的特殊任务、内容和方法,对人的发展起着不同的作用,同时又相互依存、相互渗透、相互促进。主要表现在:体育是各育实施的物质前提,是人的一切活动的基础;智育是各育实施的认识基础和智力支持;德育则是各育实施的方向统帅和动力源泉;美育协调各育的发展;劳动技术教育是各育的实践基础。各育不能偏废,都具有不可替代的作用,共同促进人的全面发展。故选A项。

3. C 【解析】本题考查旧中国的学制沿革。旧中国的四个学制公布的先后顺序为:1902年的"壬寅学制"→1904年的"癸卯学制"→1912~1913年的"壬子癸丑学制"→

1922年的“壬戌学制”。故选C项。

4. A 【解析】本题考查直观性原则。A项，直观性原则是指在教学活动中，教师应尽量利用学生的多种感官和已有的经验，通过各种形式的感知，使学生获得生动的表象，从而比较全面、深刻地掌握知识。

B项，思想性(教育性)和科学性相统一的原则是指教学要以马克思主义为指导，授予学生科学知识，并结合知识教学对学生进行社会主义品德和正确人生观、科学世界观教育。

C项，循序渐进原则在西方常称为系统性原则，是指教师要严格按照科学知识的内在逻辑和学生的认知发展规律进行教学，使学生掌握系统的科学文化知识，能力得到充分的发展。

D项，巩固性原则是指教师在教学中要引导学生在理解的基础上牢固地掌握基本知识和基本技能，而且在需要的时候，能够准确无误地呈现出来，以利于知识技能的利用。

题干所述表明，“天宫课堂”中的液桥演示实验的教学效果好于课堂上教师的语言讲述，这说明教师在教学中应遵循直观性原则，使学生获得生动的表象。故选A项。

5. B 【解析】本题考查教师成长的阶段。福勒和布朗根据教师的需要和不同时期所关注的焦点问题，把教师的成长划分为关注生存、关注情境和关注学生三个阶段。其中，处于关注生存阶段的一般是新教师，他们非常关注自己的生存适应性，最担心的问题是“学生喜欢我吗”“同事们如何看我”“领导是否觉得我干得不错”等。故选B项。

6. D 【解析】本题考查知识的分类。由于反映活动的深度不同，知识可分为感性知识和理性知识。所谓感性知识是对活动的外表特征和外部联系的反映，可分为感知和表象两种水平。所谓理性知识，反映的是活动的本质特征与内在联系，包括概念和命题两种形式。波兰尼提出了“显性知识”(明确知识)和“隐性知识”(缄默知识)的知识形态分类。显性知识是指用“书面文字、图表和数学公式表述的知识”，通常是用言语等人为方式，通过表述来实现的，所以又称为“言明的知识”。隐性知识是指尚未被言语或其他形式表述的知识，是“尚未言明的”或者“难以言传的”知识。题干中强调学生通过教师的言传身教领悟了计划外的知识、观念和情感，这属于隐性知识。

7. C 【解析】本题考查创设理想课堂教学的提问策略。A项，学生回答问题后，教师不应马上评论或判断，而应停顿片刻(3～5秒)，略作思考。当学生回答错误时，教师应通过层层启发，逐级诱导，帮助学生慢慢接近正确答案，而非立刻纠正。A项行为不当。

B项，在实际的教学提问中，许多教师不能公平分配问题，往往对某些学生施以更多关注，提许多问题，而对另一些学生则是忽视，从不提问或很少提问。这种提问方式，必然导致不平衡的课堂互动，不利于学生的发展。因此，教师要公平而恰当地将问题分配给每一个学生，使所有学生都有所发展。B项行为不当。

C项，如果教师过分追求标准答案，对学生独特的理解、视角或疑问进行否定或压制，那么不仅学生的参与积极性会受到抑制，而且更为严重的是其独立思考的习惯、创造性和主动性也会受到限制。因此，教师应避免追求标准答案的倾向。C项行为正确。

D项，大量的研究表明，适当的停顿有助于提升教学提问的效果。发问中的停顿主要包括教师提问之前的停顿、教师提问之后与学生回答问题之前的停顿。其中，教师提问之后与学生回答之前的停顿即候答时间，候答时间的长短，直接影响到教学提问的效果。教师如果延长候答时间至3秒或更长，给学生提供更多的思考时间，学生的回答就会有显著的改善，教学效果明显提高。D项行为不当。

综上所述，本题选C项。

8. C 【**解析**】本题考查学习动机的作用。学习动机对学习产生以下四个方面的作用：(1)引发作用。当学生对于某些知识或技能产生迫切的学习需要时，就会引发学习内驱力，唤起内部的激动状态，产生焦急、渴求等心理体验，并激发起一定的学习行为。(2)定向作用。学习动机以学习需要和学习期待为出发点，使学生的学习行为在初始状态时就指向一定的学习目标，并推动学生为达到这一目标而努力学习。(3)维持作用。学习动机促使学生能在长时间的学习活动中保持认真的态度，坚持把学习任务胜利完成。(4)调节作用。学习动机调节学习行为的强度、时间和方向。如果行为活动未达到既定目标，动机还将驱使学生转换行为活动方向以达到既定目标。题干中小莲无法与前来问路的外国人正常交流，产生了羞耻感，便想通过培训班来学习外语口语，这体现了学习动机的引发作用。

易错提示：考生易混淆学习动机的引发作用和定向作用。考生在做题时应注意引发作用强调行为从无到有，定向作用强调指向某一具体目标。

9. D 【**解析**】本题考查创造性思维的特征。创造性思维以发散思维为核心。发散思维具有流畅性、灵活性(变通性)和独创性(独特性)等特点。其中，流畅性是指在限定时间内产生观念数量的多少。在短时间内产生的观念越多，流畅性越大。题干中该学生在一分钟内回答出火柴的多种用途，这体现了创造性思维的流畅性。

10. B 【**解析**】本题考查班杜拉对强化的重新解释。班杜拉将强化分为直接强化、替代强化和自我强化。其中，替代强化是指观察者因看到榜样的行为被强化而受到强化。题干中强调小明因看到小王被老师表扬而决定努力学习，这属于替代强化。故选B项。

11. A 【解析】本题考查桑代克的学习理论。19世纪末期，受达尔文进化论思想和当时美国机能主义心理学的影响，美国著名心理学家桑代克于1896年开始从事动物学习的实验研究，其中最具代表性的实验是"猫的迷笼实验"。1898年，桑代克在实验研究的基础上，完成并发表了题为《动物的智慧：动物联想过程的实验研究》的博士论文。他在论文中详细描述了动物学习的"尝试错误"过程。在此基础上，桑代克提出了世界上第一个学习理论——学习的"联结说"，提出用"问题情境"与"反应"的"联结"来解释学习过程，并提出了学习的三大定律。

12. D 【解析】本题考查疏导原则。疏导原则是指进行德育时要循循善诱、以理服人，从提高学生认识入手，调动学生的主动性，使他们积极向上。贯彻疏导原则的基本要求包括：(1)讲明道理，疏导思想；(2)因势利导，循循善诱；(3)以表扬、激励为主，坚持正面教育。故A、B、C三项属于疏导原则的基本要求。D项属于贯彻长善救失原则的基本要求。故选D项。

13. D 【解析】本题考查学习策略训练的原则。学习策略训练的原则包括主体性原则、内化性原则、特定性原则、生成性原则、有效监控原则和个人效能感原则。其中，内化性原则是指在学习策略的学习过程中，学生能够不断实践各种学习策略，逐步将其内化成自己的学习能力，熟练掌握并达到自动化的水平，从而能够在新的情境中灵活应用。故题干所述体现了内化性原则。

14. B 【解析】本题考查弗洛伊德的理论。在弗洛伊德看来，道德情感的形成导致了儿童内在的双重性，一方是超我的力量，另一方是本能需要。遵从超我的力量，儿童就要把遵守社会规范当作一种义务。恰当的超我将使儿童形成合理内化的道德情感，这是一种稳定的、不可改变的道德情感。

15. C 【解析】本题考查《生命安全与健康教育进中小学课程教材指南》。《生命安全与健康教育进中小学课程教材指南》中指出，初中阶段的目标包括引导学生：理解生长发育的主要规律和影响因素，正确评估生长发育状况；学习青春期保健的基本知识和技能，提高预防性骚扰与性侵害的能力；积极应对青春期心理健康问题，学会正确对待挫折。学会客观认识和对待自己，学会欣赏和宽容他人；做好进入高中学习或就业的准备；提高情绪管理的能力，学会减压放松方法，学会克服焦虑情绪，提高应对挫折的能力，能够主动求助。故A、B、D三项属于初中阶段的目标。高中阶段的目标包括引导学生：了解社交与心理健康的关系，提高健康的异性交往能力；适应高中生活，学会正确应对校园欺凌和校园暴力，做好进入高校学习或就业的准备；正确认识和对待童年期不良经历,健康成长;理解竞争和合作的关系,学会公平竞争和团结合作;能够识别并预防焦虑抑郁等心理问题。C项属于高中阶段的目标。本题为选非题,故选C项。

2022年浙江省台州市(椒江区、路桥区)中小学教师招聘考试教育基础知识真题试卷(五)

一、单项选择题

1. A 【解析】本题考查教育的功能。教育功能按作用的方向可分为正向功能和负向功能。教育功能按呈现的形式可分为显性功能和隐性功能。其中,显性功能指依照教育目的、任务和价值期待,教育在实际运行中所体现出来的与之相符合的功能。题干中,甄老师以培养学生的爱国情感为教育目的,组织学生认识国旗和国徽,且学生在课后的表现(爱国情感有所提升)与该教育目的相符。这是符合预期的,故属于教育的显性功能。

易错提示:考生可根据"预期"一词来区分教育的显性功能和隐性功能。显性功能是符合预期的;隐性功能是非预期的。另外,显性功能与隐性功能的区分是相对的,一旦隐性的潜在功能被有意识地开发、利用,就转变成了显性教育功能。

2. C 【解析】本题考查柏拉图的教育思想。柏拉图的教育思想集中体现在其代表作《理想国》中,他认为教育与政治有着密切的联系。在理想国中,他把人分为哲学家、军人和劳动者三个等级或集团,理想国中教育的最高目标是培养哲学家兼政治家的哲学王。

3. B 【解析】本题考查教育与人的发展的关系。A项,教育,从逻辑上讲既是特殊的实践,又是特殊的环境。由于这种特殊性,使得在影响人的发展的因素中,教育对人的发展特别是对年青一代的发展起着主导作用和促进作用。A项说法正确。

B项,学校教育给人的影响比较全面、系统和深刻。学校教育保证了教育教学的良好秩序,同时又具有系统而积极、正面的学习内容。而环境中其他方面的影响,往往是自发的、偶然的、片段的,是不能与学校教育相比拟的。相比于社会教育、家庭教育、自学成才等教育形式和方式,学校教育速度更快、效果更显著。B项说法错误。

C项,人的发展的阶段性是指,个体身心发展在不同的年龄阶段表现出不同的总体特征及主要矛盾,面临着不同的发展任务。这决定了教育工作必须根据不同年龄阶段的特点分阶段进行,不能搞"一刀切""一锅煮"。C项说法正确。

D项,人的发展的不平衡性,一方面是指身心发展的同一方面的发展速度,在不同的年龄阶段是不平衡的;另一方面是就个体身心发展的不同方面而言的。这要求教育教学要抓住关键期,以求在最短的时间内取得最佳的效果。D项说法正确。

综上所述,本题选B项。

4. D 【解析】本题考查义务教育阶段在德育方面的要求。普通中学在德育方面的要求是:帮助学生初步了解马克思主义的基本观点和中国特色社会主义理论;让学生热爱党,热爱人民,热爱祖国,热爱劳动,热爱科学;培养学生勇于开拓的思维方法和科学精神,形成社会主义的现代文明意识和道德观念;使学生养成适应不断改革开放形势的开放心态和应变能力。故选D项。

5. B 【解析】本题考查课程的类型。综合课程是指打破传统的分科课程的知识领域,组合两门或两门以上学科领域而构成的一门学科。题干中的学校将物理课与劳动实践课组合起来构成的一门新课程,就属于综合课程。

6. D 【解析】本题考查现代学生观。现代学生观包括:(1)学生是发展中的人,要用发展的观点认识学生;(2)学生是独特的人;(3)学生是具有独立意义的人。其中,把学生看成是独特的人,包含以下三个基本含义:(1)学生是完整的人。在教育活动中,必须反对那种割裂人的完整性的做法,还学生完整的生活世界,丰富学生的精神生活,给予学生全面展现个性力量的时间和空间。(2)每个学生都有自身的独特性。独特性也意味着差异性,尊重差异,不仅是教育的基础,也是学生发展的前提,要尊重学生的差异,使每个学生都得到完全、自由的发展。(3)学生与成人之间存在着巨大的差异。故选D项。

7. C 【解析】本题考查教学过程的基本阶段。教学过程大致分为以下五个阶段:激发学习动机、领会知识、巩固知识、运用知识、检查知识。其中,检查知识是指教师通过作业、提问、测验等方式对学生的学习效果进行考查的过程。检查知识的目的在于使教师及时获得关于教学效果的反馈信息,以调整教学进程与要求,并帮助学生了解自己掌握知识技能的情况,以便及时改进。故题干所述属于教学过程中的检查知识环节。

8. A 【解析】本题考查教学原则。思想性(教育性)和科学性相统一的原则是指教学要以马克思主义为指导,授予学生科学知识,并结合知识教学对学生进行社会主义品德和正确人生观、科学世界观教育。这一原则的实质是要求在教学活动中把教书和育人有机地结合起来。何老师注重教书的同时也注重育人,善于挖掘教材内容,重视对学生价值观进行正向引导。这体现了科学性与思想性相统一的原则。

9. A 【解析】本题考查教学评价的类型。根据教学评价的作用,教学评价可以分为诊断性评价、形成性评价和总结性评价。根据评价采用的标准,教学评价可以分为相对性评价、绝对性评价和个体内差异评价。

A项，形成性评价是在教学过程中为改进和完善教学活动而进行的对学生学习过程及结果的评价。它包括在一节课或一个课题的教学中对学生的口头提问和书面测验。詹老师在一节课快结束时进行的快问快答，就是在一节课中对学生进行的口头提问，属于形成性评价，A项当选。

B项，诊断性评价是在学期开始或一个单元教学开始时，为了了解学生的学习准备状况及影响学习的因素而进行的评价。詹老师进行评价时课程已经接近尾声，B项不选。

C项，总结性评价也称为终结性评价，是在一个大的学习阶段、一个学期或一门课程结束时对学生学习结果的评价。詹老师进行的“快问快答”主要为一节课服务，不涉及大的学习阶段，C项不选。

D项，相对性评价主要依据学生个人的学习成绩在该班学生成绩序列或常模中所处的位置来评价和决定他的成绩的优劣，而不考虑是否达到教学目标的要求。詹老师进行的“快问快答”不涉及学生的成绩序列，D项不选。

10. B 【解析】本题考查思维的类型。根据思维过程中是以日常经验还是以理论为指导来划分，可将思维分为经验思维和理论思维。经验思维是以日常经验为依据，判断生产、生活中的问题的思维。理论思维是以科学的原理、定理、定律等理论为依据，对问题进行分析、判断的思维。题干中强调利用“三角形具有稳定性”这一知识点（定理）推测照相机的三脚架的功能，这属于理论思维。

11. C 【解析】本题考查感觉的规律。感觉对比是同一感受器接受不同的刺激，而使感受性发生变化的现象。题干中学生从操场进入教室（接受不同的刺激），觉得教室更凉快（感受性发生变化），这属于感觉对比。

12. D 【解析】本题考查记忆的分类。根据信息加工与存储的内容不同，可将记忆分为陈述性记忆和程序性记忆。陈述性记忆是对有关事实和事件的记忆，如知识和常识。程序性记忆是对如何做事情的记忆，包括对知觉技能、认知技能和运动技能的记忆。题干中学生对古诗词的记忆是对知识的记忆，这属于陈述性记忆。

13. B 【解析】本题考查操作性条件作用的基本规律。强化有正强化和负强化之分。正强化是通过呈现想要的愉快刺激来增强反应频率；负强化是通过消除或中止厌恶、不愉快刺激来增强反应频率。正惩罚（呈现性惩罚）是通过施加不愉快刺激来降低反应频率。负惩罚（移除性惩罚）是通过取消愉快刺激来降低反应频率。题干中，朱老师通过免去扫地（不愉快刺激）来增加学生晨跑的积极性，属于负强化。故选B项。

14. D 【解析】本题考查斯金纳的操作性条件作用理论。斯金纳把人和动物的行为分为两类:应答性行为和操作性行为。应答性行为是由特定刺激引起的,是不随意的反射性反应;而操作性行为则不与任何特定刺激相联系,是有机体自发做出的随意反应。故选D项。

15. A 【解析】本题考查托尔曼的符号学习理论。托尔曼认为,学习的目的性是人类学习区别于动物学习的主要标志。

16. C 【解析】本题考查学习动机的功能。学习动机的功能包括激发功能、指向功能、维持功能和调节功能。其中,维持功能表现为学习动机能够使学生在学习过程中,集中注意力,克服影响,提高努力程度,遇到困难时坚持不懈,直达学习目的。同时,在日常的学习中,学习动机的维持功能保持了学生稳定的学习状态,学生表现出勤奋好学、克服其他诱惑、坚持不懈的良好品质。题干中小麦在学习过程中能够集中注意力,克服玩游戏的诱惑,这体现了学习动机的维持功能。

17. A 【解析】本题考查科文顿的自我价值感理论。自我价值感理论将动机类型划分为:高驱低避型、低驱高避型、高驱高避型和低驱低避型。(1)高驱低避型又称为"成功定向者"。这种动机类型的学生拥有无穷的好奇心,表现得自信、机智,对学习有极高的自我卷入水平。(2)低驱高避型又称为"逃避失败者"。对于这类学生,逃避失败要比对成功的期望重要。(3)高驱高避型又称为"过度努力者"。具有这种动机形式的人同时受到成功的诱惑和失败的恐惧,他们对一项任务怀有既追求又排斥的冲突情绪,他们兼具了成功定向者和避免失败者的特点。(4)低驱低避型又称为"失败接受者"。他们没有对成功自豪的期望,也没有对羞耻感的恐惧。A项属于高驱低避型的表现,B项属于低驱低避型的表现,C项属于高驱高避型的表现,D项属于低驱高避型的表现。故选A项。

18. D 【解析】本题考查性格的结构特征。性格的结构特征包括态度特征、意志特征、情绪特征和理智特征。其中,性格的理智特征是指个体在感知、记忆、想象、思维等认知过程中表现出来的认知特点和风格,如认知活动中的独立性和依赖性,独立性者能根据自己的任务和兴趣主动地进行观察,善于独立思考;依赖性者则容易受到无关因素的干扰,愿意借用现成的答案。

19. B 【解析】本题考查教师职业的本质要求。爱岗敬业是教师职业的本质要求。教师爱岗敬业就是要把教书育人作为终身职业,把自己的理想、信念、青春、才智毫不保留地献给学生和教育事业,做好本职工作,把一点一滴的小事做好,把一分一秒的时间抓牢。故选B项。

20. D 【解析】本题考查《中华人民共和国教育法》。根据《中华人民共和国教育法》第四十四条规定可知,受教育者应当履行遵守学生行为规范,尊敬师长,养成良好的思想品德和行为习惯的义务。故A项说法正确。根据《中华人民共和国教育法》第八条规定,教育活动必须符合国家和社会公共利益。故B项说法正确。根据《中华人民共和国教育法》第二十七条规定可知,设立学校及其他教育机构,必须有必备的办学资金和稳定的经费来源。故C项说法正确。根据《中华人民共和国教育法》第六十二条规定,国家鼓励运用金融、信贷手段,支持教育事业的发展。故D项说法错误。本题为选非题,故选D项。

二、简答题(参考答案)

21. 请简述义务教育的基础性主要表现在哪些方面。

所谓基础性是指义务教育是基础教育,其目的是为提高民族素质、培养"四有"的社会主义人才奠定基础。主要表现在:

(1)义务教育作为依法强制适龄儿童、少年接受一定年限教育的制度,一般都是基础教育的一部分或包括基础教育制度。公民接受一定的基础教育是促进个体社会化的必要途径,是社会健康发展的保证。

(2)义务教育是一种全民性的教育,而不是英才教育,其根本的目的是使全体适龄儿童、少年在德、智、体、美、劳等方面全面发展,为提高民族素质、培养社会主义的建设人才奠定基础。

(共10分。答出基础性的概念2分;答出基础性的表现8分,每点4分)

22. 请简述德育原则中的教育影响的一致性与连贯性原则的基本含义和贯彻要求。

(1)基本含义:教育影响的一致性与连贯性原则是指在德育工作中,教育者应主动协调多方面教育力量,统一认识和步调,有计划、有系统、前后连贯地教育学生,发挥教育的整体功能,培养学生正确的思想品德。

(2)贯彻要求:①充分发挥教师集体的作用,统一学校内部的多种教育力量,使之成为一个分工合作的优化群体;②争取家长和社会的配合,主动协调好与家庭、社会教育的关系,逐步形成以学校为中心的"三位一体"的德育网络;③保持德育工作的经常性和制度化,处理好衔接工作,保证对学生影响的连续性、系统性,使学生的思想品德得以循序渐进地持续发展。

(共10分。基本含义4分,答出"多方面教育力量""统一认识""前后连贯""整体功能"等关键词可得2分;贯彻要求6分,每点2分,答出"统一学校内部力量""三位一体""德育工作的经常性"等关键词可得3分)

23. 请简述桑代克提出的学习定律。

桑代克提出学习要遵循三条学习定律:(1)准备律是指联结的加强或削弱取决于

学习者的心理准备和心理调节状态。(2)练习律是指刺激与反应之间的联结会由于重复或练习而加强;不重复或不练习,联结的力量就会减弱。(3)效果律是指刺激和反应之间的联结可因导致满意的结果而加强,也可因导致烦恼的结果而减弱。

(共10分。答出学习定律的条数1分;答出“准备律”“练习律”“效果律”三条学习定律,每点1.5分;合理阐述各学习定律,每点1.5分)

三、案例分析题(参考答案)

24.(1)季老师的教育行为偏重专断型,违背了班级管理的民主性,伤害了学生的自尊心,忽视了学生在班级管理中的主体性,是不合理的。具体分析如下:

①在班级纪律整治中,季老师强制学生参加投票,并且规定不参加投票的学生以后站着上课。这一行为表明季老师在管理中独断专行,没有做到民主管理。

②季老师让学生用投票的方式选出纪律最差的学生,并且当众公布投票结果。这一行为严重打击了学生的自尊心,也不利于班级的团结。

③在班级纪律整治中,季老师没有询问学生的意见,反而强迫学生按照自己的想法行事。这一行为表明季老师忽视了学生在班级管理中的主体性,没有做到以学生为本。

(2)针对A班的情况,教师可从以下方面进行班集体建设:

①确定班集体的发展目标。目标是集体发展的方向和动力,一个班集体只有具有共同的目标,才能使班级成员在认识上和行动上保持统一,才能推动班集体的发展。针对A班课堂纪律差的情况,教师可以先确定班集体的发展目标,引导学生朝着目标努力。

②建立得力的班集体核心。得力的班集体核心是班主任的左膀右臂,是维护和推动班级工作的有力助手,是带动全班同学实现集体发展目标的核心。针对A班的情况,教师可先从A班中发现并选拔出热心为集体服务、团结同学且具有一定管理能力的学生干部,让他们协助自己进行班级纪律管理。

③建立班集体的正常秩序。班集体的正常秩序是维持和控制学生在校生活的基本条件,是教师开展工作的重要保证。教师可先在A班公布一些必要的规章制度、共同的生活准则以及一定的生活规律。

④组织形式多样的教育活动。班集体是在全班同学参加各种教育活动的过程中逐步成长起来的,而各种教育活动又可以使每个人都有机会为集体出力并展示自己的才能。教师可通过组织主题教育活动,使学生在活动过程中受到教育。

⑤培养正确的舆论和良好的班风。班集体舆论是班集体生活与成员意愿的反映。正确的班集体舆论是一种巨大的教育力量,对班集体每个成员都有约束、激励作

用，是教育集体成员的重要手段。针对A班课堂纪律差的情况，教师可从培养良好的班风入手，从而约束、激励学生。

（共15分。判断季老师的教育行为1分；具体分析6分，从“违背民主”“打击自尊心”“忽视主体性”等方面分析季老师的行为，至少能阐述3个方面，每个方面2分；针对A班情况提出建议8分，从“确定班集体的发展目标”“建立得力的班集体核心”“建立班集体的正常秩序”“组织形式多样的教育活动”“培养正确的舆论和良好的班风”等方面提出教育建议，至少能提出4个建议，每个建议2分）

2022年浙江省宁波市中小学教师招聘考试教育理论基础知识真题试卷（六）

一、判断题

1. × 【解析】本题考查维果斯基的最近发展区理论。在维果斯基看来，教学的可能性由学生的最近发展区决定，“教学应该走在发展的前面”。故题干说法错误。

2. √ 【解析】本题考查建构主义学生观。建构主义者强调，学生并不是空着脑袋走进教室的。教学不能忽视学生的已有经验，而是要把儿童现有的知识经验作为新知识的生长点，引导儿童从原有的知识经验中发展出新的知识经验。

3. √ 【解析】本题考查发现学习的相关知识。美国心理学家奥苏伯尔指出，发现学习是指人类个体经验的获得是来源于学习活动中主体对经验的直接发现或创造，并非由他人的传授而得。接受学习是指人类个体经验的获得是来源于学习活动中主体对他人经验的接受，把别人发现的经验经过掌握、占有或吸收，转化为自己的经验。必须注意的是，相较其他学习方法，发现学习是一种不经济的方法，只能偶尔为之，而不能作为课堂教学中的一种占主导地位的方法来使用。

4. √ 【解析】本题考查教学评价。档案袋评价法是一种综合评价方法，是指将学生在学校及课外活动中的各类表现归档，然后根据这些资料，用一种具体明确的、完整定义的程序进行评价。

5. × 【解析】本题考查教师期望效应。教师期望效应也叫罗森塔尔效应或皮格马利翁效应，即教师的期望或明或暗地传递给学生，会使学生按照教师所期望的方向来塑造自己的行为。有两类教师期望效应。第一类为自我应验效应，即由原先错误的期望引起并把这个错误的期望变成现实的行为；第二类是维持性期望效应，即教师认为学生将维持以前的发展模式，其问题在于，如果教师认可这种模式，那么他将很难注意和利用学生潜在能力的发展。故教师期望效应并不总是有利于学生的发展，题干中并未指明是哪种期望，故说法错误。

6. √ 【解析】本题考查认知风格的类型。沉思型的学生的知觉与思维方式以反思为特征，在解决认知任务时，总是谨慎、全面地检查各种假设，在确认没有问题的情况下才会给出答案。这种类型的学生在做出回答之前倾向于进行深思熟虑的、计算的、分析性的和逻辑的思考，往往先评估各种可替代的答案，然后给予较有把握的答案，解决问题的速度虽然慢，但错误率很低，在解决高层次问题时占优势。故题干说法正确。

7. × 【解析】本题考查学生记忆的发展。对于具体形象记忆的认识，有些人容易产生误解，以为具体形象记忆比起词的抽象记忆来，是一种处于较早阶段和较低水平的记忆，甚至认为抽象记忆出现以后，具体形象记忆就没有意义了。事实上，在学习过程中，具体形象记忆和词的抽象记忆都是必要的，在教学中，两者都具有重要的作用。感性认识和理性认识是不可分的，教师的任务在于：一方面使学生掌握充分的、具体的实际材料；另一方面从具体的实际材料出发，不断发展学生的词的抽象记忆，从而使感性认识提高到理性认识。故题干说法错误。

8. × 【解析】本题考查韦纳的归因理论。根据韦纳的归因理论可知，努力属于内部、不稳定、可控的因素。故题干说法错误。

9. √ 【解析】本题考查科尔伯格的道德发展阶段理论。科尔伯格将道德判断分为三个水平，每一水平包含两个阶段，六个阶段依照由低到高的层次发展。其中，前习俗水平包括服从与惩罚的道德定向阶段和相对功利的道德定向阶段。处于相对功利的道德定向阶段的儿童的道德价值来自对自己要求的满足，偶尔也来自对他人需要的满足。在进行道德评价时，儿童开始从不同角度将行为与需要联系起来，但具有较强的自我中心性，认为符合自己需要的行为就是正确的。故题干所述符合前习俗水平中的相对功利的道德定向阶段的表现。

10. × 【解析】本题考查《中华人民共和国义务教育法》。根据《中华人民共和国义务教育法》第二十七条规定，对违反学校管理制度的学生，学校应当予以批评教育，不得开除。

二、单项选择题

1. C 【解析】本题考查读书指导法。读书指导法是指教师指导学生通过阅读教科书和其他参考书，以获得知识、巩固知识、培养学生自学能力的一种方法。运用读书指导法的基本要求包括：(1)提出明确的目的、要求和思考题。(2)教给学生读书的方法。(3)善于在读书中发现问题和解决问题。读书要深入，关键在于对所学知识能否产生疑惑、提出问题进而解决问题。正如朱熹所言："读书无疑者，须教有疑；有疑者，却要无疑，到这里方是长进。"(4)适当组织学生交流读书心得。故选C项。

2. A 【解析】本题考查教育活动的结构。一般认为，构成教育活动的基本要素是教育者、受教育者(学习者)和教育影响。

受教育者既包括在校学习的学生,也包括各种形式成人教育中的学习者。故A项说法错误。

教育者是指能够在一定社会背景下促进个体社会化和社会个性化活动的人。故B项说法正确。

从法律角度看,受教育者是教育活动的自然人,他们与教育者是平等的,在接受思想、品德、知识、技能、行为以及智慧、性格等方面的影响时具有主观能动性。故C项说法正确。

教育影响即教育活动中教育者作用于学习者的全部信息,既包括了信息的内容,也包括了信息选择、传递和反馈的形式,是内容与形式的统一。故D项说法正确。

易错提示:教育者≠教师;受教育者(学习者)≠学生。

3. B 【解析】本题考查教学原则。直观性原则是指在教学活动中,教师应尽量利用学生的多种感官和已有的经验,通过各种形式的感知,使学生获得生动的表象,从而比较全面、深刻地掌握知识。运用直观性原则需注意:(1)正确选择直观教具和教学手段;(2)重视运用言语直观;(3)直观教具的演示要与语言讲解结合起来。故题干所述体现了教学的直观性原则,选B项。

4. A 【解析】本题考查支架式教学的相关知识。支架式教学,即在学生试图解决超出当前知识水平的问题时给予支持和指导,帮助其顺利通过最近发展区,使之最终能够独立完成任务。支架式教学可采用的方式有:(1)把学生要学习的内容分割成许多便于掌握的片段;(2)向学生示范要掌握的技能;(3)提供有提示的练习等。题干中语文老师将教学内容分解成几个步骤让学生学习,这属于支架式教学。故选A项。

5. C 【解析】本题考查课程目标取向。表现性目标指在教育情境的种种遭遇中每一个学生个性化的创造性表现。它关注学生的创造精神、批判思维,适合以学生活动为主的课程安排。它期望的不是学生反应的一致性,而是反应的多样性、个体性。让学生谈“自己看到的有意思的事”关注的是学生的个性化发展和创造性表现,故题干所述属于表现性目标取向。

易错提示:考生易因对四类课程目标取向的理解不到位而错选。应注意:

普遍性目标	对各门学科都有普遍的指导价值。具有普遍性、方向性、指令性的特点
行为性目标	具体、明确,便于操作、评价。对学习以训练知识、技能为主的课程内容较为适合
生成性目标	不事先规定,随着教育过程的展开而自然生成
表现性目标	期望的不是学生反应的一致性,而是反应的多样性、个体性

6. B 【解析】本题考查观察学习的效应。抑制效应指观察者看到他人的不良(或良好)行为受到社会谴责,观察者会暂时抑制受到谴责的不良(或良好)行为。题干中

强调其他学生看到小鸥答错问题后被老师批评了，都减少了举手回答问题的次数，这符合抑制效应的内涵。故选B项。

易错提示：观察学习的效应是易混点，考生可抓住各自的关键点进行区分。习得效应强调习得新的技能和行为模式；抑制效应强调暂时抑制受到谴责的不良(或良好)行为；去抑制效应强调原本受到抑制的不良行为重新发作；反应促进效应强调促进新的学习或加强原先习得的行为。

7. A 【解析】本题考查学习动机的种类。内部学习动机是指诱因来自学习者本身的内在因素，即学生因对活动本身发生兴趣而产生的动机。外部学习动机是指诱因来自学习者外部的某种因素，即在学习活动以外由外部的诱因激发出来的学习动机。红红对画画感兴趣而努力学习画画，这属于内部动机；梦梦为了得到英语老师的夸奖而努力学习英语，这属于外部动机。因此，答案选A项。

8. C 【解析】本题考查自我防御机制。退回到前面的发展阶段是退行，是指一个人遇到困难的时候放弃已学到的比较成熟的应对技巧和方式，而使用原先比较幼稚的方式去应付困难和满足自己的欲望。故题干所述符合退行的概念。

9. D 【解析】本题考查学习迁移的种类。顺向迁移是指先前学习对后继学习产生的影响。题干中强调先学习的三棱锥的体积公式对后学习的四棱锥的体积公式的促进作用，这属于顺向迁移。故选D项。

易错提示：学习迁移的种类是考试的重点，考生在区分时应注意：普遍迁移即原理、原则和态度的具体应用；纵向迁移强调不同水平的学习活动之间产生的影响；负迁移强调阻碍作用；顺向迁移强调先前学习对后继学习的影响。

10. C 【解析】本题考查教师的义务。根据《中华人民共和国教师法》第八条规定，教师应当履行下列义务：(1)遵守宪法、法律和职业道德，为人师表；(2)贯彻国家的教育方针，遵守规章制度，执行学校的教学计划，履行教师聘约，完成教育教学工作任务；(3)对学生进行宪法所确定的基本原则的教育和爱国主义、民族团结的教育，法制教育以及思想品德、文化、科学技术教育，组织、带领学生开展有益的社会活动；(4)关心、爱护全体学生，尊重学生人格，促进学生在品德、智力、体质等方面全面发展；(5)制止有害于学生的行为或者其他侵犯学生合法权益的行为，批评和抵制有害于学生健康成长的现象；(6)不断提高思想政治觉悟和教育教学业务水平。A、B、D三项属于教师的义务，C项属于教师的权利，故选C项。

2022年浙江省宁波市镇海区中小学教师招聘考试真题试卷(七)

一、判断题

1. √ 【解析】本题考查时政知识。2022年5月，教育部、国家新闻出版署、中央网信办、文化和旅游部、市场监管总局联合印发了《关于教材工作责任追究的指导意见》，该意见的内容之一是把握基本原则，提出教材工作责任追究要坚持依法依规、全面覆盖、客观公正、惩建结合的基本原则。

2. × 【解析】本题考查教师期望效应。教师期望效应也叫罗森塔尔效应或皮格马利翁效应，即教师的期望或明或暗地传递给学生，会使学生按照教师所期望的方向来塑造自己的行为。有两类教师期望效应。第一类为自我应验效应，即由原先错误的期望引起并把这个错误的期望变成现实的行为；第二类是维持性期望效应，即教师认为学生将维持以前的发展模式，其问题在于，如果教师认可这种模式，那么他将很难注意和利用学生潜在能力的发展。故教师期望效应并不总是有利于学生的发展，题干中并未指明是哪种期望，故说法错误。

3. × 【解析】本题考查斯金纳的观点。从巴甫洛夫的经典条件反射学说和两种信号系统学说到斯金纳的操作性条件反射学说，都认为语言的发展是一系列刺激反应的连锁和结合。斯金纳还专门写了《言语行为》一书，提出了两个主要论点：(1)环境因素，即当场受到的刺激和强化历程，对言语行为的形成和发展具有决定性影响。(2)强化是语言学习的必要条件，也是使成人的言语反应继续发生的必要条件。强化刺激的出现频率、出现方式或者停止出现，对于言语行为的形成和巩固非常重要。

4. × 【解析】本题考查教师的权利。根据《中华人民共和国教师法》第七条规定可知，教师享有指导学生的学习和发展，评定学生的品行和学业成绩的权利。根据《中华人民共和国未成年人保护法》第六十三条规定，除下列情形外，任何组织或者个人不得开拆、查阅未成年人的信件、日记、电子邮件或者其他网络通讯内容：(1)无民事行为能力未成年人的父母或者其他监护人代未成年人开拆、查阅；(2)因国家安全或者追查刑事犯罪依法进行检查；(3)紧急情况下为了保护未成年人本人的人身安全。因此，教师可以指导学生的作文，但不能指导日记和信件。故题干说法错误。

5. √ 【解析】本题考查自我效能感的影响因素。自我效能感的影响因素包括个人自身行为的成败经验、替代经验、言语说服(言语暗示)和情绪唤醒。其中，言语说服是凭借说服性的建议、劝告、解释和自我引导，来改变人们自我效能感的一种方法。它使用简便，是一种极为常用的方法。但依靠这种方法形成的自我效能感不易持久，一旦面临令人困惑或困难的情境时，就会迅速消失。故题干说法正确。

6. × 【解析】本题考查学习理论。桑代克提出学习要遵循三条原则，即准备律、练习律和效果律。巴甫洛夫的经典性条件作用理论的主要规律包括泛化与分化、消退、恢复。故题干说法错误。

7. × 【解析】本题考查气质类型。胆汁质的人情绪兴奋性高、抑制能力差，反应速度快，精力旺盛、争强好胜，为人直率但是鲁莽冒失，易感情用事，刚愎自用，容易冲动，心境变化剧烈。多血质的人情绪兴奋性高，外部表露明显，反应速度快而灵活，活泼好动，动作敏捷，善于交往但交情浅，缺乏耐心，稳定性差，见异思迁，兴趣广泛而不持久，注意力易转移，情感丰富但不够深刻稳定。根据题干中的关键词“精力旺盛”“鲁莽冒失”可知，李明属于胆汁质。

8. × 【解析】本题考查积极归因训练。我国学者隋光远提出的“积极归因训练”模式是改变学生不正确的归因、提高学生学习动机的一条很有效的途径。他认为成功与失败都是与努力直接联系在一起的，如果学生在学习中失败的话，他一般会把原因归于自己不努力，如果更努力的话，就不会失败，就会有更好的结果。他认为如果这样理解失败，则不会打击学生学习的积极性，破坏其良好的内部学习动机。因此，教师应当引导张路将失利的原因归结为努力不够。

9. √ 【解析】本题考查加涅的学习结果分类。按学习结果，心理学家加涅将学习分为智慧技能、认知策略、言语信息、动作技能和态度五种类型。其中，态度指影响个人对人、事、物采取行动的内部状态。题干中小王看完《长津湖》后，对志愿军产生了敬佩之情，这属于态度的学习。

10. √ 【解析】本题考查《教师资格条例》。根据《教师资格条例》第十九条规定，有下列情形之一的，由县级以上人民政府教育行政部门撤销其教师资格：(1)弄虚作假、骗取教师资格的；(2)品行不良、侮辱学生，影响恶劣的。

二、单项选择题

1. B 【解析】本题考查时政知识。2022年1月1日起正式施行的《中华人民共和国家庭教育促进法》规定，每年5月15日国际家庭日所在周为“全国家庭教育宣传周”。为有力推动《中华人民共和国家庭教育促进法》宣传实施，全国妇联、教育部于2022年5月9日至15日开展首个“全国家庭教育宣传周”活动。活动以“送法进万家 家教伴成长”为主题，弘扬传承中华民族家庭美德，树立良好家风，推动形成家庭文明新风尚。

2. D 【解析】本题考查习近平总书记关于教育工作的论述。习近平总书记强调，“思想政治工作是学校各项工作的生命线”，中小学校要把思想政治工作紧紧抓在手上、落在实处，把政治标准和政治要求贯穿办学治校、教书育人全过程各方面，融入式、嵌入式、渗入式地全方位开展思想政治工作。既要加强正面引导，深入开展社会主义核心价值观教育，抓好学生德育工作，把弘扬革命传统、传承红色基因深刻融入到学校教育中来，厚植爱党、爱国、爱人民、爱社会主义的情感，努力培养德智体美劳全面发展的社会主义建设者和接班人，帮助少年扣好人生第一粒扣子；更要坚决防范和清除各种错误政治思潮、分裂主义、宗教活动对未成年人的侵蚀，增强斗争精神，牢牢掌握意识形态工作主动权，用马克思主义占领、守住中小学校意识形态阵地。故选

D项。

3. D 【解析】本题考查《学记》的教育思想。题干引文出自《学记》:“大学之教也,时教必有正业,退息必有居学。不学操缦,不能安弦;不学博依,不能安诗;不学杂服,不能安礼。不兴其艺,不能乐学。故君子之于学也,藏焉修焉,息焉游焉。”意思是学生不仅要有正课的学习,还要有业余爱好,课外的学习有助于正课的学习。如果课外不弹奏各种乐器,课内就不能熟练地学习琴瑟;课外不学习歌咏,不吟咏杂诗,课内就不能深刻地理解《诗经》;课外不练习洒扫应对进退这些杂事,课内就不能很好地学习礼仪。同时还要处理好学习和游乐的关系。教育史学家把它概括为“藏息相辅”的原则,即正课学习与课外练习兼顾,课内与课外相结合,相互补充。

4. C 【解析】本题考查课程目标取向的类型。课程目标的基本取向包括:(1)普遍性目标取向;(2)行为性目标取向;(3)生成性目标取向;(4)表现性目标取向。其中,表现性目标指在教育情境的种种遭遇中每一个学生个性化的创造性表现,是生成性目标的进一步发展。它关注学生的创造精神、批判思维,适合以学生活动为主的课程安排。例如,在一个星期内读完《红与黑》,讨论时列出你印象最深刻的三件事;参观动物园,讨论在那里看到的最有趣的几件事。故选C项。

5. A 【解析】本题考查榜样示范法。榜样示范法是以他人的高尚品德、模范行为和卓越成就来影响学生品德的方法。为了充分有效地发挥榜样的作用,应遵循以下要求:(1)榜样必须真实可信。任何榜样都是社会集体中的成员,不可能尽善尽美。教师在宣传榜样的事迹时,不能人为地夸大、拔高。要客观地、全面地展示其全部的成长过程,要如实地反映其真正具有的高尚的思想品德。(2)要帮助学生缩短角色距离。教师要善于找到榜样和学生之间沟通的联结点;要引导学生学习榜样的根本精神,而不是单纯从形式上模仿其具体言行。除此之外,为了缩短学生与榜样之间的心理距离,还要尽可能在学生身边寻找学习的榜样。(3)要促使榜样成为学生自律的力量。榜样不能只是作为一种凌驾于常人之上的、外在的力量来规范人、约束人,榜样也是生活在现实生活条件下的活生生的人,不能把榜样与学生人为地隔离开来。故A项说法错误,榜样的事迹需要客观、真实、可信,而不是生动、形象。

6. A 【解析】本题考查教师成长的阶段。福勒和布朗根据教师的需要和不同时期所关注的焦点问题,把教师的成长划分为关注生存、关注情境和关注学生三个阶段。其中,处于关注生存阶段的一般是新教师,他们非常关注自己的生存适应性,最担心的问题是“学生喜欢我吗”“同事们如何看我”“领导是否觉得我干得不错”等。因而,可能会把大量的时间花在如何与学生搞好个人关系上,想方设法控制学生,而不是更多地考虑如何让学生获得学习上的进步。故题干所述说明胡老师处于教师成长的关注生存阶段。

7. D 【解析】本题考查培养学生自尊心的先决条件。教育心理学家古柏史密斯在其所著《自尊心的养成》一书中，提出培养学生自尊心的三个先决条件。(1)重要感，指个人觉得他的存在是重要的和有意义的。(2)成就感，指个人能在具有挑战性的工作中表现出成就，而且能达到自己的预期目标，这时会产生一种完美感受。(3)力量感，指个人感觉到自己有处理事务和适应困境的能力。

8. B 【解析】本题考查影响问题解决的因素。当一个人长期致力于某一问题的解决而又百思不得其解的时候，如果他暂时停下对这个问题的思考而去做别的事情，几小时、几天或几周之后，他可能会忽然想到解决的办法，这就是酝酿效应。故题干所述属于问题解决中的酝酿效应。

9. A 【解析】本题考查注意理论。在注意的认知资源理论的基础上，谢夫林和施奈德提出了注意的双加工理论。该理论认为，人类的认知加工分为两类：自动化加工和受意识控制的加工。其中，自动化加工不受认知资源的限制，不需要注意，是自动进行的。这些加工过程由适当的刺激引发，发生得比较快，也不影响其他的加工过程。在习得或形成之后，其加工过程比较难改变。而受意识控制的加工受认知资源的限制，需要注意的参与，可以随环境的变化而不断进行调整。题干中小学生在数字计算上需要花费大量的时间，到初中和高中阶段的速度越来越快，这属于自动化加工。故选A项。近因效应是指在总体印象形成上，新近获得的信息比原来获得的信息影响更大的现象。过度学习是指学习达到恰能背诵之后再继续学习。注意偏向指的是个体在注意上选择性加工某些刺激。故排除B、C、D三项。

10. C 【解析】本题考查教师的权利和义务。根据《中华人民共和国教师法》第八条规定，教师应当履行下列义务：(1)遵守宪法、法律和职业道德，为人师表；(2)贯彻国家的教育方针，遵守规章制度，执行学校的教学计划，履行教师聘约，完成教育教学工作任务；(3)对学生进行宪法所确定的基本原则的教育和爱国主义、民族团结的教育，法制教育以及思想品德、文化、科学技术教育，组织、带领学生开展有益的社会活动；(4)关心、爱护全体学生，尊重学生人格，促进学生在品德、智力、体质等方面全面发展；(5)制止有害于学生的行为或者其他侵犯学生合法权益的行为，批评和抵制有害于学生健康成长的现象；(6)不断提高思想政治觉悟和教育教学业务水平。故A、B、D三项属于教师应当履行的义务。C项属于教师享有的权利。本题为选非题，故选C项。

三、材料分析题(参考答案)

针对以上的课堂现象，教师可以采取以下的应对方法：

(1)预防为主。首先，课堂管理是对所有学生的管理，教师需要具备多种行为管理的工具，有效的管理方法就是按照80-15-5的需要来分别准备。第一，集中精力重点发展组织策略和战术，满足80%学生的需要，预防可能发生的问题，防患于未然。第二，当学生有偏离期望的行为时，教师就应该用一些精力来干预。第三，只有极少数的学生需要特殊的行为矫正，需要使用矫正技巧。其次，教师还需要重视学生的学情和求知欲，少讲学生已经会的知识，多传授学生不会的知识，让课堂变得更有魅力和吸引力。此外，要重视提前制定课堂规则。利用开学前的几周进行严谨的课堂常规制定和训练，让学生知晓什么可为和什么不可为，知道每种行为背后会随之而来的奖惩。教师也要在日常教学中，做到言必信，行必果。

(2)干预有方。再好的预防也难以避免出现一些课堂行为问题，这时就需要教师恰当地采取干预的手段。采取干预手段需要遵循以下两个原则：①最小干预。教师在有效阻止和抑制不良课堂行为时，尽量不要中断正常的教学过程，最好能够结合课堂内容巧妙地化解意外的课堂干扰。②不良变优良。合理处理不良课堂行为，正是促进学生发展正确课堂行为的时机。

(3)用爱感化，他律变自律。关于那5%的学生，学校的宏观教育对他们没有起到积极的作用，但是如果教师也放弃他们，后果更不堪设想。其实他们只是需要额外的注意、支持和专业的行为矫正。教师对待这5%的学生，最有效的办法就是让爱和教师的期待，走进学生的心灵，去努力改变他们一生的命运，避免给学生过早地贴标签，促使他们破罐子破摔。

(共10分。从“预防为主”“干预有方”“用爱感化，他律变自律”等方面分析教师如何维持良好的课堂环境，预防学生不良行为的发生，理论依据准确、充分5分，具体做法5分)

2022年浙江省绍兴市(越城区、柯桥区、上虞区)中学教师招聘考试教育基础知识真题试卷(八)

一、单项选择题

1. D 【解析】本题考查我国教育目的的理论基础。马克思主义关于人的全面发展学说是我国确定教育目的的理论依据和基础。

2. D 【解析】本题考查新课改提倡的课程管理方式。2001年颁布的《基础教育课程改革纲要(试行)》明确规定实行国家、地方和学校三级课程管理体制。这样做是为了改变我国原有课程管理过于集中的状况，通过确立地方和学校参与课程改革的权力主体地位，完善课程管理体系，进一步增强课程对地方、学校及学生的适应性。故选D项。

3. C 【解析】本题考查非指导性教学的提出者。

A项，苏联教育家赞科夫通过近二十年的小学教学改革实验，出版了《教学与发展》一书。他把学生的一般发展作为教学的出发点，提出了发展性教学理论的五条教学原则，即高难度、高速度、理论知识起主导作用、理解学习过程、使所有学生包括“差生”都得到一般发展的原则。

B项，美国教育心理学家布卢姆提出了掌握学习教学模式。这是一种在“所有学生都能学好”的思想指导下，采取班级教学和个别辅导相结合的方式，以班级教学为基础，辅之以经常、及时的反馈和矫正，提供学生所需要的个别化帮助和额外学习时间，从而使绝大多数人达到学业规定要求的教学模式。

C项，美国人本主义心理学家罗杰斯提出了非指导性教学模式。这是一种以学生为中心，以情感为基础，通过建立民主平等的师生关系、创设适宜的学习环境来促进学生自我实现的个别化的教学模式。

D项，保加利亚心理治疗医生洛扎诺夫提出了暗示教学模式。这是一种运用暗示手段激发个人心理潜力，提高学习效率的教学模式。

综上所述，本题选C项。

4. A 【解析】本题考查德育方法。A项，榜样示范法是以他人的高尚品德、模范行为和卓越成就来影响学生品德的方法。

B项，陶冶教育法是教师利用或创设具有教育意义的环境或情境，对学生进行潜移默化的熏陶和感染，使其在耳濡目染中受到感化的德育方法。

C项，品德评价法是通过对学生品德进行肯定或否定的评价而予以激励或抑制，促使其品德健康形成和发展的方法。

D项，说服教育法是通过语言说理，使学生明晓道理，分清是非，提高品德认识的方法。

综上所述，本题选A项。

5. C 【解析】本题考查教育研究方法。A项，观察研究法是指人们有目的、有计划地通过感官和辅助仪器，对处于自然状态下的客观事物进行系统考察，从而获取经验事实的一种科学研究方法。

B项，调查研究法是研究者采用问卷、访谈、观察、测量等方式对现状进行了解，对事实进行考察，对材料进行收集，从而探讨教育问题、教育现象之间联系的研究方法。

C项，实验研究法是根据研究目的，运用一定的人为手段，主动干预或控制研究对象的发生、发展过程，通过观察、测量、比较等方式探索、验证所研究现象因果关系的研究方法。

D项，案例研究又称个案研究，是围绕某一研究对象或问题，通过系统地收集和整理资料，以获得对该对象或问题的整体性的认识与思考。

题干中，张老师主动干预两个班的教学方法，通过比较的方式，探索教学方法与教学效果的关系。这说明张老师运用了实验法。

6. C 【解析】本题考查气质的概念。气质是表现在心理活动的强度、速度、灵活性与指向性等方面的一种稳定的心理特征,即我们平时说的脾气、禀性。如“娇”黛玉、“莽”李逵、“灵”燕青、“稳”林冲,这些心理差异就是气质差异。故选C项。

7. B 【解析】本题考查加涅的学习结果分类。按学习结果,心理学家加涅将学习分为智慧技能、认知策略、言语信息、动作技能、态度。

方法技巧:关于加涅的学习结果分类,可采用口诀进行记忆:只认言动态。只:智慧技能。认:认知策略。言:言语信息。动:动作技能。态:态度。

8. B 【解析】本题考查学习策略的类型。组织策略是指将经过精加工提炼出来的知识点加以构造,形成更高水平的知识结构的信息加工策略。组织策略主要包括归类策略和纲要策略。其中,纲要策略包括主题纲要法和符号纲要法。主题纲要法的主题通常是学习材料的各级标题,有时也需要自己进行提炼。列提纲时要先对材料进行系统分析、归纳和总结,然后按材料的逻辑关系,以简要的词语写下主要与次要的观点,也就是以金字塔的形式呈现教材的要点,每一具体的细节都包含在高一级的类别中。故题干所述属于组织策略。

9. C 【解析】本题考查自我效能感的概念。自我效能感由班杜拉首次提出,是指人对自己能否成功从事某一成就行为的主观判断。

10. D 【解析】本题考查马克思主义法学。马克思主义法学批判地继承了以往关于法的本质学说的合理成分,第一次科学地提出了法的本质的理论。它认为:法是国家意志的体现,法的内容最终是由社会物质生活条件决定的。

二、辨析题(参考答案)

1. 教材是课程标准具体化的体现。

(1)这种说法是正确的。(2)课程标准是课程计划中每门学科以纲要的形式编写的、有关学科内容的指导性文件,是课程计划的分学科展开。教材是根据学科课程标准系统阐述学科内容的教学用书,它是知识授受活动的主要信息媒介,是课程标准的进一步展开和具体化。故题干说法正确。

(共7分。判断2分,判断“说法不正确”本题不得分;理由5分,答出课程标准的概念2分,教材的概念2分,教材与课程标准的关系1分)

2. 负强化等同于惩罚。

(1)这种说法是不正确的。(2)惩罚与负强化有所不同,负强化是通过厌恶刺激的排除来增加反应在将来发生的概率,而惩罚则是通过厌恶刺激的呈现来降低反应在将来发生的概率。所以,不能说惩罚就是负强化,题干说法错误。

(共7分。判断2分,判断“说法正确”本题不得分;理由5分,答出负强化的概念2分,惩罚的概念2分,两者之间的关系1分)

3. 教学评价就是对学生学习结果进行评价。

（1）这种说法是不正确的。（2）教学评价是指以教学目标为依据，通过一定的标准和手段，对教学活动及其结果给予价值上的判断，即对教学活动及其结果进行测量、分析和评定的过程。教学评价主要包括对学生学习结果的评价和对教师教学工作的评价，也可以划分为学生学业评价、课堂教学评价和教师评价。故题干说法过于片面。

（共7分。判断2分，判断“说法正确”本题不得分；理由5分，答出教学评价的概念2分，教学评价的基本内容3分）

三、简答题（参考答案）

1. 简述中学生情绪情感的发展特点。

（1）中学生情绪发展的特点：①情绪体验迅速；②不稳定性和两极性；③外露性和内隐性共存；④体验的时间长，出现心境化的特点。

（2）中学生情感发展的特点：①自尊心强烈而敏感；②情感的社会性加强；③理智感、美感和道德感丰富和深化。

（共8分。情绪发展的特点4分，答出“体验迅速”“不稳定性和两极性”“外露性和内隐性”“心境化”等关键词可得2分；情感发展的特点4分，答出“自尊心”“社会性”“理智感、美感和道德感”等关键词可得3分）

2. 简述建构主义的教学模式。

（1）抛锚式教学模式；（2）支架式教学；（3）随机进入教学（随机通达教学）；（4）认知学徒制；（5）培养学习共同体。

（共8分。答案完整得满分；答出“抛锚式”“支架式”“随机进入”“认知学徒”等关键词可得4分；少答一点酌情扣1～2分）

3. 简述依法执教的原因及基本要求。

（1）依法执教的原因：①我国教育法制建设的逐步完善；②公民法律意识的不断增强；③教师法律素质亟待提高；④教师以德执教的必然要求；⑤教师依法维权的迫切需要。

（2）依法执教的基本要求：①坚持正确的政治方向；②拥护党的基本路线和领导；③自觉增强法律意识；④认真贯彻党和国家的方针政策。

（共8分。依法执教的原因4分，答案完整得满分，答出“教育法制建设”“公民法律意识”“教师法律素质”“以德执教”“依法维权”等关键词可得2分；依法执教的基本要求4分，每点1分）

四、论述题（参考答案）

请结合实际，论述“教学既是一门科学，也是一门艺术”。

教学是科学还是艺术？这一问题曾被长期争论着，有人认为教学是科学，有人认为教学是艺术，各据其理。实际上，教学既是科学，又是一门特殊的艺术，是科学与艺术的统一。

(1)教学是科学，教学活动必然要按一定的规律进行。构成教学的诸种要素之间是相互作用、相互影响的，这种作用与影响是有其内部规律与必然联系的，不管人们承认与否，它都客观地存在于教学过程之中。从事教学活动的主体必须认识、把握并利用它，从而使教学活动得以顺利进行。所以，教学要建立在一定的科学基础之上。

(2)教学是艺术，只是说教学具有艺术性，教学活动可以艺术地表现出某些方法、内容和技巧。教学可以是一种艺术化的存在形式，但又区别于其他艺术而有其独立存在的内在规定性或根本特点。

(3)教学既是科学，又是艺术，是科学与艺术的统一。一味追求教学的科学内部规律，往往会使教学活动变得呆板、机械、枯燥无味而失去教学活动的乐趣；同样，片面地把教学当成艺术表演与欣赏，就会失去对教学活动的目的性与教育性的本质追求。要克服艺术形式的表面现象，把艺术精神内化于教学活动的实践中。

(共15分。论述教学是科学5分；论述教学是艺术5分；论述教学是科学与艺术的统一5分。考生若结合实际有其他合理论述可酌情给分)

五、案例分析题(参考答案)

(1)自我价值感理论是由美国教育心理学家科文顿提出的。该理论的独特之处在于着眼于“为什么有些学生不愿意学习”的问题，从学习动机的负面来对前人的理论进行补充与发展。其基本思想有：①自我价值感是个人追求成功的内在动力；②学生倾向于把成功看作是能力的显现，而不是努力的结果；③追求成功的需要不能满足时，学生倾向于回避失败，以维持自我价值感；④学生对能力与努力的归因倾向随着年级的升高而变化。案例中，小A很想考出好成绩，可是每次成绩都不理想，在长期追求成功又得不到成功的情况下，为了维护自我价值感，小A不再努力，以此来逃避失败。

(共10分。答出自我价值感理论的内容8分，理论需完整、准确，包含“科文顿”“追求成功的内在动力”“能力的显现”“回避失败，以维持自我价值感”“能力与努力的归因”等要点；结合案例合理阐述2分)

(2)如果我是小A的老师，我会采取以下措施帮助他走出困境：

①加强学生的归因训练。教师可以通过归因训练来矫正学生不良的归因模式，将自我妨碍者防御性的归因模式转变为自我提高的归因模式。引导小A作自我提高的归因，从而消除自我妨碍，最大程度地激发其学习动机。

②正确认识努力的双重性。努力是一把双刃剑，用得好就会促进学生的学习，反之，则会阻碍学生的学习。在以前的观念中，“努力了就有获得”，但当这种观念在学

校中不再受到欢迎时,我们要正确地认识努力。因此,要培养小A正确认识努力的能力。

③能力增长观的培养。能力在学习中是一个重要的因素,个体所持的能力观会影响到他在具体成就情境下的行为反应及其对努力的看法。能力增长观的学生认为,能力由不断增长的知识和技能所构成,个人可以通过努力来改变自身的能力。教师应该教给学生一种积极乐观的态度,保持能力的增长观。首先,应该让小A意识到能力是一种用来解决问题的资源,可以随着知识和经验的增加而增加;其次,让其知道能力是有多个维度、多种形式的,发掘其专长。

④合理地运用奖励。首先,教师将奖励建立在学生个人进步的基础之上。其次,要鼓励学生多进行自我奖励。最后,要对学生的多种能力进行奖励。充分调动小A的内部动机,当其在学习上取得某种进步时,可以为其提供机会让他自己选择奖励,引导小A进行自我奖励。

(共10分。从"归因训练""正确认识努力的双重性""能力增长观的培养""合理运用奖励"等方面论述如何帮助小A走出困境,每点2.5分,理论依据准确、充分1分,展开合理论述1.5分)

2021年浙江省金华市永康市中学教师招聘考试教育基础知识真题试卷(九)

一、单项选择题

1. A 【解析】本题考查孔子的教育思想。"举一隅不以三隅反,则不复也"意为:给学生指出一个方面,如果他不能由此推知其他三个方面,就不再教他了。这体现的是启发性教学原则。

A项,"不愤不启,不悱不发"意为:教导学生,不到他冥思苦想仍不得其解的时候,不去开导他;不到他想说却说不出来的时候,不去启发他。这体现了启发性教学原则。

B项,"学而时习之"即学到的东西要按时去温习和练习。这体现的是巩固性教学原则。

C项,"有教无类"即人人都能接受教育,没有高低贵贱的等级差别。这是孔子的办学方针。

D项,"学思结合"为孔子主张的教学原则之一,与题干观点无关。

综上,本题选A项。

2. C 【解析】本题考查陶行知的教育思想。陶行知是中国创造教育的先驱,提出教师的责任不在教,而在教学生学。他认为培养儿童的创造能力需要"六大解放",即解放儿童的眼睛、解放儿童的头脑、解放儿童的双手、解放儿童的嘴巴、解放儿童的空间、解放儿童的时间。故选C项。

3. C 【解析】本题考查马卡连柯的教育思想。平行教育思想是苏联教育家马卡连柯根据在集体中、通过集体和为了集体而进行教育的原则提出来的一种德育方法。马卡连柯指出,教师要影响个别学生,首先要去影响这个学生所在的集体,然后通过集体和教师一道去影响这个学生,便会产生良好的教育效果。

4. D 【解析】本题考查教育目的的相关理论。A项,神学本位论主张以培养青年对于上帝的虔诚信仰作为教育的最高目标;B项,杜威的教育无目的论主张无教育过程之外的“外在”目的;C项,个人本位论主张教育的根本目的是人的本性和本能的高度发展;D项,社会本位论主张教育以社会的稳定和发展为最高宗旨。古代斯巴达的教育目的是培养忠于统治阶级的强悍的军人,这是以社会稳定为最高宗旨的,故属于社会本位论,选D项。

5. A 【解析】本题考查教学原则。启发性原则是指在教学活动中,教师要调动学生的主动性和积极性,引导他们通过独立思考、积极探索,生动活泼地学习,自觉地掌握科学知识,提高分析问题和解决问题的能力。案例中的教师在讲解“浮力”这一知识时通过向学生提出实际生活中的问题以启发学生思考,激发学生的学习兴趣,这体现的是启发性教学原则,故选A项。

6. A 【解析】本题考查隐性课程的类型。隐性课程的主要表现形式有:(1)观念性隐性课程(精神性隐性课程)。包括隐藏于显性课程之中的意识形态,学校的校风、学风,有关领导与教师的教育理念、价值观、知识观、教学风格、教学指导思想等。(2)物质性隐性课程。包括学校建筑、教室的设置、校园环境等。(3)制度性隐性课程。包括学校管理体制、学校组织机构、班级管理方式、班级运行方式。(4)心理性隐性课程。主要包括学校人际关系状况,师生特有的心态、行为方式等。“让学校的每一面墙壁都开口说话”强调利用学校建筑营造良好的物质文化环境以陶冶教育学生,故体现了物质类隐性课程的作用,因此选A项。

7. C 【解析】本题考查学习动机的种类。内部学习动机是指诱因来自学习者本身的内在因素,即学生因对活动本身发生兴趣而产生的动机。具有内部动机的学生,活动本身就能使其得到满足,无需外力的作用(如报酬和奖赏),也能产生荣誉感。题干中小明坚持每周日下午捡垃圾的行为不以获取回报为目的,这属于内部动机。故选C项。

8. B 【解析】本题考查记忆的种类。A项,感觉记忆是指当客观刺激停止作用后,感觉信息会在一个极短的时间内保存下来。B项,短时记忆是指人脑中的信息在1分钟之内加工与编码的记忆。C项,长时记忆是信息经过充分加工,在头脑中长久保持的记忆。D项,内隐记忆是指在不需要意识参与或有意回忆的情况下,个体的经验自动对当前任务产生影响而表现出来的记忆。题干中小昌打完电话后就忘记了该号码,即对于该号码的记忆是比较短暂的,这属于短时记忆。故选B项。

9. D 【解析】本题考查流体智力。流体智力主要表现为对新奇事物的快速辨认、记忆、理解等;需要较少的专业知识,包括理解复杂关系和解决问题的能力,如在处理数字系列、空间视觉感和图形矩阵项目时所需的能力。故选D项。

10. B 【解析】本题考查科尔伯格的道德发展阶段理论。科尔伯格将道德判断分为前习俗水平、习俗水平和后习俗水平,每一水平包含两个阶段,六个阶段依照由低到高的层次发展。其中,习俗水平包括好孩子的道德定向阶段和维护权威或秩序的道德定向阶段。维护权威或秩序的道德定向阶段的儿童的道德价值以服从权威为导向,包括服从社会规范,遵守公共秩序,尊重法律的权威,以法制观念判断是非、知法守法。题干中强调小明以规章制度判断是非,这说明其处于习俗水平中的维护权威或秩序的道德定向阶段。故选B项。

11. D 【解析】本题考查《中华人民共和国教育法》(2015年修正)。根据《中华人民共和国教育法》(2015年修正)第五条规定,教育必须为社会主义现代化建设服务、为人民服务,必须与生产劳动和社会实践相结合,培养德、智、体、美等方面全面发展的社会主义建设者和接班人。

12. D 【解析】本题考查《中小学教育惩戒规则(试行)》。根据《中小学教育惩戒规则(试行)》第十条规定,小学高年级、初中和高中阶段的学生违规违纪情节严重或者影响恶劣的,学校可以实施以下教育惩戒,并应当事先告知家长:(1)给予不超过一周的停课或者停学,要求家长在家进行教育、管教;(2)由法治副校长或者法治辅导员予以训诫;(3)安排专门的课程或者教育场所,由社会工作者或者其他专业人员进行心理辅导、行为干预。故选D项。

13. C 【解析】本题考查《中华人民共和国义务教育法》。根据《中华人民共和国义务教育法》第九条规定,发生违反本法的重大事件,妨碍义务教育实施,造成重大社会影响的,负有领导责任的人民政府或者人民政府教育行政部门负责人应当引咎辞职。

14. D 【解析】本题考查《学生伤害事故处理办法》。根据《学生伤害事故处理办法》第九条规定可知,学校教师或者其他工作人员在负有组织、管理未成年学生的职责期间,发现学生行为具有危险性,但未进行必要的管理、告诫或者制止所造成的学生伤害事故,学校应当依法承担相应的责任。题干中教师未及时制止章某和李某的课间打闹行为,导致李某被打成鼻子骨折,故学校应当承担责任。根据第十条规定可知,学生违反法律法规的规定,违反社会公共行为准则、学校的规章制度或者纪律,实施按其年龄和认知能力应当知道具有危险或者可能危及他人的行为的所造成的学生伤害事故，学生或者未成年学生监护人应当依法承担相应的责任。题干中章某将李某鼻子打成骨折，故章某需要承担责任。综上所述，答案选D项。

15. C 【解析】本题考查《中华人民共和国预防未成年人犯罪法》。根据《中华人民共和国预防未成年人犯罪法》第三十四条规定，未成年学生旷课、逃学的，学校应当及时联系其父母或者其他监护人，了解有关情况；无正当理由的，学校和未成年学生的父母或者其他监护人应当督促其返校学习。

二、辨析题（参考答案）

16. 教师的合法权益受到学校侵犯时，教师有权拒绝到学校上课。

（1）这种说法是不正确的。（2）根据《中华人民共和国教师法》第八条规定可知，教师应当履行“贯彻国家的教育方针，遵守规章制度，执行学校的教学计划，履行教师聘约，完成教育教学工作任务”的义务。所以，教师拒绝到学校上课的这一行为是违法的。教师申诉制度是指教师在其合法权益受到侵犯时，依照法律、法规的规定，向主管的行政机关申诉理由，请求处理的制度。因此，当教师的合法权益受到学校侵犯时，可以提起申诉，但不能拒绝到学校上课。

（共4分。判断1分，判断“说法正确”本题不得分；理由3分，答出教师的义务1分，教师申诉制度1分，具体阐述1分）

17. “课程思政”与“思政课程”应同向同行，形成协同效应。

（1）这种说法是正确的。（2）教育部印发的《高等学校课程思政建设指导纲要》提出“使各类课程与思政课程同向同行，将显性教育和隐性教育相统一，形成协同效应，构建全员全程全方位育人大格局”。课程思政不是一门或一类特定的课程，而是一种教育教学理念，其基本含义是：学校所有课程都具有传授知识、培养能力及进行思想政治教育的功能，承载着培养世界观、人生观和价值观的使命。思政课程与课程思政同向同行是指：一方面，思政课程向各类课程学习科学的研究方法，吸收深厚的人文底蕴，不断推进马克思主义中国化、时代化、大众化；另一方面，各类课程向思政课程学习，不断挖掘各类课程中蕴含的社会主义核心价值观元素，掌握马克思主义的世界观和方法论。只有这样，思政课程与课程思政才能同频共振，共同将学生培养成为德智体美劳全面发展的社会主义建设者和接班人。

（共4分。判断1分，判断“说法不正确”本题不得分；理由3分，答出文件内容1分，“课程思政”的含义1分，二者“同向同行”的解释1分）

18. 德育过程必须从训练学生的行为习惯开始。

（1）这种说法是不正确的。（2）德育过程一般以知为开端，以行为终结。但由于社会生活的复杂性，德育影响的多样性等因素，在德育具体实施过程中，又具有多种开端，可根据学生品德发展的具体情况，或从导之以行开始，或从动之以情开始，或从锻炼品德意志开始，最后达到使学生品德在知、情、意、行几方面和谐发展的目的。

（共4分。判断1分，判断“说法正确”本题不得分；理由3分，答出“有多种开端”及其原因2分，具体阐述1分）

19. 有人认为惩罚就是负强化。

（1）这种说法是不正确的。（2）惩罚与负强化有所不同，负强化是通过厌恶刺激的排除来增加反应在将来发生的概率，而惩罚则是通过厌恶刺激的呈现来降低反应在将来发生的概率。所以，不能说惩罚就是负强化，题干表述错误。

（共4分。判断1分，判断“说法正确”本题不得分；理由3分，答出两者不同1分，负强化的定义1分，惩罚的定义1分）

三、简答题（参考答案）

20. 简述一堂好课的基本要求。

（1）教学目标明确；（2）教学内容准确；（3）教学结构合理；（4）教学方法适当；（5）讲究教学艺术；（6）板书有序；（7）充分发挥学生的主体性。

（共5分。答案完整得满分；答出“目标明确”“内容准确”“结构合理”“方法适当”等关键词可得3分；少答一点酌情扣0.5～1分）

21. 简述预防教师违法（侵权）行为发生可采取的措施。

（1）建立完善的教育法规体系；（2）建立严格公正的教育执法制度；（3）建立全面的教育法律监督机制；（4）增强法制观念，宣传、普及教育法规；（5）加强学校的规范管理；（6）增强教师的法律意识，减少侵权行为的发生；（7）加强学生对自己法定权利的认识，培养学生的自我保护意识；（8）加大安全教育力度。

（共5分。答案完整得满分；答出“教育法规体系”“教育执法制度”“教育法律监督机制”“增强法制观念”“自我保护意识”“安全教育力度”等关键词可得3分）

22. 简述教育研究的基本步骤。

（1）选择研究课题；（2）教育文献检索与综述；（3）制订研究计划；（4）教育研究资料的收集、整理与分析；（5）教育研究论文与报告的撰写。

（共5分。每点1分，答案完整得满分；答出“选择课题”“文献检索”“制订计划”“收集资料”等关键词可得3分）

23. 简述自我价值感理论的基本思想。

自我价值感理论是由美国教育心理学家科文顿提出的。该理论是在成就动机理论的基础上，结合了自我效能感理论及归因理论而形成的。该理论的基本思想是：（1）自我价值感是个人追求成功的内在动力；（2）学生倾向于把成功看作是能力的显现，而不是努力的结果；（3）追求成功的需要不能满足时，学生倾向于回避失败，以维持自我价值感;(4)学生对能力与努力的归因倾向随着年级的升高而变化。

(共5分。答案完整得满分;答出“科文顿”“追求成功的内在动力”“能力的显现”“回避失败”“随年级的升高而变化”等关键词可得3分)

四、论述题(参考答案)

24. 联系实际,分析“学者未必为良师,良师必定为学者”。

“学者”指学术上有一定成就的人,即具备精深的学科专业知识的人。教师是学生人生的引路人,承担着教书育人的重任,一名合格的人民教师需要具备以下四个方面的职业素养:

(1)职业道德素养。教师良好的职业道德素养主要表现为:①对待事业:忠于人民的教育事业;②对待学生:热爱学生;③对待集体:团结协作;④对待自己:为人师表。

(2)知识素养。教师应具备的知识素养主要包括:①政治理论修养;②精深的学科专业知识;③广博的科学文化知识;④必备的教育科学知识;⑤丰富的实践知识。

(3)能力素养。教师应具备的能力素养主要有:①语言表达能力;②组织管理能力;③组织教育和教学的能力;④自我调控和自我反思能力。此外,教师还应该具备教育科研能力、学习能力、观察学生的能力、创新能力以及运用现代教育技术手段的能力。

(4)健康的职业心理。主要包括高尚的职业道德、愉悦的情绪情感、良好的人际关系、健康的人格特征等。

“良师”除了具备精深的学科专业知识之外,还需具备作为一名教师必备的各种素养,所以说,具备精深的学科专业知识的“学者”未必是“良师”。例如,社会中一些教师虽然具有扎实的学科专业知识,但缺乏良好的职业道德素养,在教育工作中借助排座位、评优等各种机会暗示并要求家长送礼。这样的教师虽可以为“学者”,但定不是“良师”。

(共10分。“学者”的必备素养1分;教师的必备素养8分,从“职业道德素养”“知识素养”“能力素养”“健康的职业心理”四个方面阐述教师的必备素养,每点2分;联系实际1分)

25. 联系实际,论述中学生创造力培养的有效措施。

(1)创设有利于激发创造的条件和氛围,激发中学生的创造性动机;

(2)在教学中注重中学生发散思维的培养,如一问多答,一题多解,鼓励中学生的求异思维,保留中学生的不同观点,等等;

(3)经常使用一些有利于中学生创造的思维训练方法,如头脑风暴法、缺点列举法、希望列举法、字词联想训练、图形想象训练,等等;

(4)借助作文、绘画、音乐欣赏等艺术活动,培养中学生的创造性想象能力;

(5)经常举办各种操作性活动的比赛,如航模制作、手工制作等,给中学生提供动手操作的机会,以培养他们的创造性行为和操作能力。

(共10分。从“激发创造性动机”“培养发散思维”“思维训练方法”“培养创造性想象”“培养创造性行为和操作能力”等方面论述中学生创造力培养的有效措施,至少能提出5条措施,每条措施2分;若没有联系实际进行作答,最多给5分)

五、材料分析题(参考答案)

26.(1)王老师在教学过程中可能存在的问题:①陈述性知识也叫描述性知识,是个人能用言语进行直接陈述的知识,主要用于区别和辨别事物。程序性知识即操作性知识,是一种经过学习后自动化了的关于行为步骤的知识,表现为在信息转换活动中进行具体操作。程序性知识学习的一般过程是从陈述性知识转化为自动化的技能的过程,包括陈述性阶段、程序性阶段和自动化阶段。在本材料中,王老师讲解的什么是“思维导图”属于陈述性知识,如何使用“思维导图”来背诵课文属于程序性知识。王老师在一节课内同时讲解陈述性知识和程序性知识,但程序性知识学习具有一定的过程,需要学习者不断练习,短时间内很难收到良好的效果。

②特定性原则是指学习策略一定要适合于学习目标和学生的类型。同样的策略,不同的学生使用起来的效果是不一样的。在本材料中,王老师想要全班同学都使用“思维导图”来背诵课文,未考虑到学习策略的特定性原则,因此,这一方法的实施没有得到满意的结果。

③主体性原则是指学习策略教学中应该发挥和促进学生的主体作用。它既是学习策略训练的目的,又是必要的方法和途径,任何学习策略的使用都依赖于学生主动性和能动性的充分发挥。在本材料中,王老师在讲解“思维导图”这一策略时,学生没有参与到其中,不利于发挥学生的主动性和能动性。

④内化性原则是指在学习策略的学习过程中,学生能够不断实践各种学习策略,逐步将其内化成自己的学习能力,熟练掌握并达到自动化的水平,从而能够在新的情境中灵活应用。在本材料中,王老师在课堂上未给予学生练习的机会,不利于学生将“思维导图”这一策略内化。

(2)改进措施:①引导学生先学会“思维导图”方面的陈述性知识,经过不断地练习和反馈,达到程序性阶段。

②遵循学习策略的特定性原则。要针对学生的年龄、已有的知识水平以及学习动机类型,帮助学生选择适合的学习策略或改善不良的学习策略。

③遵循学习策略的主体性原则。讲解“思维导图”策略时,要使学生参与其中,发挥其主动性和能动性。

④遵循学习策略的内化性原则。在课堂上给予学生练习“思维导图”策略的机会，逐渐将“思维导图”策略内化为自己的学习方法，从而使掌握的策略能够在新的情景中被灵活应用。

（共14分。王老师在教学过程中可能存在的错误8分，从“陈述性知识和程序性知识”“特定性原则”“主体性原则”“内化性原则”四个方面分析王老师在教学过程中可能存在的错误，每点2分，理论依据准确、充分1分，结合材料阐述合理1分；改进措施6分，至少能提出4条措施，每条措施1.5分。考生若有其他合理回答可酌情给分）

2021年浙江省金华市/诸暨市中学教师招聘考试教育基础知识真题试卷（十）

一、单项选择题

1. C 【解析】本题考查我国近代的学制。“壬寅学制”是中国近代教育史上最早由国家正式颁布的学制系统，虽然正式公布，但并未实行。故A项说法错误。“癸卯学制”规定不许男女同校，轻视女子教育。故B项说法错误。“壬子癸丑学制”取消了读经课与忠君尊孔的内容，加强了自然科学课程和生产技能的训练。故C项说法正确。“壬戌学制”参照的是美国学制。故D项说法错误。

2. D 【解析】本题考查杜威的教育思想。19世纪末20世纪初，美国的杜威创立了实用主义教育学。杜威明确提出了“教育即生活”“教育即生长”“从做中学”等教育思想。故选D项。

3. D 【解析】本题考查教师的职业角色。新课程倡导教学不只是教师教学生学的过程，更是师生交往、积极互动、共同发展的过程。交往就意味着人人参与，意味着平等对话，教师将由居高临下的权威转变为“平等中的首席”。由“平等地对待学生”“营造平等的课堂氛围”可知，题干所述体现的是教师在学生学习中是平等中的首席，故选D项。

易错提示：一些考生会因审题不清——只看到“促进学生的发展”，而误选A项。本题重点强调的是师生之间的“平等”地位，故D项为最佳选项。

4. D 【解析】本题考查新课程倡导的教学观。新课程倡导教学关注学科更要关注人。传统的学校教育以学科为本，重认知轻情感，重教书轻育人。新课程强调以人为本，它意味着：(1)关注每一位学生；(2)关注学生的情绪生活和情感体验；(3)关注学生的道德生活和人格养成。结合题干中“更应该关注学生在学习过程中的情感体验，要注重培养学生良好的道德品格”可知，本题选D项。

5. B 【解析】本题考查赫尔巴特的教育思想。赫尔巴特认为教学有不同于教育的特点，“教学的概念有一个显著的标记，它使我们非常容易把握研究方向。在教学中总是有一个第三者的东西为师生同时专心注意的。相反,在教育的其他一切职能中,学生直接处在教师的心目中"。"第三者"指知识,即"系统的知识体系"。故选B项。

6. C 【解析】本题考查教育评价的类型。A项,诊断性评价一般在新生入学或学年、学期初进行。B项,终结性评价一般在学期或学年末进行。C项,形成性评价是在教学过程中进行的评价。通常教学中一个单元或章节后进行的小测验及随堂测验都属于形成性评价的范畴。D项,相对性评价是运用常模参照性测验对学生的学习成绩进行的评价。故选C项。

7. B 【解析】本题考查道德认知发展模式。德育的认知模式是由瑞士学者皮亚杰提出,美国学者科尔伯格进一步深化的。科尔伯格采用"道德两难故事法"研究儿童的道德发展。所谓"道德两难",指的是同时涉及两种道德规范、两者不可兼得的情境或者问题。它除了可以用于测量儿童的道德判断的发展水平,还具有非常特别的教育意义。故选B项。

8. C 【解析】本题考查教育叙事研究的概念。叙事研究主要通过对教师生活故事的描述和分析,揭示内隐于日常事件、生活和行为背后的意义和观念,使人们从故事中体验、思考和理解教育的本质与价值。故选C项。

9. B 【解析】本题考查想象的分类。再造想象是依据词语或符号的描述、示意在头脑中形成与之相应的新形象的过程。题干中强调读诗句时,脑海中浮现相关的景象,这属于再造想象。故选B项。A项,创造想象是按照一定目的、任务,使用自己以往积累的表象,在头脑中独立地创造出新形象的过程。C项,无意想象又称不随意想象,是没有预定目的,不由自主产生的想象。D项,幻想是一种与生活愿望相结合并指向于未来的想象。

10. B 【解析】本题考查动机的功能。动机具有以下功能:(1)引发功能。人们的各种各样的活动总是由一定的动机所引起的,没有动机也就没有活动。(2)指引功能。动机使活动具有一定的方向,它像指南针一样指引着活动的方向,使活动朝着预定的目标前进。(3)激励功能。动机对活动具有维持和加强的作用,强化活动以达到目的。故选B项。

11. B 【解析】本题考查认知风格的相关知识。场依存型的学生对客观事物的判断常以外部线索为依据;场独立型的学生对客观事物的判断常以自己的内部线索(经验、价值观)为依据。故A项表述错误。认知风格,也称认知方式,是指人们在认知活动中所偏爱的信息加工方式。认知方式没有优劣、好坏之分,只是表现为学生对信息加工方式的某种偏爱,主要影响学生的学习方式。故B项表述正确,D项表述错误。区分冲动型与沉思型的标准是反应时间和精确性。故C项表述错误。

12. A 【解析】本题考查自我意识的结构。从形式上看,自我意识由自我认识、自我体验、自我控制几部分构成。其中,自我体验是自我的情感成分,是指个体对自己所持有的一种态度,包括自爱、自信、自尊、自豪感、内疚感与羞愧感等。对自己近阶段的表现感到欣慰或不满,便属于自我体验范畴。故选A项。

13. D 【解析】本题考查维果斯基的理论。维果斯基提出了社会文化历史学说。他认为人的高级心理是随意的心理过程,并不是人自身所固有的,而是受人类文化历史制约的。心理发展是指一个人的心理,从出生到成年,在环境与教育影响下,在低级心理机能的基础上,逐渐向高级心理机能转化的过程。个体心理机能由低级向高级发展的标志之一是心理活动的社会文化历史制约性。即指心理活动的起源是社会文化历史发展的产物,是受社会规律制约的。故选D项。

14. A 【解析】本题考查常见的心理问题。A项,强迫症是一种以反复出现强迫观念、强迫意向或强迫行为等强迫症状为主要表现,以有意识地自我强迫与有意识地自我反强迫同时存在为特征的神经症。B项,焦虑症是以与客观威胁不相适应的焦虑反应为特征的神经症。C项,抑郁症是以持久的心境低落为特征的神经症。D项,恐怖症是对特定的无实际危害的事物与场景的非理性的惧怕。题干中强调魏斌无法控制自己经常想“人为什么是两条腿?”,这属于强迫症。故选A项。

15. C 【解析】本题考查中学生心理发展特点。中学生的思维发展处于皮亚杰所说的形式运算阶段。故A项说法错误。中学以后,学生的思维以抽象逻辑思维为主。故B项说法错误,C项说法正确。大量研究发现,创造性思维在成年早期处于上升阶段,30岁末或40岁初达到顶峰,然后逐渐下降。故D项说法错误。

16. B 【解析】本题考查加涅的学习水平分类。A项,刺激—反应学习是指学会对某一情境中的刺激做出某种反应,以获得某种结果。B项,信号学习是指学习对某种信号做出某种反应,其过程为:刺激—强化—反应。C项,连锁学习是指学习联合两个或两个以上的刺激—反应动作,以形成一系列刺激—反应动作联结。D项,概念学习是指对刺激进行分类时,学会对一类刺激做出同样的反应,也就是对事物的抽象特征的反应。题干中强调小明将危险与电联系起来,即当听到“危险”这一刺激时,就会做出相应的反应(想起电),这属于信号学习。故选B项。

17. A 【解析】本题考查班杜拉的社会学习理论。社会学习理论认为观察学习是人的学习最重要的形式。班杜拉认为,学习是个体通过对他人的行为及其强化结果的观察,从而获得某些新的行为反应或已有的行为反应得到修正的过程。故A项说法错误,D项说法正确。班杜拉把观察学习的过程分为注意、保持、复现(动作再现)和动机四个子过程。故B项说法正确。学习者是否表现出已习得的行为受到强化的影响。强化包括直接强化、替代强化和自我强化。故C项说法正确。

18. D 【解析】本题考查影响迁移的认知结构变量。奥苏伯尔提出了三个主要的影响有意义学习和迁移的认知结构变量:可利用性、可辨别性和稳定性。故选D项。

19. B 【解析】本题考查《中华人民共和国义务教育法》。根据《中华人民共和国义务教育法》第二十七条规定,对违反学校管理制度的学生,学校应当予以批评教育,不得开除。

20. C 【解析】本题考查《中华人民共和国教师法》。根据《中华人民共和国教师法》第三十七条规定,教师有下列情形之一的,由所在学校、其他教育机构或者教育行政部门给予行政处分或者解聘:(1)故意不完成教育教学任务给教育教学工作造成损失的;(2)体罚学生,经教育不改的;(3)品行不良、侮辱学生,影响恶劣的。故①②③正确,因此,答案选C项。

二、论述题(参考答案)

21. 论述如何运用无意注意和有意注意的规律提高学生注意的稳定性和持久性。

(1)运用无意注意的规律提高学生注意的稳定性和持久性:①创造良好的教学环境;②注重讲演、板书技巧和教具的使用;③注重教学内容的组织和教学形式的多样化。

(2)运用有意注意的规律提高学生注意的稳定性和持久性:①明确学习的目的和任务;②培养间接兴趣;③合理组织课堂教学,防止学生分心;④运用多种教学手段。

(3)运用两种注意相互转换的规律提高学生注意的稳定性和持久性。在教学过程中如果过分地要求学生使用有意注意,则容易引起疲劳;而如果只让学生凭借无意注意来学习,则不利于他们克服学习过程中的困难。所以,无论是在整个教学活动过程中,还是在一堂课上,教师都应充分利用两种注意转换的规律来提高学生注意的稳定性和持久性。

(共10分。从“无意注意的规律”“有意注意的规律”“两种注意相互转换的规律”三个方面论述如何运用无意注意和有意注意的规律提高学生注意的稳定性和持久性,每点3分,理论依据准确、充分2分,展开合理论述1分;表述清晰、有逻辑1分)

三、材料分析题(参考答案)

22. (1)①归属与爱的需要,也称社交需要,是指每个人都有被他人或群体接纳、爱护、关注、鼓励及支持的需要。材料中刘明经常搞恶作剧,在班级中的人际关系不太融洽,老师也不太关注他,这说明其归属与爱的需要未得到满足。

②尊重需要是在生理、安全、归属与爱的需要得到基本满足后产生的对自己社会价值追求的需要,包括自尊和受到别人尊重(他尊)两个方面。材料中刘明上课时不认真听讲,对学习没有太大兴趣,即未追求自身的社会价值,这说明其尊重需要未得到满足。

③根据马斯洛的需要层次理论,这两种需要均属于缺失需要。这类需要没有得到满足,势必难以培养以求知需要为基础的学习动机。

(2)①要满足其归属与爱的需要。教师要尽可能地给学生以爱，要为学生创造一个良好和善的学习环境；要重视师生之间的交互作用，要让刘明在集体中受到欢迎和接纳，得到友情、友谊。

②要满足其尊重需要。教师要增加学习的趣味性，激发刘明的内在动机；教师应尽可能创造条件给刘明提供成功的机会，使其获得成功体验；教师应经常给刘明反馈，促使他尽最大的努力去学习。

（共10分。归属与爱的需要的概念2分；尊重需要的概念2分；缺失需要的缺点1分；具体做法5分，从“满足学生归属与爱的需要”“满足学生尊重需要”等方面分析老师应该如何做，每点2.5分，理论依据准确、充分1.5分，展开合理论述1分）

2021年浙江省温州市（乐清市、苍南县、平阳县、永嘉县）中小学教师招聘考试教育基础知识真题试卷（十一）

一、判断题

1. × **【解析】**本题考查孔子的教育思想。“温故而知新，可以为师矣”出自《论语·为政》，是孔子提出的教学原则与方法。

2. × **【解析】**本题考查实施素质教育应避免的误区。素质教育就是不要考试。这是对考试的误解，考试本身没有错，而且标准化考试用来评鉴能力中的智能和创造力，早已证明行之有效。但人们对标准化考试的误解、误用和滥用的情形始终存在。素质教育不可能以取消考试或减少考试来医治“考试病”，重要的是改变考试观念。故题干说法错误。

3. √ **【解析】**本题考查教育的定义。从社会的角度来定义“教育”，可以把“教育”的定义区分为不同的层次：(1)广义的教育。它包括社会教育、学校教育和家庭教育。(2)狭义的教育。狭义的教育专指学校教育，是教育者依据一定的社会要求，依据受教育者的身心发展规律，有目的、有计划、有组织地对受教育者施加影响，促使其朝着所期望的方向发展变化的活动。(3)更狭义的教育。更狭义的教育有时是指思想品德教育活动，与学校中常说的“德育”是同义词。故题干说法正确。

4. √ **【解析】**本题考查教师成长的阶段。福勒和布朗根据教师的需要和不同时期所关注的焦点问题，把教师的成长划分为关注生存、关注情境和关注学生三个阶段。其中，处于关注生存阶段的一般是新教师，他们非常关注自己的生存适应性，最担心的问题是“学生喜欢我吗”“同事们如何看我”“领导是否觉得我干得不错”等。

方法技巧：对于教师成长的阶段，考生应重点掌握生存、情境和学生三个词。在关注生存阶段，教师主要关注个人关系、人际处理的相关问题；在关注情境阶段，教师主要关注教学情境的相关问题；在关注学生阶段，教师注重因材施教，关注学生的个体差异。

5. × 【解析】本题考查马斯洛的需要层次理论。马斯洛把需要分成了七个层次,即生理需要、安全需要、归属与爱的需要、尊重需要、求知需要、审美需要和自我实现的需要。其中,自我实现的需要是最高层次的需要。

6. × 【解析】本题考查人格的特征。人格的特征主要包括独特性、稳定性、整合性、功能性和社会性。其中,功能性表现为人格决定一个人的生活方式,有时甚至会决定一个人的命运。人们经常使用人格特征来解释某人的言行及事件的原因。例如,当面对挫折与失败时,坚强者能发愤图强,勇往直前;懦弱者会灰心丧气,甚至一蹶不振,这就是人格功能性的表现。故题干说法错误。

7. √ 【解析】本题考查量力性原则。量力性原则,也称可接受性原则,是指教学的内容、方法、分量和进度要适合学生的身心发展,使他们能够接受,但又要有一定的难度,需要他们经过努力才能掌握,以促进学生的身心发展。维果斯基提出的"最近发展区"是指学生可能(即将)达到的发展水平与现有的发展水平之间的差异,如果学生的发展水平处于"最近发展区",那么这正是最能敏感地接受教育的时候。与量力性原则中的"使他们能够接受,但又要有一定的难度"相符合。故题干说法正确。

8. × 【解析】本题考查动机的类型。成就动机是人们希望从事对他有重要意义的、有一定困难的、具有挑战性的活动,在活动中能取得完满的优异结果和成绩,并能超过他人。例如,一个小学生希望自己在考试中获得好成绩,能名列前茅。交往动机是在交往需要的基础上产生的社会性动机。故题干所述混淆了交往动机和成就动机。

9. √ 【解析】本题考查新课程教学评价倡导的基本理念。新课程课堂教学要真正体现以学生为主体,以学生发展为本,就必须对传统的课堂教学评价进行改革,体现以学生的"学"来评价教师"教"的"以学论教"的评价思想,强调以学生在课堂教学中呈现的状态为参照来评价课堂教学质量。提倡"以学论教",主要从学生的情绪状态、注意状态、参与状态、交往状态、思维状态、生成状态六个方面来评价课堂教学质量。

10. √ 【解析】本题考查教师的义务。根据《中华人民共和国教师法》第八条规定,教师应当履行不断提高思想政治觉悟和教育教学业务水平的义务。

二、单项选择题

1. A 【解析】本题考查教育目的的意义。教育目的是整个教育工作的核心,是教育活动的依据和评判标准、出发点和归宿,在教育活动中居于主导地位。

2. C 【解析】本题考查教学评价的类型。根据教学评价的作用,教学评价可以分为诊断性评价、形成性评价和总结性评价。其中,诊断性评价一般是指在某项教学活动开始之前对学生的知识、技能以及情感等状况进行的预测。总结性评价是在教学活动告一段落后，为了解教学活动的最终效果而进行的评价。故选C项。

3. D 【解析】本题考查各教学模式及其代表人物。A项，苏联心理学家和教育学家阿莫纳什维利等人提出了合作教学法。

B项，布卢姆提出了掌握教学模式。

C项，范例教学论(示范性教学)的代表人物是瓦·根舍因。

D项，认知教学理论的代表人物有布鲁纳、奥苏伯尔等；罗杰斯是非指导性教学模式的代表人物。

综上所述，D项对应错误。

4. B 【解析】本题考查杜威的教育思想。在教育本质问题上，杜威认为，教育即生活，教育即生长，教育即经验的改组或改造。此外，杜威还提出"学校即社会"，这是对"教育即生活"的进一步引申。"工作是儿童的天职"是蒙台梭利的观点；"五指"课程由陈鹤琴提出。故选B项。

5. D 【解析】本题考查加涅的学习分类理论。按学习结果，心理学家加涅将学习分为智慧技能、认知策略、言语信息、动作技能和态度。其中，动作技能指通过身体动作的质量的不断改善而形成整体动作模式。题干中陈芳在体育课上学会了广播体操，这属于动作技能的学习。

6. B 【解析】本题考查学习策略的种类。精加工策略是指通过把所学的新信息和已有的知识联系起来，以此增加新信息的意义，即运用已有的认知图式和知识经验使新信息合理化，更易于理解。精加工策略主要有记忆术、内在联系策略、做笔记、提问、生成性学习和记卡片策略。其中，编歌诀法是常用的记忆术之一。编歌诀法就是利用编制歌谣口诀的方式来帮助记忆的方法。故题干所述运用了精加工策略。

7. D 【解析】本题考查韦纳的成败归因理论。当个体将失败归因于能力弱、不努力等内部原因时，会产生愧疚感；将失败归因于任务太难、运气不好或教师评分不公正等外部原因时，则较少产生愧疚感。无论成败，归因于努力比归因于能力会产生更强烈的情绪体验。努力而成功会让人感到愉快，努力而失败的人也应受到鼓励，不努力而失败会让人感到愧疚。因此，当学生考试成绩不理想时，教师给予"该生不够努力"的归因是最合适的。

8. A 【解析】本题考查德育的相关内容。A项，广义的德育泛指所有有目的、有计划地对社会成员在政治、思想与道德等方面施加影响的活动，包括社会德育、社区德育、学校德育和家庭德育等方面。狭义的德育专指学校德育。我国学校德育内容主要有政治教育、思想教育、道德教育、法制教育和心理健康教育等。A项表述不正确。

B、D项，德育在阶级社会里具有鲜明的阶级性，是体现统治阶级的思想并将之灌输给下一代的主要渠道,对其他各育起着保证方向和保持动力的作用。B、D项表述正确。

C项,德育具有继承性,在其历史发展过程中,其原理、原则、内容和方法等存在一定的共同性。C项表述正确。

综上所述,本题选A项。

9. B 【解析】本题考查德西效应。德西在实验中发现:在某些情况下,人们在外在报酬和内在报酬兼得的时候,不但不会增强工作动机,反而会降低工作动机。此时,动机强度会变成二者之差。人们把这种规律称为“德西效应”。德西效应对教育的启示是,当学习活动本身已经使学生感到很有兴趣时,就无须加入更多的物质奖励。一味地奖励会让学生把奖励看作是学习的目的,导致学习目标的转移,而只专注于当前的名次和奖赏物,这时奖励的效果就变得适得其反。

10. D 【解析】本题考查《中华人民共和国义务教育法》。根据《中华人民共和国义务教育法》第四十五条规定,地方各级人民政府在财政预算中将义务教育经费单列。故A项说法正确。根据《中华人民共和国义务教育法》第四十一条规定,国家鼓励教科书循环使用。故B项说法正确。根据《中华人民共和国义务教育法》第六条规定,国家组织和鼓励经济发达地区支援经济欠发达地区实施义务教育。故C项说法正确。根据《中华人民共和国义务教育法》第十一条规定,凡年满六周岁的儿童,其父母或者其他法定监护人应当送其入学接受并完成义务教育;条件不具备的地区的儿童,可以推迟到七周岁。故D项说法不正确。

2021年浙江省台州市黄岩区中小学教师招聘考试教育基础知识真题试卷(十二)

一、判断题

1. × 【解析】本题考查我国第一个反封建的学制。辛亥革命后,中华民国南京临时政府曾公布新的教育宗旨:注重道德教育,以实利教育、军国民教育辅之,更以美感教育完成之。“壬子癸丑学制”是中国近代以来第一个反封建的教育学制(我国教育史上第一个具有资本主义性质的学制),带有西方单轨学制的特点。但这些民主的萌芽很快被袁世凯扼杀,使带有平等民主性质的资产阶级教育改革中途夭折。

2. × 【解析】本题考查文化教育学的观点。文化教育学,亦称精神科学教育学,是19世纪末以来出现在德国的一种教育学说,代表人物有狄尔泰、斯普兰格等。斯普兰格认为教育是一个文化过程,通过这个过程促进人格的生成与生命的唤醒。既然教育是一种历史文化过程,所以既不能采用赫尔巴特的纯粹的概念思辨,也不能依靠实验教育学的数量统计来进行,而必须采用文化科学的方法,亦即“理解”与“唤醒”的方法进行。所谓理解就是“一个人与另一个人(包括一个人对自我的理解)的交流过程”。在理解的过程中才能达到陶冶自己的人格与灵魂,唤醒人的精神与生命活力。制度教育学侧重于对学校的各种教育制度进行分析,引起了人们对学校制度的高度重视,使人们获得了对原来视为当然的学校制度进行质疑和批判的意识与能力,促进了教育社会学的发展。故题干匹配错误。

3. × 【解析】本题考查实施素质教育应避免的误区。素质教育就是不要考试,特别是不要百分制考试。这是对考试的误解,考试包括百分制考试本身没有错,要说错的话,就是应试教育中使用者将其看作学习的目的。考试作为评价的手段,是衡量学生发展的尺度之一,也是激励学生发展的手段之一。

4. × 【解析】本题考查人的身心发展规律。个体身心发展的顺序性是指人的身心发展是一个由低级到高级、由简单到复杂、由量变到质变的连续不断的发展过程。教育工作要遵循这种顺序性,循序渐进地促进人的发展。个体身心发展的阶段性是指个体身心发展在不同的年龄阶段表现出不同的总体特征及主要矛盾,面临着不同的发展任务。阶段性规律决定了教育工作必须根据不同年龄阶段学生的特点分阶段进行,不能在教育工作中搞“一刀切”“一锅煮”。故题干说法错误。

5. √ 【解析】本题考查知识的分类。英国科学家、哲学家波兰尼提出了“显性知识”(明确知识)和“隐性知识”(缄默知识)的知识形态分类。其中,隐性知识是指尚未被言语或其他形式表述的知识,是“尚未言明的”或者“难以言传的”知识。

6. × 【解析】本题考查考试焦虑。学生中常见的焦虑反应是考试焦虑。考试焦虑是一种复杂的情绪现象,是在一定的应试情境下,受个体认知评价能力、人格倾向与其他身心因素制约,以担忧为基本特征,以防御或逃避为行为方式,通过一定程度的情绪反应所表现出来的心理状态。其表现是:随着考试临近,心情极度紧张;考试时注意力不集中,知觉范围变窄,思维刻板,表现慌乱,无法发挥正常水平。学习困难综合征是指某些智力正常或接近正常的儿童,因神经系统的某种或某些功能性失调,使其在听、读、写、算方面能力降低或发展较慢,以致陷入学习困难。故题干所述属于考试焦虑的表现。

7. √ 【解析】本题考查能力与知识、技能的关系。能力不是知识和技能,但与知识和技能有着密不可分的联系。能力是掌握知识和技能的前提,决定着掌握知识和技能的方向、速度、巩固的程度和能达到的水平。故题干说法正确。

8. √ 【解析】本题考查班级管理的相关内容。在班级管理中,良好的班风是评价一个班级好坏的重要依据,而班风是靠舆论和习惯保证的整体作风。所以,形成健康的舆论,对于班级的建设和发展具有十分重要的意义。故题干说法正确。

9. × 【解析】本题考查《中华人民共和国教育法》。根据《中华人民共和国教育法》第七十二条规定，侵占学校及其他教育机构的校舍、场地及其他财产的，依法承担民事责任。

10. × 【解析】本题考查制定课堂规则的原则与要求。制定课堂规则应遵循一定的原则和满足基本的要求，主要包括：(1)课堂规则应符合四个条件，即明确、合理、必要和可行；(2)课堂规则应通过教师与学生的充分讨论，共同制定；(3)课堂规则应少而精，内容表述以正向引导为主；(4)课堂规则应及时制定与调整。题干中，“最终由教师来制定”表述错误，应是“教师与学生共同制定”。

二、单项选择题

1. A 【解析】本题考查中国传统文化价值观对中国教育的消极影响。漫长的历史岁月中，中国文化形成了自己的传统，并对中国教育价值观产生广泛的影响。具体体现在以下几个方面：重功利轻发展的教育价值观对教育的影响；重共性轻个性的教育价值观对教育的影响；重服从轻自主的教育价值观对教育的影响和重认同轻创造的教育价值观对教育的影响。故选A项。

2. C 【解析】本题考查教育目的的概念。一般来讲，教育目的是指国家或社会对教育所要造就的人的质量规格所做的总体规定与要求。具体来讲，教育目的是指教育活动所要达到的预期结果，是人们对受教育者达成状态的期望，即人们期望受教育者通过教育在身心诸方面发生什么样的变化，或者产生怎样的结果。故选C项。

3. A 【解析】本题考查发现法。A项，发现法，通常称作发现学习或问题教学法，就是让学生通过独立工作，自己主动发现问题、解决问题及掌握原理的一种教学方法。它是由美国心理学家布鲁纳所倡导的。

B项，陈鹤琴倡导“整个教学法”，整个教学法就是把儿童所应该学的东西整个地、有系统地去教儿童学。

C项，“教学做合一”是陶行知的生活教育的方法论，提出“教”与“学”都以“做”为中心。

D项，自然教学法亦称弗雷内教学法或自治教学法，以培养学生的表达能力、科学思维能力和协作精神为目的，强调让学生个人通过自己的自由表达，实验探索和协作生活等方式去获取知识。

综上所述，本题选A项。

4. B 【解析】本题考查想象的分类。根据创造程度的不同，有意想象可以分为再造想象和创造想象。其中，再造想象是依据词语或符号的描述、示意在头脑中形成与之相应的新形象的过程。题干中学生根据“疏影横斜水清浅，暗香浮动月黄昏”这句诗，在头脑中浮现出相应的画面，这属于再造想象。

5. C 【解析】本题考查班主任了解学生的方法。班主任了解学生的方法包括：

(1)观察法,即在自然条件下,有目的、有计划地对学生的各种行为表现进行观察。这是班主任了解、研究学生的最基本方法。(2)谈话法,指班主任通过与学生面对面谈话来深入了解学生情况的基本方法。(3)调查法,即通过对学生本人或知情者的调查访问,从侧面间接地了解学生,包括问卷、座谈等。(4)书面材料分析法,即借助学生的成绩表、作业、日记等书面材料对学生进行了解的方法。本题可先对比选项,运用排除法,排除A项。然后运用最优原则进行选择。观察法是班主任了解学生的最基本方法,B、C项中包括观察法,D项中不包括,所以排除D项。谈话法相较于调查法更适合班主任在日常生活中使用,故选C项。

6. C 【解析】本题考查创造性的特征。创造性的特征包括流畅性、灵活性和独创性。流畅性是指在限定时间内产生观念数量的多少。灵活性是指摒弃以往的习惯思维方法而开创不同方向的能力。独创性是指产生不寻常的反应和不落常规的能力,以及重新定义或按新的方式对所见所闻加以组织的能力。题干中小明说出的数量多,说明其流畅性比较强;小红说出来5种但各有特色,说明其灵活性比较强;小卓只说了一种但能写出五颜六色,说明其独创性比较强。故C项符合题意。

7. D 【解析】本题考查情绪的分类。依据情绪发生的强度、持续性和紧张度的不同,可以把情绪状态划分为激情、心境和应激。其中,心境是一种微弱的、持续时间较长的,带有弥漫性的情绪状态。"人逢喜事精神爽"是心境的表现,故属于情绪。

8. D 【解析】本题考查不合理信念的特征。不合理信念的特征包括:(1)绝对化要求。个体以自己的意愿为出发点,认为某一事物必定会发生或不会发生的信念。这种特征通常是与"必须""应该""最好""一定"这类词联系在一起,如"我必须获得成功""我必须拿奖学金"等等。(2)过度概括化。这是一种以偏概全、以一概十的不合理思维方式的表现。一方面,表现为对自身的不合理评价。自己做错了一件事就认为自己一无是处,以某一件或几件事来评价自己的整体价值,其结果往往是导致自罪自责、自卑自弃,从而产生焦虑和抑郁等情绪。另一方面,表现为对他人的不合理评价。别人稍有一点对不住自己,就认为他坏透了,完全否定他人,一味地责备他人,从而产生敌意和愤怒等情绪。(3)糟糕至极。对事物的可能后果产生非常可怕、非常糟糕,甚至是一种灾难性的预期的非理性观念,进而陷入极度的负面情绪体验中。题干中小明因小红没跟自己玩,就觉得小红不好,即对小红进行了不合理评价,这符合过度概括化的表现。

9. B 【解析】本题考查休伯曼的职业生涯周期论。美国教育家休伯曼等人依据教师的生命周期将教师的职业生涯划分为五个时期:入职期、稳定期、实验和重估期(实验和歧变期)、平静和保守期、退出教职期。其中,处于实验和歧变期的教师,开始不安于教学现状,尝试进行教学改革;批评学校管理中的弊端,不断对职业和自我进行挑战,有的甚至考虑是否继续执教。故选B项。

10. D 【解析】本题考查《中华人民共和国民法典》。根据《中华人民共和国民法典》第十九条规定,八周岁以上的未成年人为限制民事行为能力人,实施民事法律行为由其法定代理人代理或者经其法定代理人同意、追认;但是,可以独立实施纯获利益的民事法律行为或者与其年龄、智力相适应的民事法律行为。压岁钱是纯获利行为,父母可以帮孩子保管,但不能替孩子花。故D项符合题意。

2021年浙江省宁波市中小学教师招聘考试教育理论基础知识真题试卷(十三)

一、判断题

1. × 【解析】本题考查乔姆斯基的语言获得理论。乔姆斯基认为,决定儿童语言获得的因素不是经验和学习,而是先天遗传的语言能力,这个理论被称作“先天语言能力说”。题干说法错误。

2. √ 【解析】本题考查影响儿童的人格发展的社会化因素。个性或人格的发展是个体社会化的结果。所谓社会化,是指个体学习他所属的社会中人们必须掌握的文化知识、行为习惯和价值体系的过程。一般来说,影响儿童人格发展的社会化因素主要包括家庭、学校教育、同辈群体和大众传媒。其中,家庭是儿童个性实现社会化的主要场所,因为儿童个性的形成、社会行为的获得,其最关键的几年是在家中度过的。而当儿童进入学龄期以后,学校教育和同伴的影响开始逐渐上升,但在儿童人格的发展的整个过程中,家庭依旧是最主要的影响因素,故题干说法正确。

3. √ 【解析】本题考查班主任的意义。班主任是学生班级的直接组织者、教育者和领导者,是学生健康成长的引路人,是联系班级与各任课教师的纽带,是沟通学校、家庭和社会的桥梁,是学校思想政治工作的骨干力量。题干说法正确。

4. × 【解析】本题考查儿童记忆发展的特点。在幼儿期,幼儿的记忆以机械性记忆为主,意义记忆逐步发展。幼儿习惯于采用简单重复的机械记忆方法,记忆事物的表面特征的外部联系。记忆理解材料时,机械记忆的成分减少,意义记忆成分增加。意义记忆的效果总是优于机械记忆的效果。进入小学阶段,小学生的记忆还是以机械记忆为主,意义记忆在逐步发展。机械记忆对于小学生来说也是必要的。然而,从记忆效果上看,意义记忆一般比机械记忆的效果好。题干说法错误。

5. √ 【解析】本题考查西周学校教育的基本内容。西周时期的学校教育以“六艺”为基本学科,即礼、乐、射、御、书、数。题干说法正确。

6. √ 【解析】本题考查赫尔巴特的教学四阶段论。赫尔巴特认为任何教学都必须经历明了(清楚)、联合(联想)、系统、方法四个阶段。题干说法正确。

7. × 【解析】本题考查认知风格的差异。美国心理学家杰罗姆·卡根主要根据个体对问题思考的速度的差异，将认知风格分为冲动型和沉思型。冲动型认知风格的学生的知觉与思维方式以冲动为特征，倾向于根据几个线索做出很大的直觉跃进，往往以很快的速度形成自己的看法，在回答问题时很快就做出反应，因此所用的时间较少，但出错率较高。沉思型认知风格的学生在做出回答之前倾向于进行深思熟虑的、计算的、分析性的和逻辑的思考，往往先评估各种可替代的答案，然后给予较有把握的答案。两种风格并无优劣之分。题干说法错误。

8. √ 【解析】本题考查罗森塔尔效应。罗森塔尔效应又被称为教师期望效应、皮格马利翁效应，即教师的期望或明或暗地传递给学生，会使学生按照教师所期望的方向来塑造自己的行为。

9. × 【解析】本题考查强化的类型。强化有正强化和负强化之分。正强化是通过呈现想要的愉快刺激来增强反应频率；负强化是通过消除或中止厌恶、不愉快刺激来增强反应频率。题干说法错误。

10. √ 【解析】本题考查奥苏伯尔对学习动机的分类。奥苏伯尔认为，学习动机由三种内驱力组成：认知内驱力是指要求了解、理解和掌握知识以及解决问题的需要，属于内部动机；自我提高内驱力是指个体因自己的胜任或工作能力而赢得相应地位的需要，属于外部动机；附属内驱力是指个体为了获得长者们（如家长、教师）的赞许或认可而表现出把工作、学习做好的一种需要，属于外部动机。题干说法正确。

二、单项选择题

1. D 【解析】本题考查教育活动的构成要素。王道俊、郭文安主编的《教育学（第七版）》指出：凡是教育活动都具有教育者、受教育者、教育内容和教育活动方式等基本要素，这是构成教育活动的共性，缺少了其中任何一个要素都不可能成为真正的教育。故选D项。

方法技巧：关于教育活动的构成要素，不同的学者有不同的观点。以下归纳了几种常考的说法，考生做题时应注意具体问题具体分析。

三要素说：教育者、受教育者、教育影响/教育媒介/教育措施/教育内容。

四要素说：教育者、受教育者、教育内容、教育手段/教育活动方式。

2. C 【解析】本题考查学习的原则。学习的循序渐进原则是指学习要按照学科知识的内在逻辑体系和学习者的心理发展水平有计划有步骤地进行，处理好“快”与“慢”、“多”与“少”的辩证关系。从学生成才来说，知识掌握得越多，人才成长得越快越好。但是，从掌握知识的过程来说，又必须循序渐进，日积月累，持之以恒，不能急于求成。故题干所述强调的是学习的循序渐进原则。

3. A 【解析】本题考查教师劳动的特点。教师劳动的示范性指教师的言行举止，如人品、才能、治学态度等都会成为学生学习的对象。教师劳动的示范性特点是由学生的可塑性、向师性和模仿性心理特征决定的，故选A项。

4. C 【解析】本题考查教学方法的分类。以实际训练为主的教学方法主要有练习法、实验法、实习作业法、实践活动法四种。C项，读书指导法是以语言传递为主的教学方法。

5. C 【解析】本题考查蔡元培的教育思想。蔡元培任北京大学校长时提出了“思想自由，兼容并包”的办学方针，故选C项。

6. B 【解析】本题考查问题的分类。根据问题组织程度不同，可将问题分为结构良好问题和结构不良问题两类。结构良好问题是指已知条件和要达到的目标都非常明确，个体按一定的思维方式即可获得答案的问题。结构不良问题是指没有明确的结构或解决途径的问题。修电脑的已知条件和要达到的目标都不明确，不是结构良好的问题，故选B项。

7. C 【解析】本题考查动作技能形成中的练习成绩起伏现象。动作技能的形成不是一帆风顺、直线上升的。在其形成过程中，练习的成绩时而上升，时而下降，有峰有谷，呈现明显的波浪式，这就是练习成绩的起伏现象。故选C项。A项，高原现象是指学生在学习过程中出现一段时间的学习成绩和学习效率停滞不前，甚至学过的知识感觉模糊的现象。B项，反馈指在学习与练习过程中信息的返回传递。D项为干扰选项，可排除。

8. D 【解析】本题考查功能固着的定义。人们把某种功能赋予某物体的倾向称为功能固着。在功能固着的影响下，人们不易摆脱事物用途的固有观念，从而直接影响问题解决的灵活性。小刚只想到用螺丝刀拧螺丝，没有想到可以用小刀，说明其摆脱不了功能固着的影响。故选D项。A项为干扰项，可排除。B项，定势（即心向）是指重复先前的操作所引起的一种心理准备状态。在定势的影响下，人们会以某种习惯的方式对刺激情境做出反应。C项，酝酿效应是指当一个人长期致力于某一问题的解决而又百思不得其解的时候，如果他暂时停下对这个问题的思考而去做别的事情，几小时、几天或几周之后，他可能会忽然想到解决的办法。

9. B 【解析】本题考查学习的内涵。学习实质上是一种适应活动，是有机体后天习得经验的过程，B项说法正确。学习是人和动物共有的普遍现象，无论是低级动物还是高级动物乃至人类，在其整个生活中都贯穿着学习，A项说法错误。鸭子游水属于先天性行为，不是学习；小狗钻火圈属于后天习得的行为，是学习，C项说法错误。学习表现为个体行为由于经验而发生的行为或行为潜能的较为稳定的变化，D项说法错误。

10. A 【解析】本题考查《中华人民共和国义务教育法》。根据《中华人民共和国义务教育法》第二十七条规定，对违反学校管理制度的学生，学校应当予以批评教育，不得开除。A项说法错误。根据《中华人民共和国义务教育法》第三十六条规定，学校应当把德育放在首位，寓德育于教育教学之中，开展与学生年龄相适应的社会实践活动，形成学校、家庭、社会相互配合的思想道德教育体系，促进学生养成良好的思想品德和行为习惯。B项说法正确。根据《中华人民共和国义务教育法》第三十九条规定，国家实行教科书审定制度。教科书的审定办法由国务院教育行政部门规定。未经审定的教科书，不得出版、选用。C项说法正确。根据《中华人民共和国义务教育法》第四十三条规定，特殊教育学校（班）学生人均公用经费标准应当高于普通学校学生人均公用经费标准。D项说法正确。本题为选非题，故选A项。

2021年浙江省绍兴市（越城区、柯桥区、上虞区）中学教师招聘考试教育基础知识真题试卷（十四）

一、单项选择题

1. C 【解析】本题考查教育一词的最早出处。在我国，“教育”一词最早见于《孟子·尽心上》中的“得天下英才而教育之，三乐也”。

2. A 【解析】本题考查我国近代学制。1902年的“壬寅学制”是中国近代教育史上最早由国家正式颁布的学制系统，虽然正式公布，但并未实行。故选A项。

易错提示：考生应注意区分与我国近代的四个主要学制相关的“第一”。

学制	说明
壬寅学制	第一个正式颁布，但未实施的学制
癸卯学制	第一个正式实施的学制
壬子癸丑学制	第一个具有资本主义性质的学制
壬戌学制	第一次明确规定以学龄儿童和青少年身心发展规律作为划分学校教育阶段的依据

3. B 【解析】本题考查布卢姆关于学习的划分。美国教育心理学家布卢姆将教学目标（即预期学生的学习结果）分为认知、情感和动作技能三个领域，每一领域的目标又从低级到高级分成若干层次。故选B项。A项，加涅根据学习情境由简单到复杂、学习水平由低到高的顺序，把学习分为八类，建构了一个完整的学习层级结构；按学习结果，将学习分为五种类型。C项，梅里尔1971年提出了由四个水平十种习得行为所组成的教学目标分类体系。D项，美国心理学家马杰提出教学目标应具备三个要素：可观察的行为、行为发生的条件和可接受的行为标准。

4. A 【解析】本题考查德育过程的基本要素。德育过程通常由教育者、受教育者、德育内容和德育方法四个相互制约的要素构成。

5. D 【解析】本题考查班主任的领导方式。班主任的领导方式主要有权威型、民主型和放任型。在权威型的班主任领导方式中，教师对学生时时严加监视，要求学生无条件接受一切命令，遵守严厉的纪律，很少给予表扬；教师自己担负全部责任，不允许学生有任何意见。故选D项。

6. D 【解析】本题考查教育研究的类型。根据方法论的不同,教育研究可分为定量研究与定性研究,故A、B两项可排除。根据研究目的的不同,教育研究可分为基础研究、应用研究与开发研究。C项,基础研究以对教育知识做出根本性贡献为目的,而不管这种新的教育知识(规律性认识)是否对现在应用有直接的和实际的价值。D项,应用研究是以解决某些实际教育问题或为教育决策和教育实践提供直接有用的知识为主要目的的研究。由题干中"尝试改进课堂教学方法"可知,该语文老师的研究目的是解决实际教育问题,故属于应用研究,选D项。

7. A 【解析】本题考查现代认知心理学的代表人物。A项的皮亚杰是现代认知心理学的代表人物;B项的马斯洛是人本主义心理学的代表人物;C项的斯金纳是行为主义心理学的代表人物;D项的艾斯纳是美学教育家、课程论专家,提出了表现性目标。故选A项。

8. B 【解析】本题考查思维的种类。根据思维的内容凭借物、任务的性质、发展水平以及解决问题的方式,可将思维分为直观动作思维、具体形象思维和抽象逻辑思维。其中,直观动作思维是以实际动作为支柱的思维过程。题干中强调小明上物理实验课时喜欢一边操作一边思考,即以实际动作为支柱,这属于动作思维。故选B项。A项,直觉思维是未经逐步分析就迅速对问题的答案做出合理的猜测、设想或突然领悟的思维。C项,具体形象思维是以直观形象和表象为支柱的思维过程。D项,抽象逻辑思维是以词为中介来反映现实的思维过程,也叫词的思维或逻辑思维。

9. C 【解析】本题考查建构主义学习理论的观点。建构主义在学习观上强调学习的主动建构性、社会互动性和情境性三方面。其中,学习的主动建构性是指学生能够主动地对已有知识经验进行综合、重组和改造,从而用以解释新信息,并最终建构属于个人意义的知识内容。故题干所述符合主动建构性的内涵。因此,答案选C项。A项,人本主义学习理论认为心理学应该探讨完整的人,强调人的价值,强调人有发展的潜能,而且有发挥潜能的内在倾向,即自我实现倾向。B项,认知主义学习理论认为,有机体获得经验的过程是通过积极主动的内部信息加工活动形成新的认知结构的过程。D项,行为主义学习理论的核心观点认为,学习过程是有机体在一定条件下形成刺激与反应的联系,从而获得新经验的过程。

10. C 【解析】本题考查教师成长的阶段。福勒和布朗根据教师的需要和不同时期所关注的焦点问题,把教师的成长划分为关注生存、关注情境和关注学生三个阶段。其中,处于关注生存阶段的一般是新教师,他们非常关注自己的生存适应性,最担心的问题是"学生喜欢我吗""同事们如何看我""领导是否觉得我干得不错"等。根据题干描述可知,马老师处于教师成长的关注生存阶段。故选C项。

二、辨析题(参考答案)

11. 凯兴斯坦纳曾说:“我以为国家公立学校的目的——也就是一切教育的目的——是教育有用的国家公民。”这种观点属于本体论。

(1)这种说法是不正确的。(2)教育目的的社会本位论主张教育的目的是为社会培养合格的成员和公民,使受教育者社会化。凯兴斯坦纳认为教育的目的是培养有用的国家公民,这属于社会本位的教育目的论。故题干说法不正确。

(共5分。判断2分,判断“说法正确”本题不得分;理由3分,社会本位论的主张1分,对引言的分析2分)

12. 总体而言,学校课程内容主要由间接经验构成。

(1)这种说法是正确的。(2)课程内容的基本性质是知识,它具有直接经验和间接经验两种形态。任何形式的课程都必须包括一定的直接经验和间接经验。间接经验即理论化、系统化的书本知识,它是人类认识的基本成果,间接经验具体包括在各种形式的科学中。学校课程内容主要是理论化、系统化的书本知识,故学校课程内容主要由间接经验构成。

(共5分。判断2分,判断“说法不正确”本题不得分;理由3分,答出课程内容的两种形态1分,间接经验的概念1分,具体阐述1分)

13. 教学具有教育性。

(1)这种说法是正确的。(2)教学的教育性是指教学活动必然具有思想品德教育的意义。这是经过长期教育实践和教学理论研究而总结出的一条基本教学规律,是对教学过程中传授知识与培养思想品德二者之间关系的正确揭示。教学必然具有教育性的原因主要在三个方面:①教学过程本身就具有重要的思想教育价值;②在教学过程中,教师的思想意识和道德观念必然要对学生思想品德的形成和发展产生重大影响;③在教学过程中,教师的言行举止对学生的思想品德具有潜移默化的教育作用。

(共5分。判断2分,判断“说法不正确”本题不得分;理由3分,答出教学具有教育性的含义1分,原因2分)

三、简答题(参考答案)

14. 简述我国法律法规所规定的学生的义务。

根据《中华人民共和国教育法》第四十四条规定,受教育者应当履行下列义务:(1)遵守法律、法规;(2)遵守学生行为规范,尊敬师长,养成良好的思想品德和行为习惯;(3)努力学习,完成规定的学习任务;(4)遵守所在学校或者其他教育机构的管理制度。

(共8分。每点2分,答案完整得满分;答出“遵守法律、法规”“遵守学生行为规范”“努力学习”“遵守管理制度”等关键词可得5分)

15. 简述如何有效激发中学生的学习动机。

(1)增加学习的趣味性,激发学生的内在动机。①增加学习内容的趣味性;②增加学习方式的趣味性。(2)运用强化动机理论给予学生积极的反馈。①反馈要明确、适当;②反馈要及时、经常。(3)根据目标设置理论为学生设置合理有效的目标。(4)根据自我效能感理论,努力使学生获得成功体验。(5)根据归因理论引导学生积极归因。(6)根据需要层次理论满足学生的缺失需要。

(共8分。答案完整得满分;答出"增加学习的趣味性""给予积极的反馈""设置合理有效的目标""获得成功体验""积极归因""满足学生的缺失需要"等关键词可得5分)

16. 简述中学教师的角色功能。

(1)学习的指导者;(2)知识的提供者;(3)课堂氛围营造者;(4)行为指导者;(5)道德引导者;(6)课堂管理者;(7)父母般的朋友;(8)课堂活动的组织者。

(共8分。每点1分,答案完整得满分)

四、论述题(参考答案)

17. 论述科学性和思想性相统一的教学原则,并联系中学教学实际,谈谈在教学中如何贯彻这一原则。

(1)科学性和思想性(教育性)相统一的原则是指教学要以马克思主义为指导,授予学生科学知识,并结合知识教学对学生进行社会主义品德和正确人生观、科学世界观教育。这一原则的实质是要求在教学活动中把教书和育人有机地结合起来。

(2)贯彻此原则的要求包括:①教师要保证教学的科学性;②教师要结合教学内容的特点进行思想品德教育;③教师要通过教学活动的各个环节对学生进行思想品德教育;④教师要不断提高自己的业务能力和思想水平。(考生需联系中学教学实际展开论述,言之有理即可)

(共12分。科学性和思想性相统一原则的含义4分;贯彻要求8分,每点2分,若没有结合中学教学实际作答,最多给3分)

18. 论述中学生同伴关系发展的特点,并联系实际谈谈如何促进中学生同伴关系的良好发展。

(1)中学生同伴关系发展的特点:①逐渐克服了团伙的交往方式。中学生交友的范围随着年龄增长而逐渐缩小;②朋友关系在中学生生活中日益重要。中学生将感情的重心逐渐转向关系密切的朋友;③与异性朋友之间的关系。进入中学以后,男女生之间的关系有了新的特点,双方都开始意识到性别问题,并彼此对对方逐渐产生了兴趣。

(2)促进中学生同伴关系的良好发展的措施:①开设相关课程,进行交往技能训练;②丰富课堂教学交往活动;③组织丰富多彩的交往实践活动;④培养学生的亲社会能力。(考生需联系实际展开论述,言之有理即可)

(共12分。中学生同伴关系发展的特点6分,“克服团伙的交往方式”“朋友关系”“异性朋友之间的关系”三个要点各2分;促进中学生同伴关系的良好发展6分,从“交往技能训练”“课堂教学交往活动”“交往实践活动”“亲社会能力”等方面分析如何促进中学生同伴关系的良好发展,至少答出4种方法,每种方法1.5分,若没有联系实际作答,最多给3分)

五、案例分析题(参考答案)

19.(1)处理办法:首先,与吸烟的学生单独谈话,了解学生吸烟的原因;其次,结合学生吸烟的原因设计“吸烟有害健康”的主题班会,在班会中组织探究烟气中有害成分的实验活动,帮助吸烟的学生真正认识到吸烟的危害,提高学生的自我约束能力。

处理依据:①在对吸烟学生的教育上,该班主任已经采用了说服教育与纪律约束的方法,但收效甚微,这说明教师口头的说服教育以及学校的纪律约束等并不能让学生真正认识到吸烟的危害,且易增强青少年学生的逆反心理。

②学生是发展中的人,心智发育还不成熟,容易受外界的不良影响。通过谈话法可以深入了解学生吸烟的原因,从而有针对性地对学生进行正确的引导。通过探究烟气中有害成分的实验活动,可以帮助学生直观地认识到吸烟的危害,从而实现学生自我教育、自我约束的目的。

(共8分。处理办法4分,从“单独谈话”和“主题班会”两个方面阐述处理办法,每条2分;处理依据4分,从案例呈现的信息、学生的特点等方面阐述处理依据,每条2分。考生若有其他合理回答可酌情给分)

(2)①理解教育惩戒的内核,做到“思想有度”。《中小学教育惩戒规则(试行)》明确指出“教育惩戒,是指学校、教师基于教育目的,对违规违纪学生进行管理、训导或者以规定方式予以矫治,促使学生引以为戒、认识和改正错误的教育行为。”在本案例中,班主任对于再次吸烟的学生,不能一味地考虑采取严厉的纪律处分,也要考虑其他合适的处理方式,避免惩戒过头。

②明确教育惩戒的目标,做到“行为有度”。教育惩戒是一种教育手段,其目的是为了让学生不断进步。如何做到既不伤害学生的身体健康,又能帮助学生心理健康发展,教育惩戒需要一种高超的教育技巧。在本案例中,班主任不能只盯着吸烟学生的“错误”,应该提出改正的方向和可行的方法,帮助学生逐渐改掉吸烟的习惯,自觉遵守校规校纪。

③让爱融入到惩戒中,做到“心中有度”。教师要根据学生的个性特性、年龄、性

别、身体状况等方面的差异进行惩戒,不可以搞"一刀切"。教师要多一些耐心与细心,认真分析学生犯错误的原因,设计不同的惩罚方式促进学生的健康发展。在本案例中,班主任应分析学生吸烟的原因,不能用固定思维判断学生,学会用发展的眼光看学生,做到因材施教,防止教育惩戒被滥用。

(共9分。从"思想有度""行为有度""心中有度"等方面阐述班主任应如何把握好教育惩戒的"度",至少能提出3条,每条3分。提出其他合理回答可酌情给分)

2020年浙江省宁波市中小学教师招聘考试教育理论基础知识真题试卷(十五)

一、判断题

1. √ 【解析】本题考查班集体发展的特点。班集体的发展是在不断探索中发展的,并不是一帆风顺的。因此,班集体发展呈螺旋式上升的特点。题干说法正确。

2. × 【解析】本题考查发现法的提出者。发现法是美国心理学家布鲁纳倡导的一种教学方法。他主张让学生通过独立工作,自己主动发现问题、解决问题及掌握原理。美国著名教育心理学家斯金纳倡导的是程序教学法。

3. × 【解析】本题考查启发性原则的核心。启发性原则的核心是调动学生的主动性和积极性,特别是激发学生思维的积极性。题干说法错误。

4. √ 【解析】本题考查加德纳的多元智力理论。加德纳的多元智力理论认为,人的智力结构中存在着七种相对独立的智力(后发展为九种),这几种智力在每个人身上的组合方式是多种多样的,每个人在不同领域的智力发展水平是不同步的。有人可能在某一两个方面是天才,而在其余方面却是蠢材;有人可能每种智力都很一般,但如果他所拥有的各种智力被巧妙地结合在一起,则可能在解决某些问题时会显得很出色。因此,不能仅从一方面衡量、评价学生的好坏。故题干表述正确。

5. √ 【解析】本题考查德育过程的基本规律。德育过程一般以知为开端,以行为终结。但由于社会生活的复杂性,德育影响的多样性等因素,在德育具体实施过程中,又具有多种开端,可根据学生品德发展的具体情况,或从导之以行开始,或从动之以情开始,或从锻炼品德意志开始,最后达到使学生品德在知、情、意、行几方面和谐发展的目的。

6. √ 【解析】本题考查儿童道德评价的发展。道德评价发展的特点有:(1)从他律到自律;(2)从效果到动机;(3)从律他到律己;(4)从片面到全面;(5)从笼统到具体。

7. × 【解析】本题考查活动课程的内涵。活动课程以学习者的经验为中心来组织,容易导致学科知识的支离破碎,学生难以掌握完整系统的学科知识的体系。故题干说法错误。学科课程以知识的逻辑体系为中心编制课程,便于学生对知识的掌握。

8. √ 【解析】本题考查创造性思维的内涵。创造性思维既是发散思维和聚合思维的统一,也是形象思维和抽象思维的统一,但更多地表现在发散思维上。故题干表述正确。

9. √ 【解析】本题考查短时记忆的容量。短时记忆的容量一般是7±2,即5~9个项目,平均值为7。

10. √ 【解析】本题考查《中华人民共和国教育法》的相关规定。根据《中华人民共和国教育法》第十九条规定,国家实行九年制义务教育制度。各级人民政府采取各种措施保障适龄儿童、少年就学。适龄儿童、少年的父母或者其他监护人以及有关社会组织和个人有义务使适龄儿童、少年接受并完成规定年限的义务教育。

二、单项选择题

1. B 【解析】本题考查对古文的理解。题干引文出自《荀子·劝学》,意为:兰槐的根就是白芷,如果浸泡在臭水里,君子不靠近它,一般人也不再佩戴它。它的本质并非不好,而是被浸泡臭了才这样。所以君子居住要选择好的环境,交往要接近有道德的人,之所以这样,是用来防止接触邪恶的人,而靠近正直的人。这种观点夸大了环境对人的发展的作用,故属于环境决定论。

2. B 【解析】本题考查《学记》。《学记》比较系统和全面地总结和概括了我国先秦时期的教育经验,是中国古代也是世界上最早专门论述教育和教学问题的论著。故A项说法正确,B项说法错误。《学记》强调教育为社会政治服务的目的,从而把教育与个人发展和社会进步密切联系起来,尤其突出了教育的政治功能,形成了中国古代教育的突出特色。故C项说法正确。《学记》强调启发诱导,提出“故君子之教,喻也。道而弗牵,强而弗抑,开而弗达”,故D项说法正确。

3. B 【解析】本题考查教育的功能。依据教育作用的方向,教育功能可分为正向功能和负向功能;依据作用的呈现形式,教育功能可分为显性功能和隐性功能。故A、D两项说法正确。教育价值是教育应该发挥的作用,教育功能是教育能够发挥和实际发挥的作用,二者不能等同,故B项说法错误。自学校产生以来,学校教育就一直对社会政治产生着极其重要的影响作用。选项C说法正确。

4. C 【解析】本题考查西方教育学家的教育思想。夸美纽斯主张“泛智”教育,提出“把一切事物教给一切人”“一切男女青年都应该进学校”,故A项组合正确。布鲁纳提出“结构教学论”,强调“无论我们选教何种学科,务必使学生理解该学科的基本结构”,故B项组合正确。赫尔巴特提出任何教学都必须经历明了、联想、系统和方法四个阶段。他的教学四阶段论后来被席勒发展为分析、综合、联想、系统、方法五个阶段,赖因又将其演变为预备、提示、联合、总结、应用的教学过程。上述教学过程均为五段，俗称“五段教学法”。故C项组合不正确。苏霍姆林斯基提出了和谐教育思想，认为学校教育的理想是培养全面和谐发展的人，故D项组合正确。

5. B 【解析】本题考查自我效能感的含义。自我效能感由班杜拉首次提出，是指人对自己能否成功从事某一成就行为的主观判断。题干中小强对自己期末考试考满分的可能性的判断，属于自我效能感。

6. A 【解析】本题考查维果斯基的社会历史发展观。维果斯基在心理发展上强调社会文化历史的作用，特别强调活动和社会交往在人的高级心理机能发展中的突出作用。他认为，高级心理机能来源于外部动作的内化，这种内化不仅通过教学，也通过日常生活、游戏和劳动等来实现。

7. D 【解析】本题考查罗杰斯的人格观点。罗杰斯认为，人格形成的原动力来自于自我实现的需要，人格发展的关键在于形成和发展正确的自我观念。

8. A 【解析】本题考查学习策略的种类。A项，复述策略是指在工作记忆中为了保持信息，运用内部语言在大脑中重现学习材料或刺激，以便将注意力维持在学习材料上的方法。在复杂知识学习中，复述策略包括边看书边讲述材料，在阅读时做摘录、画线或圈出重点等。题干所述“画线”和“摘录”属于复述策略，故选A项。B项，精细加工策略是指通过把所学的新信息和已有的知识联系起来，以此增加新信息的意义，即运用已有的认知图式和知识经验使新信息合理化，更易于理解。C项，组织策略是指将经过精加工提炼出来的知识点加以构造，形成更高水平的知识结构的信息加工策略。D项，元认知策略是指个体为实现最佳的认知效果而对自己的认知活动所进行的调节和控制。

9. B 【解析】本题考查斯金纳的操作性条件反射。B项，所谓操作性条件反射，是指有机体在某种情境中自发做出的某种行为由于得到强化而提高了该行为在这种情境中发生的概率，即形成了该反应与情境的联系。题干中一名学生上课举手发言，得到老师的表扬后，该学生举手发言的频率高了，行为后果影响随后行为，属于操作条件反射。故选B项。A项，经典性条件反射是指一个原是中性的刺激与一个原来就能引起某种反应的刺激相结合，而使动物学会对那个中性刺激做出反应。C项，班杜拉提出社会学习理论，认为学习是个体通过对他人的行为及其强化结果的观察，从而获得某些新的行为反应或已有的行为反应得到修正的过程。D项，苛勒认为，学习是通过顿悟过程实现的。所谓顿悟，就是领会到自己的动作和情境、特别是和目的物之间的关系。

10. D 【解析】本题考查《中华人民共和国教育法》的相关规定。根据《中华人民共和国教育法》第八条规定，国家实行教育与宗教相分离。任何组织和个人不得利用宗教进行妨碍国家教育制度的活动。故A项说法正确。根据《中华人民共和国教育法》第十一条规定，国家采取措施促进教育公平，推动教育均衡发展。故B项说法正确。根据《中华人民共和国教育法》第十二条规定，国家采取措施，为少数民族学生为主的学校及其他教育机构实施双语教育提供条件和支持。故C项说法正确。根据《中华人民共和国教育法》第十四条规定，国务院和地方各级人民政府根据分级管理、分工负责的原则，领导和管理教育工作。中等及中等以下教育在国务院领导下，由地方人民政府管理。高等教育由国务院和省、自治区、直辖市人民政府管理。故D项说法错误。

2020年浙江省丽水市缙云县中小学教师招聘考试真题试卷(十六)

一、不定项选择题

1. D 【解析】本题考查时事热点。根据世卫组织实时统计数据，截至欧洲中部夏令时间8月9日14时46分(北京时间8月9日20时46分)，全球累计新冠肺炎确诊病例19462112例，累计死亡病例722285例。故选D项。(注：该县笔试时间为2020年8月9日)

2. B 【解析】本题考查时事热点。2020年7月23日12时41分，我国在海南岛东北海岸中国文昌航天发射场，用长征五号遥四运载火箭将我国首次火星探测任务“天问一号”探测器发射升空，飞行2000多秒后，成功将探测器送入预定轨道，开启火星探测之旅，迈出了我国自主开展行星探测的第一步。故选B项。

3. D 【解析】本题考查时事热点。2019年，央视《面对面》栏目对华为创始人任正非进行了专访。任正非在采访中提到：“老师是人类灵魂的工程师，再穷也不能穷老师，再穷也要对未来投资”“我希望从青少年开始，就不要单纯就是数理化，应该有全面的思想的发展，奠定一个广阔的文化基础”“如果没有从农村的基础教育抓起，没有从一层层的基础教育抓起，我们国家就不可能在世界这个地方竞争。因此我认为国家要充分看到这一点，国家的未来就是教育”。

4. C 【解析】本题考查时事热点。陈立群从杭州学军中学校长岗位上退下来后，有民办学校许下重金礼聘，但他最终选择了支教。2016年，陈立群远赴贵州，在黔东南苗族侗族自治州的国家级贫困县从事支教工作。故选C项。

5. A 【解析】本题考查国家法定节日。A项，2014年11月1日，第十二届全国人民代表大会常务委员会第十一次会议通过的《关于设立国家宪法日的决定》规定：“将12月4日设立为国家宪法日。”B项，经党中央批准、国务院批复，自2018年起，将每年农历秋分日设立为“中国农民丰收节”。C项，经党中央批准、国务院批复，自2021年起，将每年的1月10日设立为“中国人民警察节”。D项，2014年8月31日，第十二届全国人民代表大会常务委员会第十次会议作出决定，将9月30日设立为“烈士纪念日”。

6. BC 【解析】本题考查《学记》中的教育思想。《学记》提出“幼者听而弗问,学不躐等也”,意思是:年纪小的学生只许旁听,却不必发问,为的是考虑他们的接受能力,以求循序渐进。故“学不躐等”体现的是循序渐进的教育思想,C项可选。

A项,因材施教是指要根据学生的个性特点,进行有针对性的教育。故不选。

B项,“不陵节而施”出自《学记》,是指教学要遵循一定的顺序进行,体现的是循序渐进的教育思想。故B项可选。

D项,“长善救失”的教育思想出自《学记》,是指要发扬学生的优点、长处以帮助学生克服缺点,纠正错误。故不选。

7. ABD 【解析】本题考查《中华人民共和国未成年人保护法》(2012年修正)。根据《中华人民共和国未成年人保护法》(2012年修正)第五条规定,保护未成年人的工作,应当遵循下列原则:(1)尊重未成年人的人格尊严;(2)适应未成年人身心发展的规律和特点;(3)教育与保护相结合。

8. A 【解析】本题考查学生品德发展的标志。自我教育能力既是德育的一个重要条件,又是衡量学生品德发展程度的重要标志。

9. B 【解析】本题考查同感的内涵。同感是指辅导教师设身处地地去体会受辅导学生的内心感受,进入到他的内心世界之中。故选B项。A项,内化指在思想观念上与社会规范及其价值一致,将自己所认同的思想和自己原有的观点、信念融为一体,构成一个完整的价值体系。C项,系统脱敏是指当某些人对某事物、某环境产生敏感反应(害怕、焦虑、不安)时,我们可以在当事人身上发展起一种不相容的反应,使其对本来可引起敏感反应的事物,不再发生敏感反应。D项,自我控制法是让当事人自己运用学习原理,进行自我分析、自我监督、自我强化、自我惩罚,以改善自身行为。

10. ABD 【解析】本题考查各国教育家及其教育著作。C项,法国教育家卢梭的教育代表作是《爱弥儿》,《大教学论》是捷克教育家夸美纽斯的代表作。

二、判断题

1. √ 【解析】本题考查新时代教育工作的根本方针。党的教育方针是引领教育发展的思想旗帜和行动指南。在教育培养目标上,必须明确把“努力培养担当民族复兴大任的时代新人,培养德智体美劳全面发展的社会主义建设者和接班人”作为根本目标,培养一代又一代拥护中国共产党领导和社会主义制度、立志为中国特色社会主义事业奋斗终身的有用人才。

2. √ 【解析】本题考查时事热点。2018年8月,习近平总书记作出重要指示强调,我国学生近视呈现高发、低龄化趋势,严重影响孩子们的身心健康,这是一个关系国家和民族未来的大问题,必须高度重视,不能任其发展。习近平总书记强调,全社会都要行动起来,共同呵护好孩子的眼睛,让他们拥有一个光明的未来。专家指出,近视一旦发生,不可逆转。

3. √ 【解析】本题考查时事热点。2020年6月30日第十三届全国人民代表大会常务委员会第二十次会议审议通过《中华人民共和国香港特别行政区维护国家安全法》。《中华人民共和国香港特别行政区维护国家安全法》的颁布实施,迈出了建立健全香港特别行政区维护国家安全的法律制度和执行机制的关键一步。

4. × 【解析】本题考查教育现代化。教育的现代化最重要的是人的现代化。

5. √ 【解析】本题考查素质教育的重点和核心。素质教育的重点和核心是培养学生的创新精神和实践能力。

6. √ 【解析】本题考查罗森塔尔效应。罗森塔尔效应也叫皮格马利翁效应或教师期望效应,即教师的期望或明或暗地传递给学生,会使学生按照教师所期望的方向来塑造自己的行为。

7. × 【解析】本题考查教育的"三贴近"原则。新课程改革倡导"三贴近"原则,即贴近生活、贴近学生、贴近实际。

8. √ 【解析】本题考查《中小学班主任工作规定》。《中小学班主任工作规定》第十六条规定,班主任在日常教育教学管理中,有采取适当方式对学生进行批评教育的权利。故题干说法正确。

9. √ 【解析】本题考查学生的受教育权。受教育权是学生最基本的权利。故题干说法正确。

10. × 【解析】本题考查师生关系的主要表现形式。师生在人格上是平等的关系。

2020年浙江省衢州市江山市中小学教师招聘考试教育理论知识真题试卷(十七)

一、填空题

1. 不低于或者高于　不低于

2. 9月10日

3. 道德情操　扎实学识

4. 爱国守法　终身学习

5. 立德树人　社会主义核心价值观

二、简答题(参考答案)

1. 如何培养与激发学生的学习动机?

(1)学习动机的培养:①了解和满足学生的需要,促进学习动机的产生;②重视立志教育,对学生进行成就动机训练;③帮助学生确立正确的自我概念,获得自我效能感;④培养学生努力导致成功的归因观;⑤培养对学习的兴趣;⑥利用原有动机的迁移，使学生产生学习的需要。

（2）学习动机的激发：①创设问题情境，激发兴趣，维持好奇心；②设置合适的目标；③根据作业难度，恰当控制动机水平；④表达明确的期望；⑤提供明确的、及时的、经常性的反馈；⑥合理运用外部奖赏；⑦有效地运用表扬；⑧对学生进行竞争教育，适当开展学习竞争。

（共4分。学习动机的培养2分，答案完整得满分；答出"学生的需要""立志教育""自我效能感"等关键词可得1分。学习动机的激发2分，答案完整得满分；答出"好奇心""期望""反馈"等关键词可得1分）

2. 简述最近发展区理论的内容及其在教学中的应用。

维果斯基认为，儿童有两种发展水平：一是儿童的现有水平，即由一定的已经完成的发展系统所形成的儿童心理机能的发展水平；二是可能（即将）达到的发展水平。这两种水平之间的差异，就是最近发展区。也就是说，最近发展区是儿童在有指导的情况下，借助成人帮助所能达到的解决问题的水平与独自解决问题所达到的水平之间的差异，实际上是两个邻近发展阶段间的过渡状态。

最近发展区在教学中的应用：

（1）支架式教学。为了促进教学发展，维果斯基认为教师可采用教学支架，进行支架式教学，即在学生试图解决超出当前知识水平的问题时给予支持和指导，帮助其顺利通过最近发展区，使之最终能够独立完成任务。支架式教学可采用的方式有：①把学生要学习的内容分割成许多便于掌握的片段；②向学生示范要掌握的技能；③提供有提示的练习等。

（2）合作学习。合作学习重视同伴交往在完成任务过程中的作用。教师要尽量组织、安排能力水平不同的学生进行合作学习。接受能力较强的同伴的指导，是促进儿童在最近发展区内发展的最有效的一种方式。

（共6分。最近发展区的内容1分；对最近发展区的解释1分；最近发展区在教学中的应用4分，"支架式教学""合作学习"两个要点各2分）

2019年浙江省教师招聘考试中学教育基础知识真题试卷（十八）

一、单项选择题

1. D 【解析】本题考查近代教育家的教育思想。A项布鲁纳提出的是发现学习，掌握学习是布卢姆提出的；B项赞科夫提出的是发展性教学理论，教学过程最优化的提出者是巴班斯基；C项罗杰斯提出的是非指导教学法，教育心理学化的提出者是裴斯泰洛齐；D项杜威提出教育即生活，教育即生长，教育即经验的改组或改造。

2. C 【解析】本题考查现代学制类型的特点。单轨制有利于教育的逐级普及，是机会均等地普及教育的最好形式。它对现代生产和现代科技的发展具有更强的适应能力。故选C项。

3. A 【解析】本题考查教师专业发展的途径。教师的自我教育就是专业化的自我建构,它是教师个体专业化发展的最直接、最普遍的途径。

4. B 【解析】本题考查关于教学过程本质的特殊认识说的主要观点。教学过程作为一种特殊的认识过程,其特殊性表现在:(1)认识对象的间接性与概括性;(2)认识方式的简捷性与高效性;(3)教师的引导性、指导性与传授性(有领导的认识);(4)认识的交往性与实践性;(5)认识的教育性与发展性。故选B项。

5. C 【解析】本题考查班集体建设的方法。班集体建设的方法主要有合作法、激励法、规范法、示范法和强化法。其中,强化法通常采用的方式是批评和表扬。此外,通过舆论宣传也是一种强化的方式。故选C项。

6. B 【解析】本题考查表象的特点。表象的特点包括:直观性、概括性、可操作性。

7. A 【解析】本题考查韦纳的归因理论。能力属于稳定、内部、不可控的因素。B项运气属于不稳定、外部、不可控的因素;C项任务难度属于稳定、外部、不可控的因素;D项努力属于不稳定、内部、可控的因素。

8. B 【解析】本题考查常用的教育研究方法。实验研究法是根据研究目的,运用一定的人为手段,主动干预或控制研究对象的发生、发展过程,通过观察、测量、比较等方式探索、验证所研究现象因果关系的研究方法。故题干中教师采用的研究方法属于实验法。

9. A 【解析】本题考查奥苏伯尔关于学习的观点。奥苏伯尔强调有意义的接受学习,因为有意义的接受学习可以在短期内获得大量的、系统的知识。他认为学生的学习主要是有意义的接受学习。

10. C 【解析】本题考查知觉的基本特征。知觉的基本特征包括:选择性、理解性、整体性和恒常性。

11. B 【解析】本题考查问题解决的策略。所谓手段—目的分析法,就是将需要达到的问题的目标状态分成若干个子目标,通过实现一系列的子目标而最终达到总目标。

12. D 【解析】本题考查《教师资格条例》中有关教师资格撤销的规定。根据《教师资格条例》第十九条规定,被撤销教师资格的,自撤销之日起5年内不得重新申请认定教师资格,其教师资格证书由县级以上人民政府教育行政部门收缴。

13. C 【解析】本题考查体罚与变相体罚的区别。体罚是指教师以暴力的方法或以暴力相威胁,或以其他强制性手段,侵害学生的身体和精神健康的侵权行为。A、B、

D三项属于体罚。变相体罚,即并不是直接对学生人身诉诸拳脚和工具,而是以各种借口或其他形式间接地对学生进行处罚,如罚打扫卫生、不让回家吃饭等。C项罚劳动属于变相体罚。

14. D 【解析】本题考查关于教育对外交流与合作的相关法律条文。根据《中华人民共和国教育法》第六十七条规定,教育对外交流与合作坚持独立自主、平等互利、相互尊重的原则。

15. A 【解析】本题考查学校的权利。罚款属于行政处罚。行政处罚是指国家行政机关依法对违反行政法律规范的组织或个人进行的行政制裁。学校不属于行政机关,没有罚款的权利。故罚款100元的做法不合法。学校对义务教育阶段的学生的处分有警告、严重警告、记过和留校察看。学校可以对马某进行警告处分,让其照价赔偿吊灯。故①②的意见合法。

二、辨析题(参考答案)

16. 教育测验中有信度就一定有效度。

(1)这种说法是不正确的。(2)信度是效度的必要条件,但不是充分条件。信度低,效度不可能高。信度高,效度未必高。效度低,信度很可能高。效度高,信度也必然高。

(共4分。判断1分,判断"说法正确"本题不得分;理由3分,答出"必要条件"1分,信度和效度两者之间关系2分)

17. 负强化是减少个体不喜爱的刺激以降低个体行为反应的频率。

(1)这种说法是不正确的。(2)负强化是通过消除或中止厌恶、不愉快的刺激来增强反应频率。

(共4分。判断1分,判断"说法正确"本题不得分;理由3分,答出负强化的概念2分,具体阐述1分)

18. 人格随着环境和教育的变化而变化,因此不稳定性是人格的典型特征。

(1)这种说法是不正确的。(2)人格是构成一个人思想、情感及行为的特有模式,这个独特模式包含了一个人区别于他人的稳定而统一的心理品质。人格具有稳定性。

(共4分。判断1分,判断"说法正确"本题不得分;理由3分,答出人格的概念2分,人格具有稳定性1分)

19. 依法治教就是以罚治教。

(1)这种说法是不正确的。(2)法律作为一种特殊的行为规范,当然具有惩戒、警戒、预防违法行为的重要功能。但这不是法律的唯一功能。法律还有评价、指引、预测人们的行为，保护、奖励合法行为，以及思想教育等基本功能。在依法治教的过程中，不能仅仅注重法律的惩罚功能，而忽视法律的其他基本功能。

（共4分。判断1分，判断“说法正确”本题不得分；理由3分，答出法律的重要功能1分，法律的基本功能1分，具体阐述1分）

三、简答题（参考答案）

20. 简述教学过程中掌握知识和提高思想品德的关系。

（1）掌握知识与提高思想品德的关系又称为教学的教育性规律，是指教学过程是传授和学习系统的文化科学知识的过程，又是学生在掌握知识的基础上接受思想品德教育的过程；知识教学与思想品德教育具有本质的联系。

（2）掌握知识与提高思想品德的关系包括：①教学具有教育性；②掌握知识是提高思想品德的基础；③思想品德的提高是学生掌握知识的动力；④教学必须实现两者的辩证统一。

（具体参看张忠华著的《教育学原理》）

（共5分。答出掌握知识与提高思想品德的关系的概念1分；答出掌握知识与提高思想品德的关系的内容4分）

21. 简述情绪状态的三种类型。

（1）心境是一种微弱的、持续时间较长的，带有弥漫性的情绪状态。

（2）激情是一种爆发式的、猛烈而时间短暂的情绪状态。

（3）应激是出乎意料的紧迫情况所引起的急速而高度紧张的情绪状态。

（共5分。答出“心境”“激情”“应激”三种情绪状态，每点1分；合理阐述各种情绪状态2分）

22. 简述耶克斯—多德森定律。

“耶克斯—多德森定律”表明，动机不足或过分强烈都会影响学习效果。（1）动机的最佳水平随着任务性质的不同而不同。在比较容易的任务中，行为效果（工作效率）随着动机的提高而上升；随着任务难度的增加，动机的最佳水平有逐渐下降的趋势。（2）一般来讲，最佳水平为中等强度的动机。（3）动机水平与行为效果呈倒U型曲线。

（共5分。答出“动机不足或过分强烈都会影响学习效果”2分。具体表现3分，每点1分，答案完整得满分；答出“中等强度的动机”“倒U型曲线”等关键词可得2分）

23. 简述教育法律关系的概念及其构成要素。

（1）教育法律关系是教育法律规范在调整人们有关教育活动的行为过程中形成的权利和义务关系，是一种特殊的社会关系。

（2）教育法律关系的构成要素有主体、客体和内容。①教育法律关系的主体是指教育法律关系的参加者，也就是在具体的教育法律关系中享有权利并承担义务的人或组织。我国教育法律关系的主体可分为三类：公民（自然人）、机构和组织（法人）、国家。②教育法律关系的客体是教育法律关系主体的权利与义务所指向的对象。教育法律关系的客体一般包括物质财富、非物质财富、行为三个大的方面。③教育法律关系的内容是教育法律关系的主体依据法律规定而享有的权利与义务。

（共5分。教育法律关系的概念2分，“教育法律规范”“权利和义务关系”两个要点各1分。教育法律关系的构成要素3分，答出“主体”“客体”“内容”三个构成要素，每点0.5分；合理阐述各要素，每点0.5分）

四、论述题（参考答案）

24. 试论述师生关系在教育中的作用。

（1）良好的师生关系是教育教学活动顺利进行的保障。良好的师生关系能使学生产生安全感，能激发学生学习的兴趣、学习的注意力，启发学生的积极思维，乐于接受教师的引导和影响；相反，师生关系紧张，师生互不信任、彼此冷漠将会干扰教育教学活动的顺利进行。

（2）良好的师生关系是构建和谐校园的基础。良好的师生关系有利于提高教学质量，保障教育教学获得成功，推进学校和谐发展。良好的师生关系，是建设和谐校园的一个重要内容，是一所学校精神风貌、教学风貌的整体反映。

（3）良好的师生关系是实现教学相长的催化剂。良好的师生关系一方面能使学生产生“爱屋及乌”的情感，激发学生浓厚的学习兴趣，另一方面也有利于教师教学水平的发挥，实现“教学相长”的双赢局面。

（4）良好的师生关系能够满足学生的多种需要。良好的师生关系能够促进学生的心智发展，能带给学生幸福和快乐，有利于促进学生的社会成熟。总之，良好的师生关系能够满足学生多方面的需求，最终促使学生社会化水平不断提高。

此外，良好的师生关系还有助于提高教师的威信，有助于师生心理健康发展。

（共10分。从“教学活动顺利进行的保障”“构建和谐校园的基础”“实现教学相长的催化剂”“满足学生的多种需要”等方面论述师生关系在教育中的作用，至少答出4条作用，每条作用2.5分，作用表述正确1分，展开合理论述1.5分）

25. 试论述“为迁移而教”的实施策略。

（1）改革教材内容，促进迁移。①精选教材，提高对概念和原理的理解水平；②合理编排教学内容，突出知识的组织特点。

（2）合理编排教学方式，促进迁移。①教学过程中应当按照从一般到个别，从整体到细节的顺序，渐进分化。②应当注意将各个内容综合贯通，促进知识的横向联系。③依据学生学习的特点，教学过程应由浅入深、由易到难、由已知到未知。④在具体操作上，可以将知识分成若干单元，每个单元还可分成若干小步子，让后一步的学习建立在前一步的基础之上，前一步的学习为后一步提供固定点。

(3)教授学习策略，提高学生的迁移意识。“授人以鱼，仅供一饭之需；授人以渔，则终生受用无穷。”这句话给予教育者的启示是：学习不只是要让学生掌握一门或几门学科的具体知识与技能，而且还要让学生学会如何去学习，即掌握学习方法的知识与技能。

(4)改进对学生的评价。教学条件下的评价作为教学活动的组成部分，同样具有教育性，有效运用评价手段对学生形成积极的学习态度、对学习迁移都具有积极的作用。

(共10分。从“改革教材内容”“编排教学方式”“教授学习策略”“改进评价”等方面论述“为迁移而教”的实施策略，每点2.5分，理论依据准确、充分1.5分，展开合理论述1分)

五、材料分析题(参考答案)

26. (1)本材料反映的教育问题主要有：①教育本质的认识问题——育人；②教育目的观问题——分数、升学、合格的社会一分子，或自食其力、有社会尊严、有手艺的劳动者；③教师影响力问题——教师的人格影响力，师如父母；④课程资源问题——乡村和社区资源；⑤教学中的教学方法问题——因材施教；⑥教学组织形式问题——小班教学；⑦教师主导作用的发挥问题——用教育理想塑造人格等。

(共7分。从“教育本质的认识”“教育目的观”“教师影响力”“课程资源”“教学方法”“教学组织形式”等方面分析材料中体现的教育问题，至少答出5个问题；少答一个酌情扣1～2分。考生若有其他合理回答可酌情给分)

(2)我的教育价值观：实施素质教育，培养全面发展的人。素质教育是依据人的发展和社会发展的实际需要，以全面提高全体学生的基本素质为根本目的，以尊重学生主体性和主动精神，注重开发人的智慧潜能，形成人的健全个性为根本特征的教育。应试教育以分数作为评价学生的唯一标准，教师对学生的评价主要依据考试成绩，这是不利于学生德智体美劳诸方面全面和谐发展的，也不利于塑造学生的健全人格。教师的根本任务是教书育人，因此必须遵循教育规律，实施素质教育，这样才能培养学生良好的品行，激发学生的创新精神，促进学生的全面发展。

(共7分。从“素质教育与应试教育”“个人价值取向与社会价值取向”“人文主义价值取向与科学主义价值取向”“个性发展与全面发展”等方面中任选一个回答，并结合材料展开论述，即可酌情给分)

2019年浙江省宁波市杭州湾新区教师招聘考试教育理论知识真题试卷(十九)

一、判断题

1. × 【解析】本题考查我国古代影响最为久远的教育专著。《大学》和《学记》是我国先秦时代的两部儒家教育著作。这两部著作都是《礼记》中的作品,《大学》是一部讲大学教育方面的专著,《学记》则是一部系统地阐述古代教育和教学的专著,在我国教育学的发展史上,这是两部影响最久远的教育专著。《论语》不限于教育方面,也有政治、伦理、哲学方面的内容,但是教育方面的内容居多,因此,是教育学方面的珍贵典籍。故题干匹配错误。

2. √ 【解析】本题考查教师劳动的特点。教师劳动的特点主要包括:(1)复杂性和创造性;(2)连续性和广延性;(3)长期性和间接性;(4)主体性和示范性;(5)劳动方式的个体性和劳动成果的群体性。故题干说法正确。

3. √ 【解析】本题考查启发式教学模式的核心。启发式教学的核心是激励、促进学生的积极思维,突出创新意识。故题干说法正确。

4. √ 【解析】本题考查素质教育的重点。素质教育是以培养创新精神和实践能力为重点的教育。对教育来说,培养创新精神和实践能力不是一般性的要求,更不是可有可无的事,而应成为教育活动的根本追求,成为素质教育的核心。

5. × 【解析】本题考查观察学习的过程。班杜拉把观察学习的过程分为注意、保持、复现和动机四个子过程。题干说法错误。

6. × 【解析】本题考查教学测验的应用。在教学中,教师必须根据教学过程的不同阶段,灵活选用不同的测验。准备性测验一般在教学活动开始之前施行,目的在于了解学生对未来的教学活动的准备状态,即是否具有完成新的教学任务所必需的基本知识和基本技能,从而有效地安排教学。形成性测验一般在教学过程中进行,目的在于了解学生在教学过程中达到教学目标要求的程度,探究教学中存在的问题或缺陷,以便及时调整教学,提高教学的自觉性和主动性。总结性测验一般在教学活动结束后进行,目的在于考察教学目标达到何种程度,判明是否有必要修订教学目标,重新进行补救教学,同时检查教学活动的组织是否得当,教学内容的安排是否合理并确定学生的学习成绩。其目的在于对整个教育活动所取得的较大成果作更为全面的评价。总结性测验的结果主要被用来对学生进行分类。它与形成性测验的区别主要是:形成性测验比总结性测验频繁。在实际教学中,应该综合运用三种测验形式。故题干说法不正确。

7. × 【解析】本题考查感觉的规律。感觉适应是指由于刺激对感受器的持续作用而使感受性发生变化的现象,比如"入芝兰之室,久而不闻其香;入鲍鱼之肆,久而不闻其臭”。感觉对比是同一感受器接受不同的刺激,而使感受性发生变化的现象,比如吃过糖之后吃橘子,会觉得橘子特别酸。题干中描述的“月明星稀”现象属于感觉的对比现象。题干说法错误。

8. × 【解析】本题考查有意后注意以及注意转移的含义。有意后注意也叫随意后注意,是指有预定目的,但不需要意志努力的注意。它是在有意注意的基础上,经过学习、训练或培养个人对事物的直接兴趣达到的。注意的转移是根据新的任务,主动地把注意从一个对象转移到另一个对象或由一种活动转移到另一种活动的现象。有意后注意与注意的转移不同,有意后注意是不需要意志努力的。题干说法错误。

9. √ 【解析】本题考查基础教育课程改革的具体目标。基础教育课程改革的具体目标之一是:改变课程过于注重知识传授的倾向,强调形成积极主动的学习态度,使获得基础知识与基本技能的过程同时成为学会学习和形成正确价值观的过程。故题干说法正确。

10. √ 【解析】本题考查《中华人民共和国教师法》的相关条文。根据《中华人民共和国教师法》第二十三条规定,考核应当客观、公正、准确,充分听取教师本人、其他教师以及学生的意见。根据《中华人民共和国教师法》第二十四条规定,教师考核结果是受聘任教、晋升工资、实施奖惩的依据。题干说法正确。

二、单项选择题

1. C 【解析】本题考查对教学原则与教学方法的理解。直观性教学原则是指在教学活动中,教师应尽量利用学生的多种感官和已有的经验,通过各种形式的感知,使学生获得生动的表象,从而比较全面、深刻地掌握知识。以直观感知为主的教学方法具有形象性、具体性、直接性和真实性的特点,主要有演示法和参观法两种。故选C项。

2. B 【解析】本题考查杜威的教育思想。杜威认为,教育是一个社会的过程,教育即生活本身,而不是成人生活的被动准备。作为经验论者,杜威曾给教育下了这样的定义:“教育就是经验的改造或改组。”在他看来,一切学习都来自经验,教育必须始终从个人的实际生活的经验出发。因此,最好的教育就是从生活中学习、从经验中学习。故选B项。

3. A 【解析】本题考查斯滕伯格的成功智力理论。斯滕伯格认为人的智力的三个主要方面是:分析性智力、创造性智力和应用性智力。分析性智力用来解决和判定思维成果的质量,它指的是主体有意识地规定心理活动的方向以发现一个问题的有效解决办法的能力。创造性智力可以帮助人们从一开始就发现问题并形成好的想法,它是一种超越已获得的知识和信息,产生出新异思想的能力。应用性智力是以亲身实践的方式应用一个人的知识的能力。题干中小强愿意将理论在现实中加以应用，说明小强的应用性能力高。故选A项。

4. C 【解析】本题考查实用行为分析程序。集体绩效系统是根据集体成员的行为对整个集体进行奖励的一种强化体系。它比其他行为矫正方法如以家庭为背景的课堂管理策略更容易实施。首先，做全班记录通常要容易得多；其次，大多数情况下整个班级要么得奖，要么不得奖，避免分别处理学生。故选C项。A项，个人日志卡是要求父母参与并且强化所期望的结果的一种行为管理系统。在日志卡上，教师需要对学生每堂课上的行为和作业评级。B项，整班代币强化是指学生能把因学习和积极的课堂行为而获得的代币，如小红星、分数等，变换成他们想要的奖品的一种强化系统。D项，以家庭为背景的强化是指把学生在学校的行为报告给家长，家长提供奖励。

5. D 【解析】本题考查学习迁移的种类。根据迁移发生的方向，迁移可分为顺向迁移和逆向迁移。顺向迁移是指先前学习对后继学习产生的影响。逆向迁移是指后继学习对先前学习产生的影响。根据迁移的性质和结果，迁移可分为正迁移、负迁移和零迁移。正迁移也叫“助长性迁移”，是指一种学习对另一种学习的促进作用。负迁移也叫“抑制性迁移”，是指一种学习对另一种学习产生阻碍作用。题干中，后继学习的右手定则对先前学习的左手定则产生了阻碍作用，属于逆向负迁移。故选D项。

6. B 【解析】本题考查移情的定义。移情是个人将自己的内心感受赋予他人或物，如“爱屋及乌”。题干中小静站在小慧的角度考虑问题，属于移情。故选B项。

7. D 【解析】本题考查知识的分类。A项，陈述性知识也叫描述性知识，是个人能用言语进行直接陈述的知识，主要用于区别和辨别事物。B项，程序性知识即操作性知识，是一种经过学习后自动化了的关于行为步骤的知识，表现为在信息转换活动中进行具体操作。C项，显性知识是指用“书面文字、图表和数学公式表述的知识”，通常是用言语等人为方式，通过表述来实现的，所以又称为“言明的知识”。D项，隐性知识是指尚未被言语或其他形式表述的知识，是“尚未言明的”或者“难以言传的”知识。题干中“知晓的”知识是指尚未言明的知识，属于隐性知识。故选D项。

8. A 【解析】本题考查德育过程的基本规律。德育过程一般以知为开端，以行为终结。但在德育具体实施过程中，又具有多种开端，可根据学生品德发展的具体情况，或从导之以行开始，或从动之以情开始，或从锻炼品德意志开始，最后达到使学生品德在知、情、意、行几方面和谐发展的目的。进行德育时，应根据学生思想品德发展中知、情、意、行的不平衡情况和德育内容的要求，从薄弱环节入手，即有时可以从知或情的培养入手，有时又可从意志或行为的锻炼开始。但无论从何处开始，都要注意同其他因素的配合，因为知、情、意、行的独立是相对的，它们之间的不平衡是绝对的。只有使各个因素都能相互协调、配合，才能发挥其最大的整体功能，才能促进学生的知、情、意、行不断地发展。故A项理解不正确。

9. B 【解析】本题考查课程资源开发的主体。课程资源是指课程设计、实施和评价等整个课程教学过程中可以利用的一切人力、物力以及自然资源的总和,包括教材、教师、学生、家长以及学校、家庭和社区中所有有利于实现课程目标、促进教师专业成长和学生有个性的全面发展的各种资源。其中,教师不仅是重要的课程资源,而且其本身也是课程资源的开发者。因此,本题选B项。

10. A 【解析】本题考查《中华人民共和国义务教育法》的相关条文。根据《中华人民共和国义务教育法》第二十六条规定,学校实行校长负责制。校长应当符合国家规定的任职条件。校长由县级人民政府教育行政部门依法聘任。故选A项。

2019年浙江省宁波市北仑区教师招聘考试教育理论知识真题试卷(二十)

一、判断题

1. × 【解析】本题考查《中华人民共和国义务教育法》的相关条文。根据《中华人民共和国义务教育法》第三十一条规定,教师的平均工资水平应当不低于当地公务员的平均工资水平。题干说法错误。

2. √ 【解析】本题考查实学教育思想的代表人物。明清之际的实学教育思潮是一股兴起于民间的反理学、倡实学的教育改革运动,因此它在理论与实践的表现形式上也主要是把着眼点放在学术本身和书院教育的改造上。明清之际的进步思想家,力图打破书院研习理学的传统,以实学作为教学内容来改造书院教育的大有人在,如徐光启、李之藻、方以智以及陆世仪、颜元等。在当时,实学教育已在部分书院中进行。同时,由于当时民本主义思想作为反对集权专制统治的思想武器,为进步思想家们所运用,如黄宗羲明确提出,书院教育除了培养经世致用的各种人才之外,还应当成为“听政于国人”的参政、议政、监政机关,使天下之是非皆出于学校,书院教育为推动社会、政治、学术变革服务。故题干说法正确。

3. × 【解析】本题考查客观测验的优点。测验的试题可以客观地记分,即不同的评分者虽然各自评分,但评定的结果也是相同的,这样的测验叫客观测验。客观测验强调评分标准和试题答案的确定性和唯一性,这就使编制较为困难而费时,而且对测量诸如发散思维、创造力、没有唯一答案的现实问题的分析能力、写作能力等方面的水平,显得无能为力。但是它具有多种优点,如排除了评分的主观性与不确定性,能提高阅卷的效率和准确性;测验试题的容量较大,可以保证试题样本有较高的代表性,可以提高测验的效度;测验项目和要求填写的答案内容简短,测验的效率较高等。故题干说法不正确。

4. √ 【解析】本题考查终身教育思想。终身教育突破了正规学校的框架,把教育看成是个人一生中连续不断的学习过程,是人们在一生中所受到的各种培养的总和,实现了从学前期到老年期的整个教育过程的统一。既包括正规教育,又包括非正规教育,包括了教育体系的各个阶段和各种形式。

5. √ 【解析】本题考查赫尔巴特的教学形式阶段论。赫尔巴特提出了教学形式阶段论,他认为教学过程包括明了(清楚)、联合(联想)、系统、方法四个阶段。故题干说法正确。

6. × 【解析】本题考查有意义学习的实质。奥苏伯尔认为,有意义学习的实质就是以符号为代表的新知识与学习者认知结构中原有的适当观念建立起非人为的和实质性的联系的过程,是原有观念对新观念加以同化的过程。题干说法错误。

7. × 【解析】本题考查强化的类型。强化有正强化和负强化之分。正强化是通过呈现想要的愉快刺激来增强反应频率;负强化是通过消除或中止厌恶、不愉快刺激来增强反应频率。题干中学生扰乱课堂是为了引起其他人的关注,老师的批评对他来说相当于一个愉快刺激,增加了他扰乱课堂的频率,这种强化属于正强化,题干说法错误。

8. × 【解析】本题考查思维定势的含义和影响。定势(即心向)是指重复先前的操作所引起的一种心理准备状态。在定势的影响下,人们会以某种习惯的方式对刺激情境做出反应。定势对解决问题有积极作用,也有消极作用。题干说法错误。

9. √ 【解析】本题考查开放型问卷的特点。开放型问卷又称非结构型问卷,它是由开放性问题组成的问卷。所谓开放式问题是调查者不对问题提供任何具体答案,允许回答者充分自由地发表自己的意见和看法,因此它有很强的灵活性和适应性。这种提问方式适合于调查者想深入了解被调查者的态度、意愿、建议;也可用于不想因为限定答案而出现诱导、误导的情况。为了对研究问题有更明确的认识,一般会在调查正式实施前进行试探性调查,此时,应使用开放性问题,以利于研究者了解调查对象对具体问题的回答。

10. √ 【解析】本题考查动作技能学习的条件。动作技能学习过程的顺利进行需要一定的条件,包括内部条件和外部条件。内部条件是指在学习动作技能前,学习者必须具备或事先习得一些与所学习的动作技能有关的内容,缺少了这些内容,动作技能的学习便无法进行,这些内部条件被加涅称为"必要性的先决条件",主要是指局部动作技能和执行性子程序。动作技能学习的外部条件主要指学习者学习环境中的一些因素,包括言语指导、示范、练习的安排、反馈的提供等。能否掌握某种动作技能取决于学习者是否具备相应的内部条件以及能否充分利用外部条件。题干说法正确。

二、单项选择题

1. B 【解析】本题考查《中华人民共和国教师法》的相关条文。根据《中华人民共和国教师法》第五条规定，国务院教育行政部门主管全国的教师工作。A项正确。根据《中华人民共和国教师法》第二条规定，本法适用于在各级各类学校和其他教育机构中专门从事教育教学工作的教师。B项错误。根据《中华人民共和国教师法》第七条规定，教师享有"进行教育教学活动，开展教育教学改革和实验"的权利。C项正确。根据《中华人民共和国教师法》第九条规定，为保障教师完成教育教学任务，各级人民政府、教育行政部门、有关部门、学校和其他教育机构应当履行"提供符合国家安全标准的教育教学设施和设备"的职责。D项正确。本题为选非题，故选B项。

2. C 【解析】本题考查托尔曼的学习理论。托尔曼提出了潜伏学习的概念，潜伏学习是指动物在没有强化的条件下学习也会发生，只不过结果不太明显，是"潜伏"的。一旦受到强化，具备了操作的动机，这种结果才通过操作而明显表现出来。故选C项。A项，替代学习是由班杜拉提出的。B项，有意义学习是由奥苏伯尔提出的。D项，机械学习也是由奥苏伯尔提出的。

3. A 【解析】本题考查夸美纽斯的教育思想。教育适应自然原则是贯穿夸美纽斯整个教育思想体系的根本性指导原则。主要有两方面的内容：(1)自然界存在着普遍秩序，即自然规律。夸美纽斯认为，在宇宙万物和人的活动中存在着一种"秩序"，即普遍规律，这种"秩序"保证了宇宙万物和谐发展。因此，人的各种活动包括教育活动都应该遵循这些自然的、普遍的"秩序"或规律。他把遵循"秩序"这条普遍法则视为教育适应自然原则的重要内容。他认为，"改良学校的基础应当是万物的严谨秩序""教导的严谨秩序应当以自然为借鉴"。(2)教育要适应人的自然本性和儿童年龄特征。故选A项。

4. A 【解析】本题考查体罚的表现。体罚，即对学生身体的惩罚。其非人道性在于无视学生为人的尊严，直接造成肉体上的痛苦。这类惩罚在造成学生肉体痛苦的同时，也给学生精神上带来了极大的痛苦。常见的表现有：脚踢、手打、扯头发、拧耳朵、掐肌肉、扇耳光、扭胳膊；利用各种工具对学生进行惩罚。变相体罚，即并不是直接对学生人身诉诸拳脚和工具，而是以各种借口或其他形式间接地对学生进行处罚，如罚打扫卫生、不让回家吃饭等。体罚和变相体罚直接损害未成年学生的身体健康，侵犯了他们的人格尊严，危害他们的心理健康，不利于他们的健康成长。A项属于通过练习的方式帮助学生巩固知识，不属于体罚。故选A项。

5. C 【解析】本题考查酝酿效应。酝酿效应是指当一个人长期致力于某一问题的解决而又百思不得其解的时候，如果他暂时停下对这个问题的思考而去做别的事情，几小时、几天或几周之后，他可能会忽然想到解决的办法。酝酿效应实际上是产生了顿悟，使人们打破了以往不恰当的思路，从一个新的角度思考问题，从而使问题得以解决。题干中描述的现象属于酝酿效应。故选C项。A项，晕轮效应是指当我们认为某人具有某种特征时,就会对他的其他特征做相似判断。B项,高原现象是指学生在学习过程中出现一段时间的学习成绩和学习效率停滞不前,甚至学过的知识感觉模糊的现象。D项,定势(即心向)是指重复先前的操作所引起的一种心理准备状态。

2019年浙江省丽水市景宁畲族自治县中小学教师招聘考试真题试卷(二十一)

一、单项选择题

1. D 【解析】本题考查时政知识。习近平新时代中国特色社会主义思想明确了中国特色社会主义最本质的特征是中国共产党领导,中国特色社会主义制度的最大优势是中国共产党领导,党是最高政治领导力量;提出新时代党的建设总要求,突出政治建设在党的建设中的重要地位。故选D项。

2. C 【解析】本题考查时政知识。党的十九大报告指出:"建设教育强国是中华民族伟大复兴的基础工程,必须把教育事业放在优先位置,加快教育现代化,办好人民满意的教育。"

3. B 【解析】本题考查我国当前的教育指导思想。教育方针是一个国家在一定时期内关于教育工作的总要求,它反映了一个国家教育的根本性质、总的指导思想和教育工作的总方向等要素。在党的十九大报告中,习近平总书记明确指出:"要全面贯彻党的教育方针,落实立德树人根本任务,发展素质教育,推进教育公平,培养德智体美全面发展的社会主义建设者和接班人。"故选B项。

4. A 【解析】本题考查教师的工作目的和使命。教师职业的根本任务就是教书育人。就教师的职业特征而言,教师的职责是教育教学;就教师的工作目的而言,教师的使命是教书育人,培养社会主义事业建设者和接班人,提高民族素质。故选A项。

5. C 【解析】本题考查《学记》的地位。《学记》(收入《礼记》)是中国也是世界教育史上的第一部教育专著,成文大约在战国末期。故选C项。

6. B 【解析】本题考查家庭教育的特点。家庭教育具有针对性。家庭的教育工作能从实际出发,有的放矢,而不是想当然,不是一般化的说教。人们常说:"知子莫若父,知女莫若母"就是子女自幼随父母生活,长期相处,父母能够全面细致地了解、熟知子女。这说明家庭教育比学校教育更具有针对性。

7. C 【解析】本题考查教学原则。巩固性原则是指教师在教学中要引导学生在理解的基础上牢固地掌握基本知识和基本技能,而且在需要的时候,能够准确无误地呈现出来,以利于知识技能的利用。"学而时习之""温故而知新"强调学生在学习过程中要经常复习,才能牢记知识并且获得新的认识。故选C项。

8. D 【解析】本题考查教师劳动的特点。教师劳动的主体性指教师自身可以成为活生生的教育因素和具有影响力的榜样；教师劳动的示范性指教师的言行举止，如人品、才能、治学态度等都会成为学生学习的对象。“学为人师，行为世范”最基本的含义是：所学要为世人之师，所行应为世人之范。也就是说教师在教育过程中要以身作则，为人师表，为学生做好榜样。这体现了教师劳动的主体性和示范性特点。

9. D 【解析】本题考查罗森塔尔效应。罗森塔尔效应也叫教师期望效应或皮格马利翁效应，即教师的期望或明或暗地传递给学生，会使学生按照教师所期望的方向来塑造自己的行为。该效应说明教师期望对学生发展有积极影响。故选D项。

10. B 【解析】本题考查人的身心发展规律。个体不同方面的发展具有不平衡性，有的方面在较早的年龄阶段就已达到较高的发展水平，有的则要到较晚的年龄阶段才能达到成熟的水平。例如，在心理方面，感知成熟在先，思维成熟在后，情感成熟更后。故选B项。

11. D 【解析】本题考查情绪和情感的基本特征。情绪和情感是人对客观事物的态度体验及相应的行为反应。不同的态度体验反映着客观事物与人的需要之间的不同关系，体验是情绪和情感的基本特征。故选D项。

12. C 【解析】本题考查布卢姆的认知领域教学目标的分类。美国教育心理学家布卢姆将教学目标（即预期学生的学习结果）分为认知、情感和动作技能三个领域，每一领域的目标又从低级到高级分成若干层次。其中，认知领域的教学目标分为知识、领会、运用、分析、综合、评价六级，其中，知识处于最低层次。故选C项。

13. B 【解析】本题考查记忆的种类。A项，无意记忆是没有预定目的，也不采用专门的方法、自然而然发生的记忆。B项，有意记忆是有明确记忆目的并采取了相应的记忆方法和努力的记忆。C项，情景记忆是以亲身经历的、发生在一定时间和地点的事件（情景）为内容的记忆。D项，意义记忆是根据对所要记忆材料的理解，结合自身的知识经验而进行的记忆。故选B项。

14. B 【解析】本题考查注意的特点以及注意的品质。注意有指向性和集中性的特点。A项，注意的指向性是指心理活动有选择地反映一定的对象，而离开其余的对象。B项，注意的集中性是指心理活动停留在被选择的对象上的强度或紧张度，它使心理活动离开一切无关的事物，并且抑制多余的活动，以保证注意的对象能得到比较鲜明和清晰的反映。C项，注意的分配是指人在进行两种或多种活动时能把注意指向不同对象的现象。D项，注意的转移是根据新的任务，主动地把注意从一个对象转移到另一个对象或由一种活动转移到另一种活动的现象。故选B项。

15. D 【解析】本题考查气质类型的特性。A项，胆汁质的特点是感受性低而耐受性较高，外倾性明显，不随意的反应性和情绪兴奋性高，抑制能力差。B项，多血质的特点是感受性低而耐受性较高，具有可塑性和外倾性，外部表现明显，不随意的反应性和情绪兴奋性高，反应速度快而灵活。C项，黏液质的特点是感受性低而耐受性高，内倾性明显，外部表现少，不随意的反应性和情绪兴奋性较低，反应速度慢而稳定。D项，抑郁质的特点是感受性高而耐受性低，具有严重的内倾性，情绪兴奋性高而体验深，不随意的反应性低而反应速度慢，具有刻板性，不灵活。故选D项。

16. B 【解析】本题考查学业成绩考试的类别。根据不同的标准，可以把学业成绩考试划分为不同的类型。(1)按照考试的性质和功能来划分，有选拔性考试(如招生考试)，水平性考试(如毕业考试)和诊断性考试；(2)按照评分是否客观，可将考试划分为主观性考试和客观性考试；(3)按照考试的内容范围来划分，有单科考试和综合考试；(4)按照教学阶段的不同，可分为期中考试、期末考试、学年考试、毕业考试和升学考试。因此，普通高等学校招生全国统一考试属于选拔性考试，故本题选B项。

17. A 【解析】本题考查《中华人民共和国未成年人保护法》的相关条文。根据《中华人民共和国未成年人保护法》(2006年12月29日第十届全国人民代表大会常务委员会第二十五次会议修订版)第五条规定，保护未成年人的工作，应当遵循下列原则：(1)尊重未成年人的人格尊严；(2)适应未成年人身心发展的规律和特点；(3)教育与保护相结合。故选A项。

18. C 【解析】本题考查品德的心理结构。A项，道德行为是个体在一定的道德认识和道德意志支配下产生的涉及道德意义的行为。B项，道德认识又称道德认知，是个体对道德规范及其执行意义的认识，其中包括道德观念、道德信念及道德评价。道德认知是品德的基础。C项，道德意志是个体自觉地确定道德目的和动机，并依此积极调节和支配自己的行为，以实现既定目的的心理过程。D项，道德情感是在道德认知基础上产生的一种内心体验。题干中，小王每天都下决心要戒掉网络游戏，认真学习，可是每天放学后做的第一件事还是玩网络游戏，这说明小王的道德意志薄弱，应当培养其道德意志。故选C项。

19. B 【解析】本题考查常用的德育方法。A项，说服教育法是通过语言说理，使学生明晓道理，分清是非，提高品德认识的方法。B项，指导实践法是教育者组织学生参加多种实际活动，在行为实践中使学生接受磨炼和考验，以培养优良思想品德的方法。指导实践法的主要功能在于培养学生的优良行为，养成良好的品德习惯，增强品德意志，从而培养品德践行能力。C项，品德评价法是通过对学生品德进行肯定或否定的评价而予以激励或抑制，促使其品德健康形成和发展的方法。D项，陶冶教育法是教师利用环境和自身的教育因素，对学生进行潜移默化的熏陶和感染，使其在耳濡目染中受到感化的德育方法。小林知道“粒粒皆辛苦”，可是吃饭时还是掉饭粒，他自己也觉得不好意思，这说明小林已经有了一定的品德认识，需要运用指导实践法重点帮助小林增强品德意志，提高品德践行能力，故选B项。

20. A 【解析】本题考查课堂提问的原则。课堂提问要难易适度，根据学生的实际水平，不可过浅，以免走过场；又不可过难，以防学生茫然失措，产生畏难情绪。当学生回答问题遇到困难时，教师应适时地、恰到好处地、巧妙地给以启发指点，让学生"跳一跳，够得着"，使学生能够顺利完成任务。做到难易有别、因人而异地提问，使每一个学生都可能取得成功而受到老师的表扬和鼓励，从而感受到成功的喜悦。故选A项。

二、多项选择题

21. ABCDE 【解析】本题考查班主任工作的内容。班主任工作的内容主要包括：(1)了解和研究学生；(2)组织和培养班集体；(3)结合学习任务做好思想品德教育工作；(4)做好个别学生的教育工作；(5)做好学生家长工作。

22. ABCD 【解析】本题考查劳动教育的内容。劳动教育的具体内容包括：(1)教育学生树立正确的劳动观点。(2)培养学生热爱劳动的行为习惯。鼓励并组织学生积极参加自我服务、家务劳动、学校的清扫劳动以及力所能及的生产劳动和社会公益劳动，让他们体验劳动的乐趣，珍惜劳动成果，养成吃苦耐劳、热爱劳动的习惯。(3)树立符合时代要求的新观念。E项属于集体主义教育的内容。

23. ACE 【解析】本题考查课堂教学目标制定中存在的问题。课堂教学目标制定中存在的问题主要有：(1)课堂教学目标指向主体错误。课堂教学目标是对学生学习结果的预期，所以教学目标指向的主体是学生而不是教师。表述课堂教学目标有时可以省略目标主体，但是这是以不影响对目标的领会为前提的。题干中教学目标③④指向的主体是教师而非学生，故选A项。(2)课堂教学目标不全面。在课堂教学目标制定过程中，很多教师只注重知识、技能目标而忽略了情感、态度、价值观及其他素质的培养。题干中教学目标①②③主要是知识、技能方面的目标，教学目标④主要是情感、态度、价值观方面的目标，教学目标较全面，故B项不选。(3)课堂教学目标水平层次混乱。教学目标③用学科教学目标代替课时教学目标，这与较为宏观的教学目标的混淆造成了层次混乱，故选C项。(4)课堂教学目标脱离学生实际。该教学目标结合了学生的实际需要、兴趣等，并未脱离学生实际。故D项不选。(5)课堂教学目标表述不确切。教学目标的表述应既有一般性目标，又有可观察、可测量的具体目标，该教学目标表述概括性高，难以检测，故选E项。

24. ADE 【解析】本题考查强化的种类。A项，语言强化是指教师运用语言评论的方式，对学生的反应或行为表示某种判断和态度，或提供线索引导学生将他们的理解从客观实际中得到证实。B项，物质强化包括以各种可以消费的物品，如金钱、实物等实施的强化。C项，标志强化是指教师运用各种象征性的标志、奖赏物，对学生的成绩或行为，给予肯定和鼓励。D项，练习强化是学生通过做练习来强化学习行为和学习效果的一种方法。E项,替代强化是指观察者因看到榜样的行为被强化而受到强化。题干中吴老师口头夸赞赵明属于语言强化,"让学生进行课堂练习,巩固知识点"属于练习强化,吴老师通过夸赞赵明,对其他同学起到了替代强化的作用。故选A、D、E项。

25. AD 【解析】本题考查《中华人民共和国教师法》的相关条文。根据《中华人民共和国教师法》第三十七条规定,教师有下列情形之一的,由所在学校、其他教育机构或者教育行政部门给予行政处分或者解聘:(1)故意不完成教育教学任务给教育教学工作造成损失的;(2)体罚学生,经教育不改的;(3)品行不良、侮辱学生,影响恶劣的。教师有前款第(2)项、第(3)项所列情形之一,情节严重,构成犯罪的,依法追究刑事责任。故选A、D项。

三、填空题

26. 培养什么人

27. 环境

28. 孔子

29. 教育与生产劳动相结合

30. 美好生活需要　不平衡不充分

31. 语言表达能力

32. 师德师风

四、简答题(参考答案)

33. 请写出中国学生发展的六大核心素养。

中国学生发展核心素养综合表现为人文底蕴、科学精神、学会学习、健康生活、责任担当、实践创新六大素养。(1)人文底蕴主要是学生在学习、理解、运用人文领域知识和技能等方面所形成的基本能力、情感态度和价值取向。(2)科学精神主要是学生在学习、理解、运用科学知识和技能等方面所形成的价值标准、思维方式和行为表现。(3)学会学习主要是学生在学习意识形成、学习方式方法选择、学习进程评估调控等方面的综合表现。(4)健康生活主要是学生在认识自我、发展身心、规划人生等方面的综合表现。(5)责任担当主要是学生在处理与社会、国家、国际等关系方面所形成的情感态度、价值取向和行为方式。(6)实践创新主要是学生在日常活动、问题解决、适应挑战等方面所形成的实践能力、创新意识和行为表现。

(共6分。答出"人文底蕴""科学精神""学会学习""健康生活""责任担当""实践创新"六大核心素养,每点0.5分;合理阐述各素养,每点0.5分)

34. 简述防止遗忘的方法。

(1)复习时机要得当。①及时复习;②合理安排复习时间;③间隔复习;④循环复习。(2)复习方法要合理。①分散复习与集中复习相结合;②复习方法多样化;③运用多种感官参与复习;④尝试回忆与反复阅读相结合。(3)复习次数要适宜。(4)重视对记忆品质的培养。(5)注意用脑卫生。

(共5分。每点1分,答案完整得满分;答出"复习时机""复习方法""复习次数""记忆品质""用脑卫生"等关键词可得3分)

35. 如何对品德不良的小学生进行纠正和教育。

(1)建立新型师生关系,树立良好班风。(2)培养学生的自尊心和集体荣誉感。(3)帮助学生形成正确的是非观。(4)锻炼学生的道德意志。

(共5分。答案完整得满分;答出"新型师生关系""自尊心和集体荣誉感""正确的是非观""锻炼道德意志"等关键词可得3分)

五、案例分析题(参考答案)

36. (1)李老师具备先进的教育理念。案例中李老师在教育教学过程中大胆实施"自主合作、当堂达标"的教学模式,说明其具备先进的教育理念。

(2)李老师的做法坚持了以人为本的学生观。以人为本的学生观遵从学生的本质属性,将学生视为发展中的人,尊重学生个体的独特性,并能够确保学生在教育教学过程中处于发展主体的地位。案例中李老师让学生体验课堂、享受课堂,并且相信学生具有巨大的发展潜能即体现了这一点。

(3)李老师具备现代教师观。新课程倡导教师是学生学习的组织者、促进者和指导者,李老师在教学方面采用新的教学模式,让学生自主合作学习,体验课堂,实现了传统的知识传授者向学生学习的组织者、促进者和指导者的转变。

(4)李老师的做法遵循了因材施教的原则。因材施教原则要求教师根据学生的个别差异,有的放矢地进行有差别的教学,使每个学生都能扬长避短,获得最佳的发展。案例中李老师针对小宇等同学见到人不敢说话、小洋因为身体虚弱而经常请假的情况,采取了有针对性的教育措施即体现了这一点。

(5)李老师履行了班主任的工作职责。李老师作为班主任,在工作中主动了解与研究学生的特点与需求;积极进行家访,与家庭教育力量配合以促进学生发展;而且注重班级的个别教育工作。李老师的这些行为说明其履行了班主任的工作职责。

(共8分。从"教育理念""学生观""教师观""因材施教原则""班主任的工作职责"等方面分析李老师的做法,至少能答出4条,每条2分,理论依据准确、充分1分,结合案例阐述合理1分。考生若有其他合理回答可酌情给分)

37. 教师是教育过程的组织者,在全部教育活动中起主导作用。从根本上说,良好的师生关系首先取决于教师。为此,教师要从以下几个方面努力:

(1)了解和研究学生。教师要与学生取得共同语言,使教育影响深入学生的内心世界，就必须了解和研究学生。了解和研究学生主要包括三个方面：①了解和研究学生个人；②了解学生的群体关系；③了解和研究学生的学习和生活环境。

(2)树立正确的学生观。教师既要把学生看作教育的对象，又要把学生看作学习的主人；既要耐心细致地做好各项指导工作，又要充分调动学生的主动积极性。

(3)提高教师自身的素质。教师的道德素养、知识素养和能力素养是学生尊重教师的重要条件，也是教师提高教育影响力的保证。教师以其高尚的品德、渊博的知识、高超的教育教学艺术来为学生提供高效而优质的服务，也必然会赢得学生的尊重和爱戴。

(4)热爱、尊重学生，公平对待学生。热爱学生包括热爱所有学生，对学生充满爱心，经常走到学生之中，忌挖苦、讽刺和粗暴对待学生。尊重学生特别要尊重学生的人格，保护学生的自尊心，维护学生的合法权益，避免师生对立。教师处理问题必须公正无私，使学生心悦诚服。

(5)发扬教育民主。教师要以平等的态度对待学生，而不能以“权威”自居。教育教学中，要尊重学生的看法，鼓励学生质疑，发表不同意见，以讨论、协商的方式解决争端。要营造一个民主的氛围，保护学生的积极性，保证学生具有安全感。

(6)主动与学生沟通，善于与学生交往。在师生交往的初期，往往出现不和谐因素，这就要求教师掌握沟通与交往的主动性，经常与学生保持接触、交流；同时，教师还要掌握与学生交往的策略与技巧。

(7)正确处理师生矛盾。教师要善于驾驭自己的情绪，冷静全面地分析矛盾，正视自身的问题，敢于作自我批评，对学生的错误进行耐心地说服教育或必要的等待、解释等。要能与学生心理互换，设身处地地为学生着想，理解学生，帮助学生，满足学生的正当要求，启发学生自省改错。

(8)提高法制意识，保护学生的合法权利。教师要提高法制意识，明确师生之间的权利与义务，切实依法保护学生的合法权利。同时，也要加强教育制度伦理建设，使师生之间的权利义务关系更加明晰并转化为具体的制度规定，切实保护学生的合法权利。

(9)加强师德建设，纯化师生关系。师生关系是一种教育关系，即一种具有道德纯洁性的特殊社会关系。教师应加强自身修养，提高抵御不良社会风气的积极性和能力。同时，也要更新管理观念，树立以人为本的管理思想，为师生关系的纯化创造有利的教育环境。

(共8分。从“了解和研究学生”“树立正确的学生观”“提高教师自身的素质”“热爱、尊重学生，公平对待学生”“发扬教育民主”“主动与学生沟通”“正确处理师生矛盾”“提高法制意识，保护学生的合法权利”等方面分析如何建立良好的师生关系，至少能提出8点，每点1分)

六、论述题(参考答案)

38.“多一把尺子,就多一个好学生。”以此为话题,自选角度,自拟标题,写一篇不少于400字的观点报告。

善于发现学生的闪光点

美国心理学家加德纳提出了多元智力理论,他认为人的智力结构中存在着七种相对独立的智力(后发展为九种),这几种智力在每个人身上的组合方式是多种多样的,每个人在不同领域的智力发展水平是不同步的,有人可能在某一两个方面是天才,而在其余方面却是“蠢材”。传统的教学评价只关注学生的学业成绩,以学业成绩作为评价学生的唯一标准,也即只重视学生的言语和数理逻辑智力,忽视了学生其他方面智力的发展,这种做法不利于促进学生全面和谐发展,也不利于教师发现学生身上除了学业成绩以外的其他闪光点。

每个学生都是独一无二的,每个学生的智力都有自己独特的表现形式,有自己的智力强项和学习风格。因此,教师在教学过程中要有一双善于发现美的眼睛,善于发现学生的闪光点,重视综合评价,关注个体差异,实现评价指标的多元化。这也就是我们常说的在教学过程中要“多一把尺子”。

“多一把尺子,就多一个好学生。”因此,教师在教学过程中应主动去发现学生的优势,善于针对不同特点的学生,采用多元化的评价标准,使不同的学生都能得到最好的发展。教师还应具备多样化的人才观,相信每个学生都有自己的智力优势,只要这一优势智力得到了合理地发展,都有可能成为优秀人才。

(共10分。报告的题目2分,需准确、合理,若照抄题干不得分;报告的内容8分,需结合题干引文并联系实际进行论述,立意准确,逻辑清晰,若立意偏离“多元化标准”最多得4分;报告字数少于400字扣2分)

2019年浙江省衢州市江山市中小学教师招聘考试教育理论知识真题试卷(二十二)

一、填空题

1. 坚定理想信念　增长知识见识

2. 主体性　示范性

3. 学生　教师

4. 课程标准(课标)

二、单项选择题

1. A 【解析】本题考查学生发展核心素养的含义。学生发展核心素养,主要指学生应具备的,能够适应终身发展和社会发展需要的必备品格和关键能力。故选A项。

2. D 【解析】本题考查晕轮效应的含义。晕轮效应是指当我们认为某人具有某种特征时，就会对他的其他特征做相似判断，或者说人们对他人的认知判断首先是根据个人的好恶得出的，然后再从这个判断推论出认知对象的其他品质。故选D项。A项，近因效应是指在总体印象形成上，新近获得的信息比原来获得的信息影响更大的现象。B项，首因效应是指在总体印象形成上最初获得的信息比后来获得的信息影响更大的现象。C项，刻板效应是指对一群人的特征或动机加以概括，把概括得出的群体的特征归属于团体中的每一个人，认为他们每个人都具有这种特征，而无视团体成员中的个体差异。

3. C 【解析】本题考查教育法律关系的主体。教育法律关系的主体是指教育法律关系的参加者，也就是在具体的教育法律关系中享有权利并承担义务的人或组织。我国教育法律关系的主体可分为三类：公民（自然人）、机构和组织（法人）、国家。教育法律关系中最重要的法律主体是教师与学生，教师的教育教学和学生的学习是教育活动的主要内容和基本形式。故选C项。

4. D 【解析】本题考查内化的含义。内化指在思想观念上与社会规范及其价值一致，将自己所认同的思想和自己原有的观点、信念融为一体，构成一个完整的价值体系。在内化阶段，个体的行为具有高度的自觉性和主动性，并具有坚定性。故选D项。

三、简答题（参考答案）

关于课程定义，当前有一个颇有影响的隐喻："课程不再是跑道，而是跑的过程自身。"据此说说你对课程的理解。

在西方，"课程"一词由拉丁语派生而来，意为"跑道"。根据这个词源，最常见的课程定义是"学习的进程"，简称学程。"课程不再是跑道，而是跑的过程自身"，"跑道"是一个名词，而"跑"是一个动词：名词是在表述一个概念，说明一个结论，而动词是在描述一个行动。这说明课程不再是规定好的目标与内容，强调课程是师生之间的对话，这是一种后现代的课程观。

这种课程观试图超越以"泰勒原理"为代表的具有理性主义性格的"课程开发范式"，确立"课程理解范式"，把课程作为一种多元"文本"来理解。它强调课程要促使人类创造性组织与再组织经验的能力在有效环境之中发挥作用，课程就是要通过参与者的行为和相互作用而形成，而不是那种预先设定的内容。因此，该课程观允许学生与教师在会谈和对话之中创造出比现有的封闭性课程结构所可能提供的更为复杂的学科秩序与结构。教师角色不再是原因性的，而是转变性的。课程不再是跑道，而成为跑的过程本身。而学习则成为意义创造过程中的探险。

（共5分。对隐喻进行解释2分，具体阐述隐喻所隐含的课程观3分）

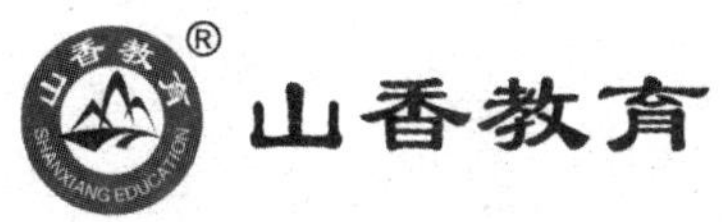

浙江省教师招聘考试历年真题详解及预测试卷

教育基础知识·中学

参考答案及解析-预测试卷

（参考答案及解析由山香教师招聘考试命题研究中心编写）

目　录

浙江省教师招聘考试中学教育基础知识预测试卷(一)

一、单项选择题

1. B 【解析】本题考查教育的起源学说。教育的生物起源说是教育史上第一个正式提出的有关教育起源的学说,也是较早地把教育的起源问题作为一个学术问题提出来的学说,标志着在教育起源问题上开始转向科学解释。

2. C 【解析】本题考查教学与教育的关系。教学与教育是一种部分与整体的关系。教育包括教学,教学只是学校进行教育的一个基本途径。故选C项,A、B、D三项说法错误。

易错提示:考生在掌握教学的概念时,需要区分以下几种关系:

(1)教学与教育:部分与整体。

(2)教学与智育:既有联系又有区别。教学是智育的主要途径,但不是唯一途径。

(3)教学与上课:上课是实施教学的一种方式,教学工作以上课为中心环节。

(4)教学与自学:教学包括教师指导下的自学,不包括学生自主进行的自学。

3. B 【解析】本题考查德育方法。角色扮演法是通过让儿童扮演处境特别的求助者或其他有异于自己的社会角色,使扮演者暂时置身于他人的位置,按照他人的处境或角色来行事、处世,以求在体验别人的态度、方式中,增进扮演者对他人及其社会角色的理解和认同。角色扮演法对于发展个体关爱他人、体谅他人的社会情感以及发展人际交往能力方面有着重要意义。因此,该教师运用的德育方法是角色扮演法。

4. C 【解析】本题考查教育制度的发展历程。教育制度的发展经历了从前制度化教育到制度化教育,再到非制度化教育的过程。

5. C 【解析】本题考查裴斯泰洛齐的教育思想及其教育著作。裴斯泰洛齐的代表作是《林哈德与葛笃德》,他提出各门学科的教学须从最简单的要素开始,由简到繁,循序发展。如算数教学可从简单的数"1"开始,逐渐发展到加、减、乘、除;语文教学可从读音开始,由音节到单字,再到简单句子,然后逐渐扩充简单句子为复杂句。

6. B 【解析】本题考查《学记》中的教育思想。《学记》开篇阐述了教育的目的:"建国君民,教学为先""君子如欲化民成俗,其必由学乎",论述了教育与政治的关系。其总结的教学原则主要包括:(1)尊师重道(教师观)。"师严然后道尊,道尊然后民知敬学。"(2)豫时孙摩。预防+及时施教+循序渐进+观摩学习:"禁于未发之谓豫""当其可之谓时""不陵节而施之谓孙""相观而善之谓摩"。所以①③正确。②表述错误,④是墨子的教育思想。

7. D 【解析】本题考查奥苏伯尔对动机的分类。根据学校情境中的学业成就动机的不同,奥苏伯尔等人把动机分为认知内驱力、自我提高内驱力和附属内驱力三个方面。自我提高内驱力是指个体因自己的胜任或工作能力而赢得相应地位的需要。自我提高内驱力并非直接指向学习任务本身,而是把成就看作赢得地位与自尊心的根源,属于外部动机。题干中的学生通过努力学习考取心仪的学校,这涉及社会地位的变化,属于自我提高内驱力。故选D项。A项,认知内驱力是指要求了解、理解和掌握知识以及解决问题的需要。C项,附属内驱力是指个体为了获得长者们(如家长、教师)的赞许或认可而表现出把工作、学习做好的一种需要。B项为干扰项。

方法技巧: 在做此类题目时,考生应注意把握题干关键词,如追求知识乐趣的为认知内驱力,追求他人赞赏的为附属内驱力,追求地位的为自我提高内驱力。

8. D 【**解析**】本题考查艾里克森的人格发展阶段理论。12~18岁青少年的发展任务是培养自我同一性。自我同一性是指个体组织自己的动机、能力、信仰及活动经验而形成的有关自我的一致性形象;也是一种关于自己是谁,在社会中占据什么样的地位,将来准备成为什么样的人,以及怎样努力成为理想中的人的一系列感觉。因此王勇的主要发展任务是建立自我同一性,努力成为理想中的舞蹈家。

9. B 【**解析**】本题考查自我防御机制。否认是指对某种痛苦的现实无意识地加以否定,因为不承认似乎就不会痛苦。这一过程可使一个人逐渐地接受现实而不致猛然承受不了坏消息或痛苦,是一种保护性质的、正常的防御。故选B项。A项,压抑是指把意识所不能接受的观念、情感或冲动抑制到无意识中去。C项,文饰作用是指通过无意识地用一种似乎有理的解释或实际上站不住脚的理由来为其难以接受的情感、行为或动机辩护以使其可以接受。D项,过度代偿又称过度补偿,是指一个真正的或幻想的躯体或心理缺陷可通过代偿而得到超乎寻常的纠正。

10. D 【**解析**】本题考查普雷马克原理的实际运用。普雷马克原理,也叫祖母法则,指用高频的活动作为低频活动的有效强化物。如果有一件愉快的事等着儿童去做,他们会很快完成另一件不喜欢的行为。但要注意,行为与强化的顺序不能颠倒,必须先有行为再有强化,D项正是对普雷马克原理的运用。故选D项。

11. D 【**解析**】本题考查认知过程。认知过程包含感觉、知觉、记忆、思维、想象等。情感属于心理现象中的情绪情感过程。

12. B 【**解析**】本题考查2008年修订的《中小学教师职业道德规范》。2008年修订的《中小学教师职业道德规范》中关于“教书育人”方面所规定的具体职业行为要求有以下几点:(1)遵循教育规律,实施素质教育;(2)循循善诱,诲人不倦,因材施教;(3)培养学生良好品行,激发学生创新精神,促进学生全面发展;(4)不以分数作为评价学生的唯一标准。

13. D 【**解析**】本题考查《中国学生发展核心素养》。《中国学生发展核心素养》在“自主发展”中指出,自主性是人作为主体的根本属性。自主发展,重在强调能有效管理自己的学习和生活，认识和发现自我价值，发掘自身潜力，有效应对复杂多变的环境，成就出彩人生，发展成为有明确人生方向、有生活品质的人。

14. B 【解析】本题考查依法执教的实际运用。依法执教就是要求教师在教育教学活动中，按照教育法律、法规使自己的教育教学活动法制化和规范化。A项做法侵犯了学生的人格尊严权；C项做法侵犯了学生的受教育权；D项做法违背了教师职业道德规范。只有B项做法符合依法执教的要求。故选B项。

15. A 【解析】本题考查《中华人民共和国教育法》。根据《中华人民共和国教育法》第五十四条规定，国家建立以财政拨款为主、其他多种渠道筹措教育经费为辅的体制，逐步增加对教育的投入，保证国家举办的学校教育经费的稳定来源。故选A项。

二、辨析题(参考答案)

1. 环境对个体发展的影响总是积极的。

(1)这种说法是不正确的。(2)环境对个体发展的影响有积极和消极之分，一般来说，生产力发达地区或良好的社会生活条件，可以加速年青一代身心发展的进程；相反，不良的社会生活条件可以阻碍年青一代身心发展的进程。

2. 评定学生学业成绩只能通过考试。

(1)这种说法是不正确的。(2)学业成绩的检查与评定是教学工作的一个重要环节，对教学工作的顺利进行和教学质量的提高具有重要的意义。检查学生学业成绩的方式主要有两大类：平时考查和考试。平时考查的方式主要有口头提问、检查书面作业和单元测验等。考试是对学生知识、技能等进行总结性检查时所采用的一种方式。综上所述，评定学生学业成绩不是只能通过考试来进行。因此，题干中的说法是不正确的。

3. 教师考核可以由学校自主进行。

(1)这种说法是正确的。(2)根据《中华人民共和国教师法》第二十二条规定，学校或者其他教育机构应当对教师的政治思想、业务水平、工作态度和工作成绩进行考核。教育行政部门对教师的考核工作进行指导、监督。因此，学校是负责考核教师的具体实施者，考核可根据学校实际情况自主进行。

4. 学习迁移是指一种学习对另一种学习的促进作用。

(1)这种说法是不正确的。(2)学习迁移也称训练迁移，是指一种学习对另一种学习的影响，或习得的经验对完成其他活动的影响。根据迁移的性质和结果，迁移可分为正迁移、负迁移和零迁移。正迁移也叫“助长性迁移”，是指一种学习对另一种学习的促进作用。负迁移也叫“抑制性迁移”，是指一种学习对另一种学习产生阻碍作用。两种学习也可能不发生影响，这种状态称为零迁移，它是迁移的一种特殊形式。故一种学习对另一种学习的促进作用只是学习迁移中的一种情况。

三、简答题(参考答案)

1. 课程资源开发和利用的基本原则有哪些?

(1)共享性原则;(2)经济性原则;(3)实效性原则;(4)因地制宜原则。

2. 简述布鲁纳的认知—发现学习理论。

布鲁纳是美国著名的认知教育心理学家,他主张学习的目的在于以发现学习的方式,使学科的基本结构转变为学生头脑中的认知结构。因此,他的理论常被称为认知—结构教学论或认知—发现学习说。该理论的主要观点包括:

(1)学习观。①学习的实质在于主动形成认知结构;②学习包括获得、转化和评价三个过程。

(2)教学观。①教学的目的在于理解学科的基本结构;②掌握学科的基本结构的教学原则主要有动机原则、结构原则、程序原则、强化原则。

(3)发现学习。布鲁纳认为,发现是教育儿童的主要手段,学生掌握学科的基本结构的最好方法是发现学习。发现学习是指给学生提供有关的学习材料,让学生通过探索、操作和思考,自行发现知识、理解概念和原理的教学方法。

3. 常见的侵犯学生受教育权的表现形式有哪些?

(1)侵犯学生受教育机会的平等权;(2)侵犯学生的入学权;(3)侵犯学生参加考试的权利;(4)随意开除学生。此外,还有侵犯学生上课学习的权利、侵犯学生受教育的选择权、侵犯学生升学复学方面的同等权利、以侵犯姓名权的手段侵犯学生的受教育权、延误学生录取通知书的发放等。

4. 简述教育研究的发展趋势。

(1)研究背景的现场化;(2)多种教育理论流派的形成导致教育研究方法的统一性与多元性;(3)现代科学研究成果及其研究方法的移植;(4)关注教育研究的价值标准;(5)研究手段的现代化。

四、论述题(参考答案)

1. 试述不同的班主任领导方式对学生发展的影响。

(1)权威型的领导方式属于支配性指导。班主任无视学生的个别差异,以僵硬的对策为基础,只给予统一强制的指导,或一味地斥责、威胁。在强制性指令的指导下,学生的活动性显著降低,消极性、依存性行为增多。

(2)民主型的领导方式属于综合性的指导。班主任比较善于倾听学生的意见,能够灵活地适应学生的个别差异,以此为基础引出学生的自发行为,促进学生在合作中进行思想交流。学生在民主型领导方式的指导下,行为较稳定,自主积极的行为较多。

(3)放任型的领导方式属于不干预性指导。对班级管理不做过多干预,以容忍的态度对待班级生活的冲突,不主动组织班级活动。学生在无指导的班级生活中,有目的的活动水平低下，违背团体原则的自发行为增多。

2. 论述遗忘的规律以及影响遗忘进程的因素。

(1)遗忘的规律:最早对遗忘进行实验研究的是德国心理学家艾宾浩斯，他提出了著名的“遗忘曲线”。这条曲线表明，遗忘是有规律的，即遗忘的进程是不均衡的，其趋势是先快后慢、先多后少，呈负加速，且到一定的程度就几乎不再遗忘。

(2)影响遗忘进程的因素有:①学习材料的性质。学习材料的性质指材料的种类、长度、难度以及意义性。②系列位置效应。系列位置效应就是指接近开头和末尾的记忆材料的记忆效果好于中间部分的记忆效果的趋势。③识记材料的数量和学习程度。一般来说，材料过多、学习程度太小或太大，都不利于对知识的记忆。实验证明，过度学习达到50%，即学习的熟练程度达到150%时，学习的效果最好;超过150%时，效果并不递增，很可能引起厌倦、疲劳而成为无效劳动。④记忆任务的长久性与重要性。一般来说，长久的识记任务有利于材料在头脑中保持时间的延长，不重要和未经复习的内容则容易遗忘。⑤识记的方法。研究表明，以理解为基础的意义识记比机械识记的效果好得多。⑥时间因素。⑦情绪和动机。

五、材料分析题(参考答案)

(1)本材料中的法律主体有学生王某、班主任薛老师和学校。

(2)①根据《中华人民共和国义务教育法》第二十七条规定，对违反学校管理制度的学生，学校应当予以批评教育，不得开除。这是由义务教育的性质决定的，目的是保障学生接受义务教育的权利。义务教育是强制性教育，是所有适龄儿童、少年必须接受的教育，不能因为学生违反学校管理制度，就剥夺学生受教育的权利。因此班主任和学校将王某开除学籍的行为是不合法的。②根据《中华人民共和国义务教育法》第二十九条规定，教师应当尊重学生的人格，不得歧视学生，不得对学生实施体罚、变相体罚或者其他侮辱人格尊严的行为，不得侵犯学生合法权益。根据《中华人民共和国教育法》和《中华人民共和国教师法》的相关规定，班主任有批评教育学生的权利，有关心爱护学生的义务，但不得体罚或变相体罚学生，因此班主任罚站、罚抄作业的行为是不正确的。③根据《中华人民共和国教育法》的规定，王某有遵守学生行为规范，遵守所在学校或者其他教育机构的管理制度，努力学习、完成规定的学习任务的义务。因此王某逃学的行为也是不对的。

浙江省教师招聘考试中学教育基础知识预测试卷(二)

一、单项选择题

1. A 【解析】本题考查教师知识结构的核心。精深的学科专业知识是教师知识结构的核心，也是教师向学生传授知识的必备基础。

2. A 【解析】本题考查教育的功能。正向功能是指教育有助于社会进步和个体发展的积极影响和作用;负向功能是指教育阻碍社会进步和个体发展的消极影响和作用;显性功能是指依照教育目的,教育在实际运行中所出现的与之相符合的功能;隐性功能是指非预期的且具有较大隐藏性的功能。学生的口语练好了,这是教育带来的积极影响,也符合预期的结果,属于教育的正向显性功能;学生锻炼口语的同时,记忆力和听力也得到了提高,这是非预期的积极影响,属于教育的正向隐性功能。

3. C 【解析】本题考查教育研究方法。调查研究法是研究者采用问卷、访谈、观察、测量等方式对现状进行了解,对事实进行考察,对材料进行收集,从而探讨教育问题、教育现象之间联系的研究方法。故题干中,该教师通过观察、询问等了解学生的信息,采用了调查研究法。

4. B 【解析】本题考查中学常用的德育原则。导向性原则的贯彻要求包括:(1)坚持正确的政治方向;(2)德育目标必须符合新时期的方针政策和总任务的要求;(3)要把德育的理想性和现实性结合起来。B项属于知行统一原则的贯彻要求,故选B项。

5. A 【解析】本题考查中国近现代教育家的教育思想。蔡元培提出了“五育并举”的教育方针,“五育”具体指军国民教育、实利主义教育、公民道德教育、世界观教育和美感教育。B项黄炎培是我国职业教育的先驱;C项陈鹤琴提出了“活教育”思想;D项陶行知提出了生活教育理论。

6. A 【解析】本题考查动机的功能。A项,激活功能体现在动机具有发动行为的作用,能推动个体产生某种活动,使个体由静止状态转向活动状态。B项,动机的指向功能是指动机不仅能激发行为,而且能将行为指向一定的对象或目标。C、D两项,维持和调节功能(强化功能)强调动机具有维持功能,它表现为行为的坚持性。动机激发个体的某种活动后,这种活动能否坚持下去,同样要受动机的调节和支配。题干中口渴的个体做出寻找水杯喝水的行为,即口渴促使个体由静止状态转向活动状态,是动机的激活功能。故答案选A项。

7. C 【解析】本题考查教师职业倦怠的表现。玛勒斯等人认为职业倦怠主要表现为三个方面:(1)情绪耗竭,指个体情绪情感处于极度的疲劳状态,工作热情完全丧失;(2)去人性化,即刻意在自身和工作对象间保持距离,对工作对象和环境采取冷漠和忽视的态度;(3)个人成就感低,表现为消极地评价自己,贬低自己工作的意义和价值。题干所述属于去人性化的表现。故选C项。

8. A 【解析】本题考查问题解决的策略。算法策略是将所有可能的针对问题解决的方法都一一列举出来并进行尝试,直到最终从根本上解决问题。故题干所述符合算法策略的内涵。

9. A 【解析】本题考查科尔伯格的道德发展阶段理论。习俗水平是在小学中年级出现的,一直到青年、成年。中学生的道德发展一般处于这个水平。故选A项。B

项,前习俗水平大约出现在幼儿园及小学中低年级。C项,后习俗水平一般要到20岁以后才能出现,而且只有少数人才能达到。D项为干扰项。

10. A 【解析】本题考查情绪与情感的功能。情绪和情感的信号功能是指情绪和情感具有传递信息、沟通思想的功能,这种功能是通过表情实现的。人们能通过一个人的表情来推测出他的情绪状态,这体现了情绪与情感的信号功能。故选A项。B项,情绪与情感的适应功能是指情绪和情感是有机体适应生存和发展的一种重要方式。C项,情绪与情感的动机功能是指情绪和情感是动机的源泉之一,是动机系统的一个基本成分。它能够激励人的活动,提高人的活动效率。D项,情绪与情感的组织功能表现在积极的情绪和情感具有调节和组织作用,消极的情绪和情感则有干扰、破坏作用。

二、辨析题(参考答案)

1. 我们常说:“教师要给学生一杯水,自己必须要有一桶水。”所以教学就是一个传递知识的过程。

(1)这种说法是不正确的。(2)题干中的“水”比喻知识。教学的首要任务是使学生掌握系统的科学文化基础知识,形成基本技能、技巧,但是教学除了传授知识之外,还要发展学生的智能和体能,培养学生高尚的审美情趣、良好的道德品质等。故教学不仅仅是一个传递知识的过程。

2. 智育只能通过课堂教学活动得以实现。

(1)这种说法是不正确的。(2)作为教育的一个组成部分的智育,即向学生传授系统的科学文化知识和发展学生的智力,主要是通过教学进行的。但智育也需要通过课外活动等才能全面实现。

3. 注意转移即注意分散。

(1)这种说法是不正确的。(2)注意的转移是根据新的任务,主动地把注意从一个对象转移到另一个对象或由一种活动转移到另一种活动的现象。注意的分散是指注意离开了当前应当完成的任务而被无关的事物所吸引。注意的转移和注意的分散是不同的,虽然都是注意对象的变换,但注意的转移是在实际需要时,有目的地把注意转向新的对象,使一种活动合理地被另一种活动所代替。而注意的分散是在需要注意稳定时,受无关刺激干扰,或由单调刺激引起,使注意离开需要注意的对象。

三、简答题(参考答案)

1. 班主任了解和研究学生的主要内容有哪些?

(1)了解和研究班级群体。主要内容包括:①班级成员的基本构成;②班级群体的学业状况;③班级群体的发展状况;④班级日常行为表现。

(2)了解和研究班级个体。主要内容包括:①学生的基本情况;②学生的社会关系;③学生的学业和品德状况;④学生的品德形成与社会性发展状况。

2. 简述培养学生想象力的途径。

(1)在教学中发展学生的再造想象。①要扩大学生头脑中的表象储备;②教师要帮助学生真正弄懂描述中的关键性词句和实物标志的含义;③教师要唤起学生对教材的想象,以加深对知识的理解和巩固。

(2)在教学中培养学生的创造想象。①要引导学生学会观察,丰富学生的表象储备;②引导学生积极思考,有利于打开想象力的大门;③引导学生努力学习科学文化知识,扩大学生的知识经验以发展学生的空间想象能力;④注意发展学生的语言能力;⑤结合学科教学,有目的地训练学生的想象力;⑥引导学生进行积极的幻想。

3. 如何帮助学生有效地掌握概念?

(1)以感性材料作为概念掌握的基础;(2)合理利用过去的知识经验;(3)提供概念范例,配合运用正例和反例,适当运用比较;(4)突出有关特征,控制好无关特征的数量和强度,正确而充分地利用"变式";(5)正确运用语言表达,明确揭示概念的本质特征;(6)形成正确的概念体系,并运用于实践中。

四、论述题(参考答案)

请结合新时代立德树人的要求,论述学校德育的主要途径。

"立德树人"要求我们必须坚持德育为先;"立德树人"要求我们必须着眼于促进学生全面发展;"立德树人"要求我们必须坚持培育学生健全人格;"立德树人"要求我们必须致力于"让每个孩子都能成为有用之才"的教育理想。学校可以通过以下途径来实现德育目标:

(1)思想品德课(思想政治课)与其他学科教学。思想品德课(思想政治课)与其他学科教学是学校有目的、有计划、系统地对学生进行德育的基本途径。思想品德课之外的其他各科教学是德育最经常、最基本的途径。通过教学实施德育是通过传授和学习科学文化知识实现的。

(2)共青团、学生会的活动。共青团、学生会是学生自己的集体组织,通过自己的组织进行德育,有利于调动学生的积极性和创造性。

(3)课外、校外活动。课外、校外活动是整个教育体系的一部分,是进行全面发展教育的一个重要途径,也是学校实施德育的一个重要途径。

(4)社会实践活动。根据德育的要求,组织学生参加各种形式的社会实践活动,是实现德育内容、达到德育目标、使他们形成良好品德所不可忽视的途径。

(5)校会、班会、周会、晨会、时事政策的学习。校会是学校组织的全校师生参加的活动;班会是教学班组织的全班同学参加的活动;周会主要对学生进行社会主义道德教育和时事政策教育;晨会一般在每天早晨进行,对出现的问题予以及时解决;时事政策学习是国情教育的重要途径,一般采用做政策报告、学生自己阅读报纸或收听广播、收看电视等形式。

(6)班主任工作。班主任工作是学校对学生进行德育的一个重要而又特殊的途径。通过班主任,学校可以强有力地管理基层学生集体,更好地发挥上述各个德育途径的作用。

五、案例分析题(参考答案)

中学班主任工作是一项复杂、细致,需要付出爱心、耐心和责任心,对学生健康成长起着重要作用的工作,要求班主任坚持以人为本、注重公平、尊重学生、遵循规律、以身作则等。案例中的齐老师违背了班主任工作的基本要求,具体分析如下:

(1)班主任要注重公平,面向班集体每一个学生。案例中,齐老师在教学过程中以不同的态度区别对待学生,没有做到公平对待学生。

(2)班主任要尊重学生,注重与学生交流沟通的方式。案例中,齐老师对有的学生言语侮辱、谩骂等,这是不尊重学生的行为,是不可取的。

(3)班主任要遵循学生的年龄特点和身心发展规律。案例中,齐老师在教学时不考虑学生的不同水平,而是按照自己的想法进行教学,这没有遵循学生的年龄特点和身心发展规律。

(4)班主任要以身作则。案例中,齐老师区别对待学生,言语侮辱学生,乱扔粉笔头,未能给学生做好榜样。

浙江省教师招聘考试中学教育基础知识预测试卷(三)

一、单项选择题

1. C 【解析】本题考查赫尔巴特的地位。赫尔巴特在世界教育史上被认为是“现代教育学之父”或“科学教育学的奠基人”。

2. C 【解析】本题考查个体身心发展的规律。根据个体身心发展的不平衡性(不均衡性)规律,教育教学要抓住关键期,以求在最短的时间内取得最佳的效果。“时过然后学,则勤苦而难成”的意思是:错过了学习时机,事后补救,尽管勤苦努力,也较难成功。这句话反映了人的身心发展存在着关键期,在关键期内发展学生相应的能力效果最佳。说明教学工作应遵循个体身心发展的不均衡性规律。故选C项。A项顺序性要求教育工作循序渐进地促进人的发展。B项互补性强调教育工作者要发现学生的优势,扬长避短、长善救失,激发学生自我发展的信心和自觉。D项个别差异性要求教育必须因材施教,充分发挥每个学生的潜能和积极因素,有的放矢地选择适宜、有效的教育途径和方法手段,使每个学生都能得到最大的发展。

3. D 【解析】本题考查教学过程的基本规律。书本知识,一般表现为概念、定理、原理等,这对学生来说是间接经验;学生的感性认识是个人以往积累的或现时获得的感性经验。教师在教学过程中,结合学生的感性认识,促使学生掌握书本知识,这说明教学过程具有间接经验与直接经验相结合的规律。

4. A 【解析】本题考查文化对教育的影响。文化影响教育目的的确立。教育目的的确立,除了取决于社会政治经济制度和生产力发展水平以外,还受文化的影响。例如,我国古代封建社会的主流文化是以儒学为核心的伦理型文化,这种文化反映在人才培养上,就强调教育目的是"在明明德,在亲民,在止于至善"。

5. B 【解析】本题考查社会本位的教育目的论。由"教育在于使青年社会化"可知,题干强调教育的目的在于促进个体的社会化,这属于社会本位教育目的论的观点。

6. D 【解析】本题考查皮亚杰的认知发展阶段理论。根据皮亚杰的认知发展阶段理论,形式运算阶段的儿童的思维已超越了对具体的、可感知的事物的依赖,使形式从内容中解脱出来。在这一阶段,儿童能理解符号的意义、隐喻和直喻,能对事物做一定的概括,其思维发展水平已接近成人的水平。故题干中的刘云此时已进入形式运算阶段。

7. A 【解析】本题考查兴趣的种类。直接兴趣是对活动本身感兴趣;间接兴趣是对活动的结果感兴趣。题干中的小石对数学没有兴趣,但对最终当上数学课代表感兴趣,因此,其兴趣属于间接兴趣。

8. A 【解析】本题考查知觉的基本特征。知觉的整体性是指人根据自己的知识经验把直接作用于感官的客观事物的多种属性整合为统一整体的过程。人们根据日常生活中勺子的形状把七颗星星知觉成一个整体,体现的就是知觉的整体性。故选A项。B项,知觉的选择性是指当面对众多的客体时,知觉系统会自动地将刺激分为对象和背景,并把知觉对象优先地从背景中区分出来。C项,知觉的理解性是指人以知识经验为基础对感知的事物加工处理,并用语词加以概括赋予说明的加工过程。D项,知觉的恒常性是指客观事物本身不变,但知觉条件在一定范围内发生变化时,人的知觉映像仍相对不变。

方法技巧:知觉的特征是常考点,也是易混点。考生需把握各自的关键词:选择性——对象和背景的区分;理解性——知识经验的作用;整体性——也强调知识经验的作用,但是会突出部分与整体;恒常性——不变性。

9. A 【解析】本题考查灵感的含义。灵感是指人在创造性思维过程中,某种新形象、新概念和新思想突然产生的心理状态。它是人在以全部精力集中去解决思考中的问题时,由于偶然因素的触发而突然出现的顿悟现象。音乐家在创作音乐时,经过长时间的思考和创作,在某个时刻突然感到有一段旋律进入自己的脑海中,这种现象就是灵感。故选A项。B项,原型启发是指从其他事物上发现解决问题的途径和方法。C项,定势是指重复先前的操作所引起的一种心理准备状态。D项,人们把某种功能赋予某物体的倾向称为功能固着。

10. A 【解析】本题考查学习迁移的种类。横向迁移也称水平迁移,是指先行学习内容与后继学习内容在难度、复杂程度和概括层次上属于同一水平的学习活动之间产生的影响。题干中的历史与地理、化学与生物、数学与物理等学科在难度、复杂程度和概括层次上属于同一水平,故它们之间发生的迁移属于横向迁移。

二、辨析题(参考答案)

1. 教师用连贯的语言传授知识是谈话法。

(1)这种说法是不正确的。(2)讲授法是教师运用口头语言系统连贯地向学生传授知识、技能,发展学生智力的教学方法。谈话法是教师和学生相互交谈,以引导学生根据已有的知识和经验,通过独立思考去获得新知识的教学方法。所以,教师用连贯的语言传授知识属于讲授法,题干表述错误。

2. 活动课程夸大了儿童的个人经验,忽视了知识本身的逻辑顺序,影响了系统知识的学习,所以容易导致教学质量的降低。

(1)这种说法是正确的。(2)活动课程以学习者的经验为中心来组织,容易导致学科知识的支离破碎,学生难以掌握完整系统的学科知识体系;同时,活动课程以学习者的活动为中心,但学习者的活动具有多种性质,并非所有的活动都有教育价值,也并非所有的活动都能带来同样的教育价值,因此在实施中容易导致"活动主义",为活动而活动,如果把握不当,会极大地影响教学效率和教育质量。

3. 学生的学习主要受学习动机的支配,学习动机越强,学习效果越好。

(1)这种说法是不正确的。(2)①总体而言,在一般情况下,学习动机与学习效果的关系是一致的。学习动机越强,有机体对学习活动的积极性就越高,学习效果就越佳,表现为学习动机可以促进学习,提高成绩。②对一项具体的学习活动而言,学习动机与学习效果的关系并不是那么简单。只有当学习动机的强度处于最佳水平时,才能产生最好的学习效果。学习动机与学习效果之间的关系遵循"耶克斯—多德森定律"。"耶克斯—多德森定律"表明,动机不足或过分强烈都会影响学习效果。第一,动机的最佳水平随着任务性质的不同而不同。在比较容易的任务中,行为效果(工作效率)随着动机的提高而上升;随着任务难度的增加,动机的最佳水平有逐渐下降的趋势。第二,一般来讲,最佳水平为中等强度的动机。第三,动机水平与行为效果呈倒U型曲线。因此,题干说法过于片面。

三、简答题(参考答案)

1. 简述教师专业发展的内容。

(1)专业理想的建立;(2)专业态度和动机的完善;(3)专业知识的拓展与深化;(4)专业能力的提高;(5)教师的专业人格;(6)专业自我的形成。

2. 简述如何根据认知发展理论促进儿童的认知发展。

(1)教学应充分发挥学生的主体性;(2)教学策略要和学生的能力相匹配;(3)教学要提供学生互动的课堂情境;(4)教学要重视学生自我调节能力的培养。

3. 简述如何根据学生的气质类型实施差异化教育。

针对学生的气质差异，在教育过程中对不同气质类型的学生采取的方法应尽可能地因人而异，做到“一把钥匙开一把锁”。

(1)对胆汁质的学生，教师应采取直截了当的方式，但这些学生不宜轻易激怒，对其严厉批评要有说服力，培养其自制力、坚持到底的精神，豪放、勇于进取的人格品质。

(2)对多血质的学生，可以采取多种教育方式，但要定期提醒，对其缺点严厉批评。教师应鼓励他们勇于克服困难，培养扎实专一的精神，防止其见异思迁；创造条件，多给他们活动的机会，培养他们朝气蓬勃、足智多谋的优点。

(3)对黏液质的学生，教师要采取耐心教育的方式，让他们有考虑和做出反应的足够时间，培养其生气勃勃的精神、热情开朗的个性和以诚待人、工作踏实、顽强的优点。

(4)对抑郁质的学生，则应采取委婉暗示的方式，对其多关心、爱护，不宜在公开场合下指责，不宜过于严厉地批评，培养他们亲切、友好、善于交往、富有自信的精神，培养其敏感、机智、认真、细致、高自尊的优点。

四、论述题(参考答案)

1. “启发式”教学与“注入式”教学的不同之处是什么？运用启发式教学的好处有哪些？

(1)依据指导思想不同，各种教学方法可归并为两大类：注入式和启发式，这是两种根本对立的教学方法指导思想。注入式是一种“填鸭式”的教学方法，是指教师从主观出发，把学生看成单纯接受知识的容器，向学生灌注知识，无视学生在学习上的主观能动性。在这种思想的指导下，教师在教学中仅仅起着一个现成信息的载负者和传递者的作用，而学生则仅仅起着记忆器的作用。启发式则是指教师从学生实际出发，采取各种有效的形式去调动学生学习的积极性，指导他们自己去学习的方法。两者的不同表现为：①理论基础不同；②教学的目的、任务不同；③学生观不同；④教学信息传输的方式不同；⑤师生心理相容度不同。

(2)运用启发式教学的好处：①启发式教学能激发学生的学习动机；②启发式教学有助于学生的智力开发；③启发式教学有助于学生的个性发展；④启发式教学能有效地传递科学信息；⑤启发式教学是教学规律的正确反映。

2. 试述皮亚杰和科尔伯格的道德发展理论的教育价值。

(1)学校道德教育应符合儿童的道德发展水平。儿童的道德发展阶段是一个渐进有序的过程，因此，对各个阶段的儿童进行道德教育的内容也不同。它不能超越儿童道德发展的一般进程，应当符合儿童道德发展的实际水平，否则，儿童不能将其内化为自身的道德观念，从而导致教育的失败。

(2)学校应在实践活动中进行德育,充分发挥学生的主体作用。学校道德教育应首先注重人的主体性,从学生的兴趣和内在需要出发,在活动中为学生提供发展个性的机会,使他们在实践中承担和扮演各种角色,从中因势利导,在实践中不断强化道德认识、培养道德情感、促进道德的发展,从而提高学生的道德综合素质。

(3)改进学校道德教育的方法。教师在课堂上应鼓励学生提问,促进学生间的相互作用;鼓励学生,甚至是学龄前儿童,去参与道德问题的讨论,使他们产生认知冲突,以此促进其道德思维的发展。

(4)教师应该知道对任何一种道德发展理论均不能全盘接受。所有的理论都只适合一部分人,而不是所有人。针对各种理论的不足,教师应注意性别和文化对学生道德推理能力的影响,也应注重培养学生的道德情感。

五、案例分析题(参考答案)

(1)①王老师的行为违背了德育过程是一个促进学生思想内部矛盾斗争的发展过程,是教育与自我教育相结合的过程的规律。学生的自我教育能力是学生品德赖以形成的内部因素,教育者在重视对学生进行思想品德教育的同时,应高度重视培养学生的自我教育能力,发挥学生在德育过程中的主观能动性。案例中的王老师,面对不爱学习、经常在课上聊天的小兰,仅仅是为其换了座位,并没有引导、帮助其培养与提高自我约束意识、自我调控能力,忽视了其自我教育能力的形成与发展。

②王老师的行为违背了尊重信任学生与严格要求学生相结合的德育原则。该原则是指在德育过程中,教育者既要尊重信任学生,又要对学生提出严格的要求,把严和爱有机地结合起来,使教育者的合理要求转化为学生的自觉行动。案例中的王老师在班会上公开小兰写的情书,是不尊重学生的表现。在德育过程中,只有把尊重学生与严格要求学生紧密结合在一起,才能取得最佳教育效果。

(2)正确做法:本着尊重、信任学生的原则,运用说服教育、自我教育等德育方法教导学生,让学生意识到自己行为的不当之处,并改正。同时,还要与小兰的家长积极沟通,与其家长一道解决问题,而不是向家长告状。

浙江省教师招聘考试中学教育基础知识预测试卷(四)

一、单项选择题

1. C **【解析】**本题考查教育现代化的核心。教育现代化具体包括教育观念现代化、教育内容现代化、教育条件设备现代化、教育管理现代化、教师素质的现代化等。其中,确立和形成现代化的教育观念是保证教育现代化实现的一个重要前提;教师素质的现代化是教育现代化的核心。教育现代化的最高目的是实现人的现代化。

2. D **【解析】**本题考查影响师生关系的核心因素。影响师生关系的因素可归纳为教师、学生和环境三个方面,其中,教师的素质是影响师生关系的核心因素。故选D项。

3. D 【解析】本题考查中学常用的德育原则。教育影响的一致性与连贯性德育原则要求教师争取家长和社会的配合,主动协调好与家庭、社会教育的关系,逐步形成以学校为中心的"三位一体"的德育网络。冯老师针对章明的情况积极与其家长进行沟通,与家长一起为章明的健康成长做出努力即体现了教育影响的一致性与连贯性德育原则。

4. B 【解析】本题考查人的身心发展的动因。外铄论认为人的发展主要依靠外在的力量,诸如环境的刺激和要求、他人的影响和学校的教育等。题干这一观点强调外在力量对人的影响,符合外铄论的基本观点。故本题答案选B项。

5. D 【解析】本题考查隐性课程。隐性课程是学校情境中以间接的、内隐的方式呈现的课程。其主要表现形式有:观念性隐性课程、物质性隐性课程、制度性隐性课程、心理性隐性课程。题干中的校风、教风和学风属于观念性隐性课程,故选D项。

6. A 【解析】本题考查旧中国的学制沿革。1922年,留美派主持的全国教育会联合会以美国学制为蓝本,颁布了"壬戌学制"。国民党政府于1928年就该学制做了一些修改,但基本上继承了"壬戌学制",并一直沿用到全国解放初期。因此"壬戌学制"是旧中国使用时间最长的学制。

7. D 【解析】本题考查美育的相关内容。美育是培养学生健康的审美观,发展他们感受美、鉴赏美和创造美的能力,以及培养他们高尚的情操与文明素养的教育。D项有助于培养学生的审美观,属于美育。A项属于劳动技术教育,B项属于体育,C项属于德育。

8. D 【解析】本题考查教师的组织管理能力。面对家长对特长生的误解,班主任可以通过主题班会、与学生谈话等形式,引导学生发现和解决问题。AB项处理得当。C项有助于培养学生的自我管理能力。D项容易使矛盾冲突升级,且不利于家校关系、家庭关系的和谐,这种处理方式不当。故选D项。

9. C 【解析】本题考查教育的经济功能。教育具有经济功能。教育对经济发展的作用,不是表现为直接创造物质财富,而是表现为:为经济活动再生产劳动力和再生产科学知识。教育再生产科学知识的一个重要表现,即教育可以高效能地扩大科学知识的再生产,使原来为少数人所掌握的科学知识在较短的时间内为更多的人所掌握,从而提高劳动生产效率,促进生产力的发展。故题干所述表明教育可以高效能地再生产科学知识,体现了教育的经济功能。

10. B 【解析】本题考查新课程教学评价倡导的基本理念。新课程提倡"以学论教",主要从以下六个方面进行评价:(1)情绪状态:学生是否具有浓厚的兴趣,对学习具有好奇心与求知欲;是否能长时间保持兴趣,能否自我调节和控制学习情绪;学习过程是否愉悦,学习愿望是否不断得以增强。(2)注意状态:学生是否始终关注讨论的主要问题,并能保持较长的注意力;学生的目光是否始终追随发言者(教师或学生)的一举一动;学生的倾听是否全神贯注,回答是否具有针对性。(3)参与状态:学生是否全员参与学习活动；是否积极主动地投入思考并踊跃发言，是否兴致勃勃地参与讨论和发言，是否自觉地进行练习。(4)交往状态：整个课堂气氛是否民主、和谐、活跃；学生在学习过程中是否友好分工与合作；能否虚心听取他人的意见，尊重他人的发言；遇到困难时学生能否主动与他人交流、合作，共同解决问题。(5)思维状态：学生是否围绕讨论的问题积极思考、踊跃发言，学生回答问题的语言是否流畅、有条理，是否善于用自己的语言阐述自己的观点；学生是否敢于质疑，提出有价值的问题并展开讨论；学生的回答或见解是否有自己的思考或创意。(6)生成状态：学生是否全面完成了学习目标，学生的学习能力、实践能力和创新能力是否得到增强，是否有满足、成功和喜悦等积极的心理体验，是否对未来的学习充满了信心。所以，题干所述强调的是评价学生的注意状态。

11. B 【**解析**】本题考查情感的分类。理智感是人认识事物和探求真理的需要是否得到满足而产生的主观体验。人们发现问题的惊奇感、问题解决的喜悦感等都属于理智感。故选B项。A项，道德感是根据一定的道德标准评价人的思想、意图和言行时所产生的主观体验。C项，美感是人们根据一定的审美标准对自然或社会现象及其在艺术上的表现予以评价时所产生的情感体验。D项为干扰项。

12. A 【**解析**】本题考查似动现象的主要形式。动景运动是当两个刺激(如光点、直线、图形等)按一定空间间隔和时距相继呈现时，我们就会看到从一个刺激物向另一个刺激物的连续运动。电子广告、放映机运用的就是这个原理。故选A项。B项，自主运动是人在注视暗环境中一个微弱的、静止的光点，片刻后感觉到光点在来回移动的现象。C项，诱导运动是由于一个物体的运动使其相邻的静止的物体产生运动的现象。D项，运动后效是指在注视向一个方向运动的物体之后，如果将注视点转向静止的物体，那么会看到静止的物体似乎向相反的方向运动。

方法技巧：似动知觉的种类是易混点也是常考点，考生需要把握各自的关键词。动景运动：两(多)静相继呈现，看起来是连续运动。诱导运动：一动一静同时呈现，看起来像是静的在运动。自主运动：一个静止的物体，看久了像是在运动。运动后效：一动一静相继呈现，静的向相反的方向运动。

13. C 【**解析**】本题考查气质的体液说。黏液质的人稳重，但灵活性不足；踏实，但有些死板；沉着冷静，但缺乏生气。题干中安安的表现符合黏液质气质类型的特点。故选C项。A项，胆汁质的人以精力旺盛、表里如一、刚强、粗枝大叶、易感情用事为特征。B项，多血质的人以反应迅速、有朝气、活泼好动、动作敏捷、情绪不稳定为特征。D项，抑郁质的人以敏锐、稳重、体验深刻、外表温柔、怯懦、孤独、行动缓慢为特征。

14. A 【**解析**】本题考查思维的特点。思维的间接性是指思维能对感官所不能直接把握的或不在眼前的事物，借助于某些媒介物与头脑加工来进行反映。“夜来风雨声，花落知多少”指从夜晚的风雨声中推知花落，这体现了思维的间接性。故选A项。

C项,思维的概括性包含两层意思:(1)把同一类事物的共同特征和本质特征抽取出来加以概括(总结概括);(2)将多次感知到的事物之间的联系和关系加以概括,得出有关事物之间的内在联系的结论(得出关系)。B、D两项为干扰项。

易错提示:考生易混淆间接性和概括性的概念。在考试过程中,考生应注意题干中的关键词。例如:题干中出现推断、推理或不是直接把握的例子,应选间接性;出现谚语、规律的,应选概括性。

15. D 【解析】本题考查观察学习的过程。班杜拉把观察学习的过程分为注意、保持、复现和动机四个子过程。在注意过程中,观察者注意并知觉榜样情境的各个方面;在保持过程中,观察者记住从榜样情境中了解的行为,以表象和语言形式将它们在记忆中进行表征、编码以及存储;在复现过程中,观察者将头脑中有关榜样情境的表象和符号概念转为外显的行为;在动机过程中,观察者因表现所观察到的行为而受到激励。观察者习得的行为不一定都表现出来,学习者是否会表现出已习得的行为,会受强化的影响。题干中张红帮助老师擦黑板但并未得到老师的表扬,因此李明未得到替代强化,即使其学会了该行为也不一定这样做,这属于观察学习的动机过程。故选D项。

方法技巧:考生在做此类试题时,可根据关键词进行区分。注意过程在观察;保持过程在保存;复现过程在行为;动机过程在强化。

16. D 【解析】本题考查《中华人民共和国教育法》。根据《中华人民共和国教育法》第七十二条规定,结伙斗殴、寻衅滋事,扰乱学校及其他教育机构教育教学秩序或者破坏校舍、场地及其他财产的,由公安机关给予治安管理处罚;构成犯罪的,依法追究刑事责任。故选D项。

17. C 【解析】本题考查《中华人民共和国义务教育法》。根据《中华人民共和国义务教育法》第二十九条规定,教师在教育教学中应当平等对待学生,关注学生的个体差异,因材施教,促进学生的充分发展。故选C项。

18. C 【解析】本题考查依法执教的主体。依法执教是依法治教在教师工作中的具体体现,也是对教师的基本要求,因而其主体是教师。故选C项。

19. D 【解析】本题考查《中华人民共和国未成年人保护法》。根据《中华人民共和国未成年人保护法》第三十五条规定,学校、幼儿园安排未成年人参加文化娱乐、社会实践等集体活动,应当保护未成年人的身心健康,防止发生人身伤害事故。

20. B 【解析】本题考查《关于深化教育改革全面推进素质教育的决定》。《关于深化教育改革全面推进素质教育的决定》中提出,实施素质教育,就是全面贯彻党的教育方针,以提高国民素质为根本宗旨,以培养学生的创新精神和实践能力为重点,造就"有理想、有道德、有文化、有纪律"的、德智体美等全面发展的社会主义事业建设者和接班人。

二、判断题

1. × 【解析】本题考查选择研究课题的要求。教育研究课题必须明确具体，要有价值，并不是课题大了就好。

2. × 【解析】本题考查实施素质教育应避免的误区。题干所述是对素质教育使学生生动、主动和愉快发展的误解。学生真正的愉快来自通过努力而获得成功之后的快乐，学生真正的负担是不情愿的学习任务。素质教育同样要求学生刻苦学习。“减负”是实现素质教育的重要途径，我们需要做的是提高作业设计质量，系统设计符合学生年龄特点和学习规律、体现素质教育导向的基础性作业，坚决克服机械、无效作业，杜绝重复性、惩罚性作业。并不是不给学生留课外作业，题干说法过于绝对。

3. √ 【解析】本题考查课程资源的分类。按课程资源的功能特点区分，有素材性课程资源和条件性课程资源。素材性课程资源包括知识、技能、经验、活动方式与方法、情感态度与价值观等。条件性课程资源包括与课程实施有关的人力、物力和财力，以及时间、场地、媒体、设备、设施和环境等。故本题说法正确。

4. √ 【解析】本题考查教学原则。理论联系实际原则是指教师在教学中，应使学生从理论与实际的结合中来理解和掌握知识，并引导他们运用新获得的知识去解决各种实际问题，培养他们分析问题和解决问题的能力。题干这一思想出自荀子，意思是：知道了不如亲自实践，做到知行合一也就达到极致了。通过实践，就能明白事理。这一思想强调理论联系实际原则。

5. × 【解析】本题考查现代教学理论。苏联教育家赞科夫把学生的一般发展作为教学的出发点，提出了发展性教学理论的五条教学原则，即高难度、高速度、理论知识起主导作用、理解学习过程、使所有学生包括“差生”都得到一般发展的原则。所以，题干这一论断的提出者是赞科夫。

6. × 【解析】本题考查学习的内涵。学习是个体在特定情境下由于练习或反复经验而产生的行为或行为潜能的相对持久的变化。题干中鸭子游泳属于本能，不属于学习现象。因此题干说法错误。

7. × 【解析】本题考查马斯洛的需要层次理论。自我实现的需要是最高层次的需要，所谓“自我实现”，即追求自我理想的实现，是充分发挥个人潜能、才能的心理需要，也是一种创造和自我价值得到体现的需要。尊重需要具体表现为认可自己的实力与成就、自信、独立、渴望受到赏识与评价、重视威望和名誉等。希望自己的工作和才能得到别人的承认、赏识、重视和高度评价属于尊重需要。

8. √ 【解析】本题考查学习的类型。下位学习又称类属学习，是一种把新的观念归属于认知结构中原有观念的某一部分，并使之相互联系的过程。正方形属于特殊的长方形，先学习的长方形周长公式与后学习的正方形的周长公式属于上下位关系，故该学习属于下位学习，题干表述正确。

9. × 【解析】本题考查人格的概念与特征。人格是构成一个人思想、情感及行为的特有模式，这个独特模式包含了一个人区别于他人的稳定而统一的心理品质，即人格是决定个体的外显行为和内隐行为，并使其与他人行为有稳定区别的综合心理特征。人格具有以下特征：独特性、稳定性、整合性、功能性和社会性。

10. × 【解析】本题考查《中华人民共和国义务教育法》。根据《中华人民共和国义务教育法》第二十二条规定，县级以上人民政府及其教育行政部门不得以任何名义改变或者变相改变公办学校的性质。

三、名词解释

1. 素质教育

素质教育是依据人的发展和社会发展的实际需要，以全面提高全体学生的基本素质为根本目的，以尊重学生主体性和主动精神，注重开发人的智慧潜能，形成人的健全个性为根本特征的教育。

2. 班级平行管理

班级平行管理是指班主任既通过对集体的管理去间接影响个人，又通过对个人的直接管理去影响集体，从而把对集体和个人的管理结合起来的管理方式。

3. 道德感

道德感是根据一定的道德标准评价人的思想、意图和言行时所产生的主观体验。

4. 先行组织者

奥苏伯尔提出“先行组织者”的概念，即先于某个学习任务本身呈现的引导性学习材料。

5. 精加工策略

精加工策略是指通过把所学的新信息和已有的知识联系起来，以此增加新信息的意义，即运用已有的认知图式和知识经验使新信息合理化，更易于理解。

四、简答题(参考答案)

1. 简述教育的文化功能。

(1)教育能够传承文化；(2)教育能够改造文化(选择和整理、提升文化)；(3)教育能够传播、交流和融合文化；(4)教育能够更新和创造文化。

2. 简述教学过程的基本规律。

(1)教师主导作用与学生主体作用相统一的规律(双边性规律)；(2)直接经验与间接经验相结合的规律(间接性规律)；(3)掌握知识与发展智力相统一的规律(发展性规律)；(4)传授知识与思想品德教育相统一的规律(教育性规律)。

3. 原有认知结构对迁移的影响表现在哪些方面？

(1)学习者是否拥有相应的背景知识是迁移产生的基本前提条件；(2)原有认知结构的概括水平对迁移起到至关重要的作用；(3)学习者是否具有相应的认知技能或策略以及对认知活动进行调节、控制的元认知策略对迁移的产生有重要影响。

五、论述题(参考答案)

试述建构主义的知识观、学生观。

(1)建构主义的知识观:建构主义在一定程度上对知识的客观性和确定性提出质疑,强调知识的动态性。①建构主义认为知识并不是问题的最终答案,而是随着人类进步而不断改正并随之出现的新的假设和解释。②知识并不能精确地概括世界的法则,而是需要针对具体情境进行再创造。③知识不可能以实体的形式存在于具体个体之外,尽管我们通过语言符号赋予了知识一定的外在形式,但学习者仍然会基于自己的经验背景进行理解并建构属于自己的知识。

(2)建构主义的学生观:建构主义非常强调学习者本身已有的经验结构,认为学习者在学习新信息、解决新问题时往往可以基于相关的经验,依靠其认知能力形成对问题的解释。建构主义者强调,学生并不是空着脑袋走进教室的,通过对儿童早期认知发展的研究也发现,即使是年龄非常小的孩子也已经形成了远比我们所想象的要丰富得多的知识经验。因此,教学不能忽视学生的已有经验,而是要把儿童现有的知识经验作为新知识的生长点,引导儿童从原有的知识经验中发展出新的知识经验。

六、材料分析题(参考答案)

(1)福勒和布朗根据教师的需要和不同时期所关注的焦点问题,把教师的成长划分为关注生存、关注情境和关注学生三个阶段。①处于关注生存阶段的教师可能会把大量的时间花在如何与学生搞好个人关系上,想方设法控制学生,而不是更多地考虑如何让学生获得学习上的进步。材料中的李老师在刚入职时把大量时间花在如何与学生搞好关系上,此时他处于关注生存阶段。②处于关注情境阶段的教师关心的是如何教好每一堂课,以及班级大小、时间压力和备课材料是否充分等与教学情境有关的问题。后来李老师为了上好每一堂课而认真备课、观摩优秀教师的教学,此时他处于关注情境阶段。③处于关注学生阶段的教师将考虑学生的个别差异,认识到不同发展水平的学生有不同的需要,根据学生的差异采取适当的教学,促进学生发展。最后李老师能考虑学生的个别差异,对其进行因材施教,此时他处于关注学生阶段。因此,李老师的专业发展经历了从关注生存到关注情境再到关注学生三个阶段。

(2)教师专业发展的途径包括:①观摩和分析优秀教师的教学活动。课堂教学观摩可分为组织化观摩和非组织化观摩。②开展微格教学。微格教学是指以少数的学生为对象,在较短的时间内(5~20分钟),尝试做小型的课堂教学,并把这种教学过程摄制成录像,课后再进行分析。这是训练新教师、提高其教学水平的一条重要途径。③进行专门训练。教师的成长与发展也可以通过专门的教学能力训练来实现。研究表明,专家型教师所具有的教学技能和教学策略是可以教给新教师的,新教师在掌握这些知识后,会在一定程度上促进其教学。④进行教学反思。教学反思是指教师以自己的教学活动为意识对象,对自己的教育理念、教学行为、决策以及由此所产生的结果进行认真地自我审视、评价、反馈、控制、调节和分析的过程。

浙江省教师招聘考试中小学教育基础知识预测试卷(五)

一、单项选择题

1. C 【解析】本题考查班级管理的实质。班级管理的实质就是要让学生的潜能得到尽可能的开发。

2. C 【解析】本题考查社会政治经济制度对教育的影响和制约。不同的政治经济制度要求传递不同的教育内容,特别是思想道德方面的内容。资本主义教育通过专门设置“公民课”“宗教教育”向年青一代宣传资产阶级的思想和宗教精神,并且利用国家机关建立教材审批制度等干预、控制教育内容,这反映了社会政治经济制度决定着教育内容的取舍。

3. B 【解析】本题考查师生关系的表现形式。师生关系可以概括为教育内容上的授受关系、人格上的平等关系和社会道德上的相互促进关系三种形式。故选B项。

4. B 【解析】本题考查设计教学法。设计教学法的突出特点是打破了传统的学科界限,取消了教科书,学习以单元划分,根据学生的生活经验和偶发的兴趣来制定学习单元。教师的作用在于指导学生从实际生活情境中自己确定学习目标,制定达到目标的工作计划,开展各种实际活动,并检查工作结果。该教学组织形式有利于调动学生的主动性,并能加强与现实生活的联系。

5. C 【解析】本题考查德育过程的基本规律。德育过程是一个长期的、反复的、逐步提高的过程。学生正处于成长期,世界观尚未形成,思想很不稳定,品德发展容易出现反复,这就要求教育者要正确认识和对待这种现象,持之以恒、耐心细致地教育学生,引导学生在反复中逐步前进。题干中的老师对小亮进行悉心教育,但不久小亮就又恢复原样,老师又多次跟他谈心、交流想法。这说明老师对小亮的德育过程是一个长期的、反复的过程。“久而久之,小亮就不再逃课了”说明小亮是在长期的、反复的德育过程中不断前进的。

6. C 【解析】本题考查最近发展区理论。维果斯基认为,儿童有两种发展水平:一是儿童的现有水平,即由一定的已经完成的发展系统所形成的儿童心理机能的发展水平;二是可能(即将)达到的发展水平。这两种水平之间的差异,就是最近发展区。也就是说,最近发展区是儿童在有指导的情况下,借助成人的帮助所能达到的解决问题的水平与独自解决问题所达到的水平之间的差异。“跳一跳,摘桃子”有助于在学生的现有水平上,挖掘学生的潜力。因此其理论依据是最近发展区理论。

7. A 【解析】本题考查常用的教学方法。讲授法是教师运用口头语言系统连贯地向学生传授知识、技能,发展学生智力的教学方法。演示法是指教师通过展示实物、教具和示范性的实验来说明、印证某一事物和现象,使学生掌握新知识的一种教学方法。3名航天员在空间站演示了各种实验,展示了空间科学设施,运用的是演示法;展示空间科学设施的同时进行语言讲解与介绍,运用的是讲授法。

8. D 【解析】本题考查德育原则。疏导原则也称循循善诱原则,是指进行德育要循循善诱,以理服人,从提高学生认识入手,调动学生的主动性,使他们积极向上。题干这句话说明堵不如疏,暗含的德育原则是疏导原则。

9. B 【解析】本题考查常用的德育方法。说服教育法又叫说理教育法,是通过语言说理,使学生明晓道理,分清是非,提高品德认识的德育方法。它的方式有两类:第一类是运用语言文字进行说理教育的方式,如讲解、报告、谈话、讨论、辩论、读书指导等;第二类是运用事实进行说理教育的方式,主要包括参观、访问和调查。题干中该学校通过组织演讲、辩论等活动对学生进行德育,运用的德育方法是说服教育法。

10. D 【解析】本题考查个别教育工作。对于后进生的教育,班主任应注意:(1)关心爱护后进生,尊重他们的人格;(2)培养和激发学习动机。班主任要一分为二地看待后进生,善于利用“闪光点”作为推动后进生前进的动力和转化的良好开端。任何学生都有积极的一面,班主任若能利用这些积极因素去克服消极因素,那必然会起到“星星之火,可以燎原”之效果。A、B、C项做法均不正确。故选D项。

11. B 【解析】本题考查皮亚杰的认知发展阶段理论。处于前运算阶段的儿童的思维具有泛灵论的特点,即将人类的特征赋予无生命的物体。前运算阶段的儿童会认为任何物体都是有生命的。题干中的儿童认为椅子会痛、杯子会死掉,即认为椅子和杯子是有生命的,这是泛灵论的表现,说明其思维发展处于前运算阶段。故选B项。

易错提示:考生易混淆四个认知发展阶段的特征,在做题时,考生应注意:感知运动阶段常考查客体永久性;前运算阶段常考查自我中心性、不可逆运算和泛灵论;具体运算阶段常考查可逆性和守恒;形式运算阶段常考查抽象逻辑思维和假设—演绎推理。

12. C 【解析】本题考查遗忘的理论。从信息加工的观点看,遗忘是一时难以提取出要求的信息,遗忘之所以发生是因为编码不准确,失去了检索线索或线索错误。一旦有了正确的线索,经过搜寻,所需要的信息就能提取出来,这就是遗忘的提取失败理论。琪琪在背诵语文课文卡壳的时候,妈妈给予了她一个线索,她立即就想起来剩余的信息了,这体现了提取失败理论。故选C项。A项,消退说认为,遗忘是记忆痕迹得不到强化而逐渐衰弱,以致最后消退的结果。B项,干扰说认为,遗忘是因为在学习和回忆之间受到其他刺激的干扰。D项,压抑说认为,遗忘是由情绪或动机的压抑作用引起的,如果压抑被解除,记忆就能恢复。

13. B 【解析】本题考查艾里克森的人格发展阶段理论。根据艾里克森的人格发展阶段理论,4~5岁儿童处于主动感对内疚感阶段,这一阶段的发展任务是培养主动性。故选B项。

14. A 【解析】本题考查观察学习的效应。抑制效应指观察者看到他人的不良(或良好)行为受到社会谴责,观察者会暂时抑制受到谴责的不良(或良好)行为。题干描述情形为该学生的不良行为习惯受到了周围同学的良好表现的抑制，故体现了抑制效应。

15. C 【解析】本题考查性格的结构特征。性格的结构特征包括：态度特征、意志特征、情绪特征、理智特征。其中，态度特征指个体对自己、他人、集体、社会以及对工作、劳动、学习的态度特征，如谦虚或自负、利他或利己、粗心或细心、创造或墨守成规等。因此，"勤奋""谦虚"反映的是小赵的性格特征。

16. B 【解析】本题考查自我效能感的影响因素。自我效能感的影响因素包括：个人自身行为的成败经验、替代经验、言语说服和情绪唤醒。其中，个人自身行为的成败经验这一效能信息源对自我效能感的影响最大。

17. D 【解析】本题考查思维的一般过程。思维的一般过程包括分析与综合、比较与分类、抽象与概括、系统化与具体化。其中，分析与综合是思维的基本过程，其他过程都是由此派生出来的。分析是指在头脑中把事物或对象分解成各个部分或各个属性。例如，把一棵树分解为根、茎、叶、花等。故题干描述属于分析。

18. B 【解析】本题考查教师成长的阶段。福勒和布朗根据教师的需要和不同时期所关注的焦点问题，把教师的成长划分为关注生存、关注情境和关注学生三个阶段。其中，处于关注情境阶段的教师关心的是如何教好每一堂课，以及班级大小、时间压力和备课材料是否充分等与教学情境有关的问题，如"内容是否充分得当""如何呈现教学信息""如何掌握教学时间"等。故王老师处于关注情境阶段。

19. D 【解析】本题考查《中华人民共和国教师法》。根据《中华人民共和国教师法》第三十九条规定，教师对学校或者其他教育机构侵犯其合法权益的，或者对学校或者其他教育机构作出的处理不服的，可以向教育行政部门提出申诉，教育行政部门应当在接到申诉的三十日内，作出处理。

20. B 【解析】本题考查《中华人民共和国教育法》。根据《中华人民共和国教育法》第二十七条规定，设立学校及其他教育机构，必须具备下列基本条件：(1)有组织机构和章程；(2)有合格的教师；(3)有符合规定标准的教学场所及设施、设备等；(4)有必备的办学资金和稳定的经费来源。故选B项。

二、简答题(参考答案)

1. 教师应如何做到热爱学生？

(1)把对学生的爱与严格要求相结合；(2)把爱与尊重、信任相结合；(3)要全面关怀学生；(4)要关爱全体学生；(5)理解和宽容学生；(6)解放学生；(7)对学生要保持积极、稳定的情绪。

2. 简述社会本位教育目的论的进步意义与不足之处。

(1)进步意义：社会本位论从国家和社会的发展角度来衡量教育成果，充分利用国家和社会资源发展教育事业，重视教育目的的社会制约性。

(2)不足：社会本位论忽视了个人的发展需要，无视个体的主观能动性，否定人的价值，扭曲了社会需要和个人发展之间的辩证关系。

3. 简述再造想象产生的条件。

(1)必须具有丰富的表象储备;(2)为再造想象提供的词语及实物标志要准确、鲜明、生动;(3)正确理解词语与实物标志的意义。

三、案例分析题(参考答案)

(1)案例中的教师通过教学反思，呈现了两种不同效果的教学情境，体现了教学中的启发性原则、循序渐进原则和理论联系实际原则。

①启发性原则是指在教学活动中，教师要调动学生的主动性和积极性，引导他们通过独立思考、积极探索，生动活泼地学习，自觉地掌握科学知识，提高分析问题和解决问题的能力。贯彻此原则的要求有:加强学习的目的性教育，调动学生学习的主动性;设置问题情境，启发学生独立思考，培养学生良好的思维方法和思维能力。案例中这位教师在第一堂课中提出的问题"'强项'在现代汉语中是什么意思"使课堂上出现了"冷场"的局面，而在进行教学反思后的第二堂课上，学生们能够紧跟问题进行思考，最后"纷纷举手并给出正确的答案"，这说明学生们的积极性被成功地调动了起来，证明教师的启发有了效果。

②循序渐进原则是指教师要严格按照科学知识的内在逻辑和学生的认知发展规律进行教学，使学生掌握系统的科学文化知识，能力得到充分的发展。贯彻此原则的要求有:教师的教学要有系统性;按照学生的认识顺序，由浅入深、由易到难、由简到繁地进行教学。案例中，第一堂课中教师的提问之所以没有得到学生的回应，正是因为他直接把难题摆了出来，没有遵循由易到难的顺序;改进后的第二堂课中，教师先问了容易的问题，学生回答之后再一步步地引导到目标问题。这样通过循序渐进的引导，学生们自然而然就理解了教师的问题。

③理论联系实际原则是指教师在教学中，应使学生从理论与实际的结合中来理解和掌握知识，并引导他们运用新获得的知识去解决各种实际问题，培养他们分析问题和解决问题的能力。贯彻此原则的要求有:重视书本知识的教学，在传授知识的过程中注重联系实际;重视引导和培养学生运用知识的能力。案例中，教师在第一堂课中提出的问题没能引导学生作出回答，正是因为"强项"这个词被单独拿出来直接让学生解释，学生无法联系已有的经验作答。而到了第二堂课，教师先问学生有什么强项，当学生说出了自己的强项之后，教师再让学生思考刚才说的"强项"是什么意思。这成功地让学生将理论与生活实际联系了起来，因此他们很快就明白了这个词的现代意义，也理解了"强项"一词古今词义的区别，这节课最终取得了很好的效果。

(2)新课程强调教师要经常进行教学反思，教学反思是教师专业发展和自我成长的核心因素。案例中的教师在教学反思之后，对第一次上课中效果不好的环节进行了修正，第二次上课时该环节就取得了很好的效果。这说明该教师的教学反思是积极有效的，教师应该经常通过教学反思来改进自身的教学。

浙江省教师招聘考试中小学教育基础知识预测试卷(六)

一、单项选择题

1. D 【解析】本题考查教师劳动的特点。教师劳动的创造性主要是由劳动对象的特点决定的。这种创造性的主要表现不同于科学家在未知领域的探索和发现,而是体现在创造性地运用教育教学规律,在复杂多变的教育情境中塑造发展中的人。教师劳动的创造性主要表现在三个方面:(1)因材施教。(2)教学方法上的不断更新。(3)教师需要"教育机智"。"同课异构"是指选用同一教学内容,由不同的教师从现有的教学条件和学生实际出发,根据自己对课标、教材的理解,结合教学经验和自身特点等独立进行教学设计,并公开示范展示,使同一教学内容以不同的课堂结构、不同的教学风格、不同的方法策略呈现,课后统一进行反思交流,方便教师取长补短、相互学习。因此,在校本教研中,经常采用"同课异构"的方式说明教师注重教学方法上的不断更新,体现了教师劳动的创造性。

2. B 【解析】本题考查中学常用的教学方法。演示法是指教师通过展示实物、教具和示范性的实验来说明、印证某一事物和现象,使学生掌握新知识的一种教学方法。题干中老师通过做示范性实验让学生了解有关电荷的知识,采用的教学方法是演示法。

易错提示:部分考生看到题干中有"实验"二字就认为考查的是实验法,从而造成误选。考生需要注意区分演示法中的实验演示与实验法:

实验演示——教师做实验,学生看;

实验法——学生做实验,教师指导。

3. A 【解析】本题考查杜威的教育思想。杜威的理论是现代教育理论的代表,他的代表作为《民主主义与教育》(又译《民本主义与教育》),杜威以儿童中心主义著称,提出了"从做中学"的教学方法。

4. A 【解析】本题考查班级一词的最早提出者。"班级"一词最早由文艺复兴时期的教育家埃拉斯莫斯提出,故选A项。

5. B 【解析】本题考查个体的身心发展规律。题干所述说明教育工作必须从学生的实际出发,针对不同年龄阶段的学生,采取不同的教育内容与教育方法,即教育要适应儿童身心发展的阶段性。

6. D 【解析】本题考查影响问题解决的因素。原型启发是指从其他事物上发现解决问题的途径和方法。人们发明出电子嗅觉器正是受到狗鼻子这一原型的启发。故选D项。B项,学习迁移也称训练迁移,是指一种学习对另一种学习的影响,或习得的经验对完成其他活动的影响。C项,酝酿效应是指当一个人长期致力于某一问题的解决而又百思不得其解的时候,如果他暂时停下对这个问题的思考而去做别的事情,几小时、几天或几周之后,他可能会忽然想到解决的办法。A项为干扰项。

7. B 【解析】本题考查创造性的特征。流畅性是指在限定时间内产生观念数量的多少。在短时间内产生的观念越多,流畅性越大。灵活性是指摒弃以往的习惯思维方法而开创不同方向的能力,也叫思维的变通性。独创性是指产生不寻常的反应和不落常规的能力,以及重新定义或按新的方式对所见所闻加以组织的能力。题干中的一个人面对同一问题,能想出来多种不同类型的答案,即拥有摒弃以往的习惯思维方法而开创不同方向的能力,这表明他的思维有变通性。

8. A 【解析】本题考查学习迁移的种类。普遍迁移也称非特殊迁移、一般迁移,是指一种学习中所习得的一般原理、原则和态度对另一种具体内容学习的影响,即原理、原则和态度的具体应用。例如,获得基本的运算技能、阅读技能后运用到各种具体的学科学习中。题干中审题方法的迁移也属于普遍迁移。故选A项。B项,特殊迁移也称具体迁移,是指学习迁移发生时,学习者原有的经验组成要素及其结构没有变化,只是将一种学习中习得的经验要素重新组合并移用到另一种学习之中。C项,顺应性迁移指将原有认知经验应用于新情境中时,需调整原有的经验或对新旧经验加以概括,形成一种能包容新旧经验的更高一级的认知结构,以适应外界的变化。D项,重组性迁移指重新组合原有认知系统中某些构成要素或成分,调整各成分间的关系或建立新的联系,从而应用于新情境。在重组过程中,基本经验成分不变,但各成分间的结合关系发生了变化,即进行了调整或重新组合。

9. C 【解析】本题考查桑代克的学习理论。桑代克提出的学习理论为联结—试误学习理论。故选C项。A项,托尔曼提出了认知—目的说。B项,布鲁纳提出了认知—发现学习理论。D项,格式塔学派提出了完形—顿悟学习理论。

10. B 【解析】本题考查《中华人民共和国义务教育法》。根据《中华人民共和国义务教育法》第六条规定,国务院和县级以上地方人民政府应当合理配置教育资源,促进义务教育均衡发展,改善薄弱学校的办学条件,并采取措施,保障农村地区、民族地区实施义务教育,保障家庭经济困难的和残疾的适龄儿童、少年接受义务教育。故选B项。

二、多项选择题

1. AC 【解析】本题考查学制的相关内容。壬子癸丑学制规定:“初等小学四年,为义务教育。”故A项正确。特殊学校、特殊班级的设立也要考虑学生的身心发展规律。故B项错误。义务教育制度是伴随大工业生产的发展逐渐实行的。进入当代社会以后,各发达国家不但普遍实施了义务教育,而且其年限在不断延长。义务教育年限的长短成为一国教育发展程度的标志之一。故C项正确。“壬戌学制”采用美国式的六三三分段法,即小学六年、初中三年、高中三年,因此又称“新学制”或“六三三学制”。故D项错误。

2. BD 【解析】本题考查全面发展教育的内容。“张老师向学生科普了该画展的背景文化”“对一些重要展品进行内容讲述”,属于对学生进行智育。带领学生去展馆参观,提高学生的鉴赏能力,这属于对学生进行美育。故选B、D两项。

3. ABCD 【解析】本题考查皮亚杰的认知发展阶段理论。根据皮亚杰的认知发展阶段理论可知,认知发展处于具体运算阶段的儿童能够运用逻辑思维解决具体问题,但必须依赖于实物和直观形象的支持才能进行逻辑推理和运用逻辑思维解决问题,不能够进行纯符号运算。这一阶段儿童的思维具有以下特点:(1)去自我中心性;(2)可逆性;(3)守恒;(4)分类;(5)序列化。因此,A、B、C、D四项均属于具体运算阶段的思维特点。

4. ABD 【解析】本题考查替代强化。替代强化是指观察者因看到榜样的行为被强化而受到强化。C项"我"因看到小明拾金不昧被表扬而受到强化,符合替代强化的定义。A项属于惩罚;B项家长答应孩子的无理要求会强化孩子哭闹的行为,属于正强化;D项"考得好就让玩游戏"属于正强化。答案选择A、B、D三项。

5. CD 【解析】本题考查教育法律规范的类别。按照教育法律规范要求人们行为的性质,可以分为义务性规范和授权性规范;按照法律规范表现的强制性程度,可分为强制性规范和任意性规范。其中,义务性规范强调必须为一定行为或不为某种行为。授权性规范强调有权做出或不做出某种行为。强制性规范强调必须做出或禁止做出一定行为。任意性规范强调可以做出一定行为。题干中强调学校、教师可以对学生家长提供家庭教育指导,并不强调必须做出,因此属于授权性规范和任意性规范。

三、填空题

1. 洛克
2. 启发性
3. 教育方针
4. 备课
5. 活动和交往
6. 冯特
7. 多元智力
8. 经验+反思=成长
9. 情感 动作技能
10. 图像记忆

四、判断题

1. × 【解析】本题考查人的身心发展的动因。题干引文的意思是:人不用学习就能做的,是天生的本能;不用思考就知道的,是天赋的道德观念。内发论强调内在因素,如"需要""成熟",强调人的身心发展的力量主要源于人自身的内在需要,身心发展的顺序也是由身心成熟机制决定的。即在人的身心发展过程中起决定作用的是遗传素质。题干中的观点符合内发论的观点。

2. √ 【解析】本题考查学校、家庭、社会三结合教育的内容。“5+2=0”中的“5”是指学生在一周的五个学习日内在学校接受的正面教育,“2”是学生双休日回到家庭、进入社会后接触到的消极、负面影响,“0”指教育效果。因此,只有当学校、家庭、社会三种教育力量相互联系、相互协调、相互沟通,统一教育方向,才能取得更好的教育效果,促进学生的全面发展。

3. × 【解析】本题考查对素质教育的理解。素质教育并不是否定惩罚,而是要奖惩结合、宽严相济。当不良行为出现时,应给予必要的惩罚,但惩罚不是最终目的,给予惩罚时,还要给学生指明改正的方向。

4. × 【解析】本题考查教育的基本要素。受教育者既是教育的对象,又是学习和发展的主体,也是构成教育活动的基本要素。

5. × 【解析】本题考查陶行知的教育思想。“千教万教教人求真,千学万学学做真人”是陶行知提出来的,意思是:教师最根本的教学目标在于教导学生追求真理,学生最根本的学习目标在于学会做人。这句话蕴含了“教书育人”的道理,并未体现教师团结协作的精神。

6. × 【解析】本题考查科尔伯格的道德发展阶段理论。考生应能区分科尔伯格划分的三水平六阶段:

水平	阶段	特点
前习俗水平	服从与惩罚	避免惩罚
	相对功利	朴素利己
习俗水平	寻求认可	好孩子
	维护权威或秩序	法律至上
后习俗水平	社会契约	规则可改
	普遍原则	普遍道义

题干中的儿童通过“做个好人”寻求认可,说明其道德发展处于寻求认可取向阶段(好孩子的道德定向阶段),属于习俗水平。

7. × 【解析】本题考查奥苏伯尔关于学习的分类。一般而言,并列结合学习比较困难,必须认真比较新旧知识之间的联系与区别才能掌握。

8. × 【解析】本题考查加涅关于学习的划分。根据学习情境由简单到复杂、学习水平由低级到高级的顺序,加涅把学习分为八类。其中,辨别学习是指学会识别多种刺激的异同并对之做出不同的反应。概念学习是指对刺激进行分类时,学会对一类刺激做出同样的反应。故题干说法错误。

9. √ 【解析】本题考查学习动机对学习效果的影响。学习动机对学习效果的影响可分为两个方面:一方面是总体上整个动机水平对整个学习活动的影响;另一方面是具体的学习活动中学习动机对学习效果的影响。

10. √ 【解析】本题考查动机冲突的分类。趋避冲突是指对同一目的兼具好恶的矛盾心理。题干所述为趋避冲突的典型事例。

五、简答题(参考答案)

1. 简述贯彻集体教育和个别教育相结合原则的要求。

(1)建立健全的学生集体;(2)开展丰富多彩的集体活动,充分发挥学生集体的教育作用;(3)加强个别教育,并通过个别教育影响集体,增强集体的生机和活力,将集体教育和个别教育统一起来。

2. 影响问题解决的因素有哪些?

(1)问题情境;(2)定势与功能固着;(3)原型启发;(4)已有知识经验;(5)情绪与动机。此外,个体的认知结构、个性特征以及问题的特点等也会影响问题解决。

3. 简述我国《教师法》中对教师义务的规定。

根据《中华人民共和国教师法》第八条规定,教师应当履行下列义务:(1)遵守宪法、法律和职业道德,为人师表;(2)贯彻国家的教育方针,遵守规章制度,执行学校的教学计划,履行教师聘约,完成教育教学工作任务;(3)对学生进行宪法所确定的基本原则的教育和爱国主义、民族团结的教育,法制教育以及思想品德、文化、科学技术教育,组织、带领学生开展有益的社会活动;(4)关心、爱护全体学生,尊重学生人格,促进学生在品德、智力、体质等方面全面发展;(5)制止有害于学生的行为或者其他侵犯学生合法权益的行为,批评和抵制有害于学生健康成长的现象;(6)不断提高思想政治觉悟和教育教学业务水平。

六、论述题(参考答案)

1. 如何理解"学生是发展中的人,要用发展的观点认识学生"?

(1)学生的身心发展是有规律的。学生的身心发展具有顺序性、阶段性、不平衡性(不均衡性)、互补性、稳定性和可变性、个别差异性以及整体性,这是经过现代科学和教育实践证实的。认识并遵循这些规律,是做好教育工作的前提。

(2)学生具有巨大的发展潜能。学生具有巨大的发展潜能,智力水平可以明显提高,这已被科学研究所证实。

(3)学生是处于发展过程中的人。作为发展中的人,意味着学生还是不成熟的人,是一个正在成长的人。把学生作为发展中的人来对待,就要理解学生身上存在的不足,就要允许学生犯错误。当然,更重要的是要帮助学生解决问题,改正错误,从而不断促进学生的进步和发展。

(4)学生的发展是全面的发展。现代学生观强调,教师在教育教学实践中,不仅要重视"知识与技能"的传授,更要看到"过程与方法""情感态度与价值观"的重要性,把学生培养成全面发展的人。

2. 试述如何运用注意的规律提高学生课堂的注意力。

(1)运用注意规律组织教学。①根据注意的外部表现了解学生的听课状态;②运用无意注意的规律组织教学;③运用有意注意的规律组织教学;④运用两种注意相互转换的规律组织教学。

(2)在教学过程中培养学生良好的注意品质。①要增强注意的稳定性,就要防止注意的分散;②要扩大注意的广度,需要学生积累本学科相当的知识经验和一定的素养;③注意的分配在教学中有实践意义;④注意的转移同人的先天的神经活动类型有关,但也可以通过对外在因素的控制和后天训练加以改善和提高。

七、材料分析题(参考答案)

1.(1)李宏老师主要运用了直观性原则。直观性原则是指在教学活动中,教师应尽量利用学生的多种感官和已有的经验,通过各种形式的感知,使学生获得生动的表象,从而比较全面、深刻地掌握知识。直观手段种类繁多,一般分为三大类:实物直观、模像直观和言语直观。李宏老师借助挂图和标本等教具进行教学,这是运用模像直观的典型表现。

(2)①正确选择直观教具和教学手段。李宏老师应准备大小适当的挂图和标本,让教室内的所有学生都能看清楚,改善直观教学的效果。

②将直观教具的演示与语言讲解结合起来。李宏老师应在翻看课件期间,配以合适的语言讲解,这有利于加深学生对所学知识的理解,提高教学效率。

③重视运用言语直观。李宏老师在使用模像直观的前提下,也可借助生动形象的言语唤起学生头脑中关于两栖动物的表象,以提供感性材料进行学习。

2.(1)美国心理学家韦纳把人经历过事情的成败归结为六种原因,即能力、努力程度、工作难度、运气、身心状况、外界环境。又把上述六项因素按各自的性质,分别归入三个维度:内部归因和外部归因、稳定性归因和非稳定性归因、可控制归因和不可控制归因。小雅将成绩归因于努力,属于内部、不稳定、可控的因素。小斌将成绩归因于能力,属于内部、稳定、不可控的因素。小辉将成绩归因于任务难度,属于外部、稳定、不可控的因素。

(2)①材料中小雅将活动的结果归因于努力,这是一种积极的归因,作为其数学老师,我应该在日常学习活动中帮助她巩固这种归因。②材料中小斌将失败归因于能力,这会使他产生无力感,久而久之,易产生习得性无助,不利于学生的成长。我应该帮助小斌将活动成果归因于努力,同时多在能力方面对其加以鼓励,让其相信自身具备解决问题的相关能力,以提高小斌学习的积极性,增强其学习动机。③材料中小辉将失败归因于任务难度,这会让他对未来的学习活动抱有相同的期待,会影响他在之后学习活动上的努力程度。我应该在帮助他做好努力归因的同时,做好现实归因,帮助他分析影响学习成绩的因素还有哪些,是学习方法,还是家庭环境、教师等因素。在分析这些因素在多大程度上影响其学习成绩的同时,我会尽力指出解决这些问题的方法,以提高小辉克服困难的勇气,增强其自信心。

图书反馈

重磅！真题有奖征集！

「凡提供当年度考试真题者，根据真题完整度，可获得500元以内现金奖励。」

具体请联系QQ:1831595423

（温馨提示：所提供真题须是当年度考试真题，且真实有效。）

联系方式：400-600-3363　　研发部QQ：1831595423

招教网
招考资讯平台

山香官网
考编服务平台

山香网校
线上学习平台

图书订正链接
勘误更新平台